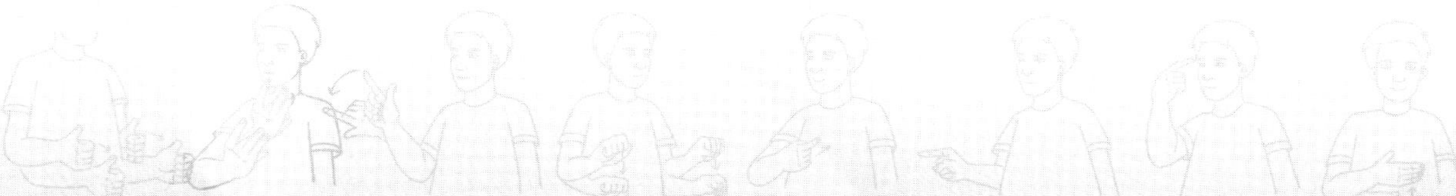

대학교양수화

sign language

김경진 · 김미실 공저

연세대학교 출판부

대학교양수화

지은이 김경진 · 김미실
펴낸곳 연세대학교 출판부
주소 서울시 서대문구 연세로 50
전화 2123-3380~2
팩스 2123-8673
ysup@yonsei.ac.kr
http://www.yonsei.ac.kr/press
등록 1955년 10월 13일 제9-60호
인쇄 (주)네오프린텍

2010년 3월 2일 1판 1쇄 2012년 10월 10일 1판 2쇄
ISBN 978-89-7141-913-7(03370)

값 10,000원

머리말

수화는 소리로 전달하고 인식하는 음성언어와는 달리 손으로 자기의 의사를 전달하고 시각적으로 상대방의 의사를 이해하는 시각-운동체계로 청각장애인들의 의사소통 도구로서의 역할만 하는 것이 아니라 그들의 전통과 문화가 깃들어 있는 복합적인 의미의 언어이다. 따라서 수화를 배우려는 사람은 수화를 배우기 이전에 청각장애인들의 문화를 이해하고 그들과 진솔한 대화로 함께 살아갈 수 있는 자세를 먼저 가져야 한다.

한국에는 약 35만 명의 청각장애인이 살고 있으며 선천적인 청각장애인도 있지만 대부분은 후천적으로 청각장애인이 되었다. 이들은 특수학교나 일반학교를 졸업하고 사회에 진출하지만 원활하지 못한 의사소통으로 사회적응에 많은 어려움을 겪고 있다. 장애인에 대한 사회적 관심과 복지 향상으로 우리나라에도 수화통역 전문인 양성을 목표로 국립한국재활복지대학에서 수화통역사를 배출하고 있으며, 또한 많은 대학에서 교양강좌로 수화 과목을 개설하여 청각장애인의 언어인 수화를 가르치고 있다. 이러한 시도는 젊은 세대인 대학생들의 장애인식 개선으로 이어져 미래 한국 사회의 통합에 좋은 밑거름이 될 것이다.

오랜 세월 대학에서 학생들을 가르쳐 왔고 또한 연세대학에서 10년이 넘도록 강의하는 동안 교재 개발의 필요성을 느꼈으나 자료만 준비하여 두고 지금까지 미루다가 이제야 그 결실을 맺게 된 것을 기쁘게 생각한다. 이 교재가 수화를 배우는 학생이나 수화를 처음 접하는 일반인들에게 많은 도움이 되기를 희망하며 고칠 점이 있다면 언제든지 지적하여 더 좋은 책이 될 수 있도록 지도 바란다.

이 책은 학생들이 쉽게 이해하고 활용할 수 있도록 단어와 문장을 포함하여 총23과로 구성하였으며, 단어는 대학교양수화를 배우는 학생들이 기본적으로 습득하여야 할 기초 수화 단어들로 선정하였다. 또한 문장은 단어를 습득한 후 청각장애인과 대화할 수 있도록 단문 위주로 구성하여 단어 습득과 문장 표현을 동시에 익힐 수 있도록 하였다.

끝으로 이 책을 출판할 수 있게 해준 연세대학교 출판사에 고마움을 표하며, 바쁜 시간에도 수화 단어를 그려준 제자 백선현과 촉박한 시간에도 불구하고 함께 집필하여 주신 김미실 선생님 그리고 오랜 시간 옆에서 작업을 도와준 사랑하는 아내 양혜숙님에게 진심으로 감사드린다.

2010년 2월 5일

장안동 연구실에서 김경진

일러두기

1. 수록된 총 어휘 수는 839개이며, 청각장애인 사회에서 일반적으로 사용되는 단어와 대학에서 많이 사용하고 정보화 시대에 새로이 생성된 단어들로 구성하였다.

2. 어휘별 수화의 첫 동작은 점선(……), 움직이는 방향은 화살표(→), 최종 동작은 실선(—)으로 표현하였다.

3. 수화 문장은 어순을 문법 순서에 맞게 한 반면 대부분 청각장애인들이 표현하는 것과 유사한 단어 위주의 문장으로 조사나 접속사 등을 생략하고 구성하였다.

4. 수화를 할 때는 가슴 앞에서 양어깨 사이를 기준으로 하여 음성언어에서 정확한 발음을 요하듯이 표현을 명확하게 하여야 한다.

5. 기존에 있는 단어와 문장으로 표현하지 못할 경우 지화를 사용하거나 상황에 맞게 의역하여 표현하면 된다.

차례

지문자

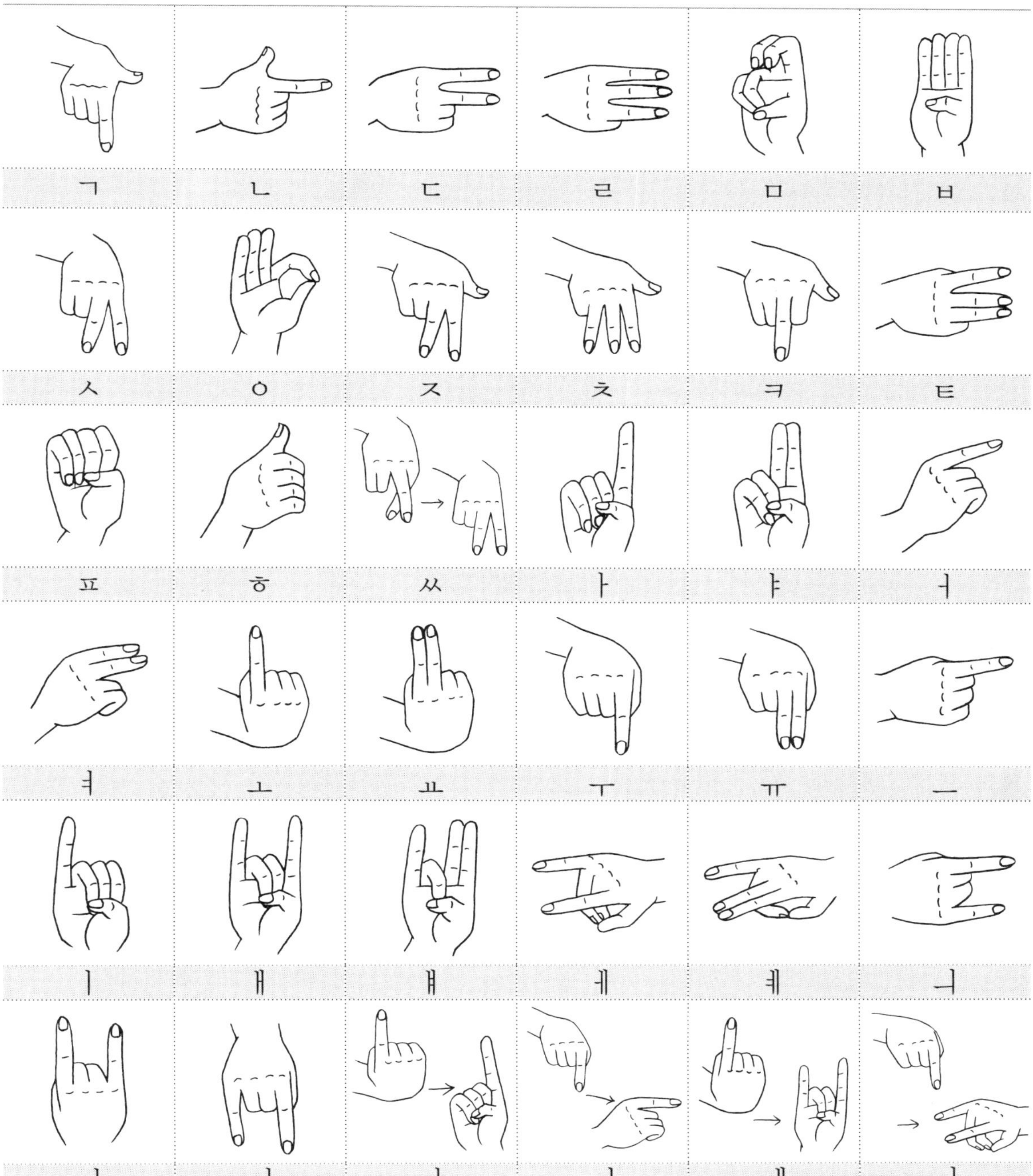

지숫자

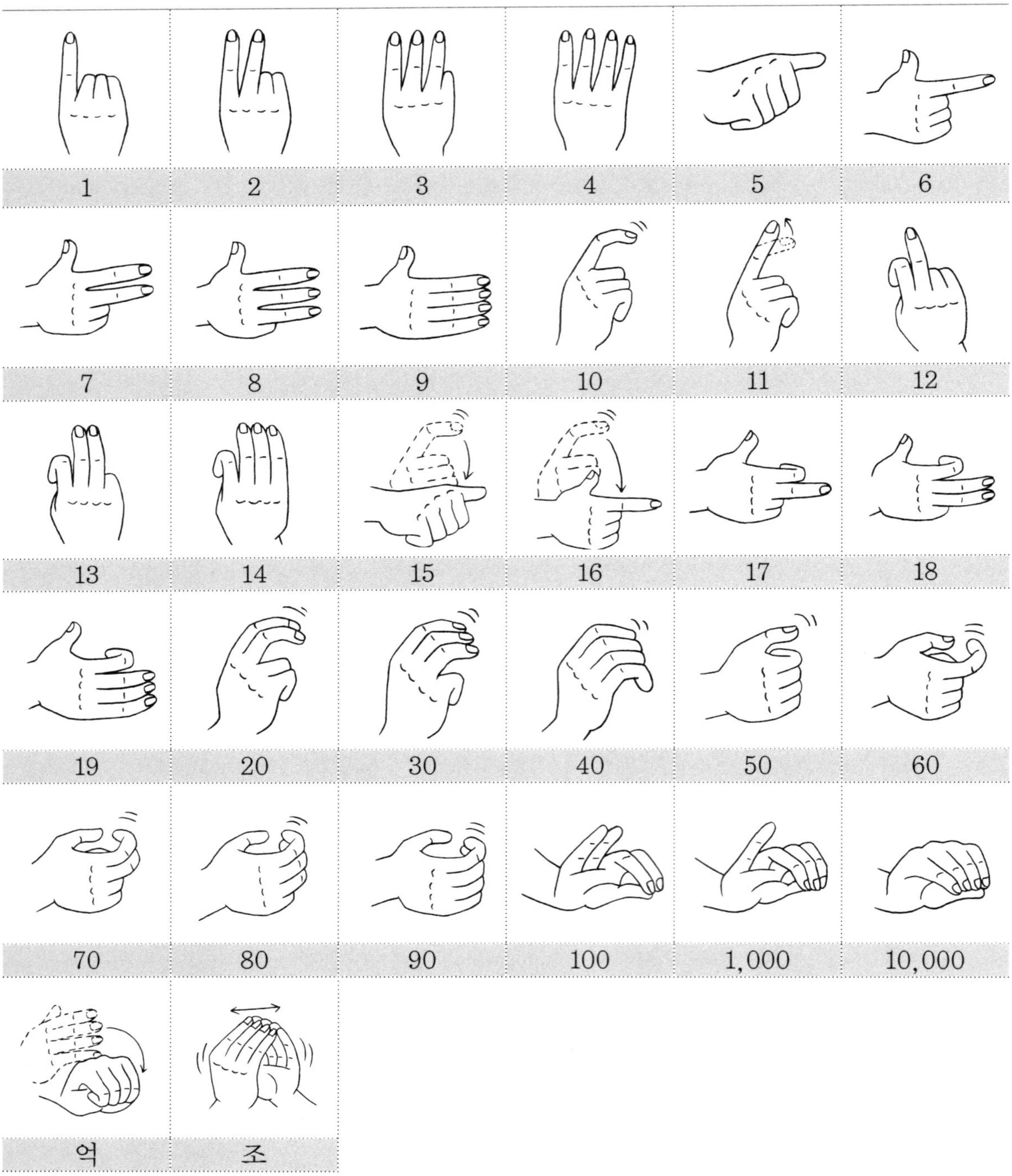
1
2
3
4
5
6
7
8
9
10
11
12
13
14
15
16
17
18
19
20
30
40
50
60
70
80
90
100
1,000
10,000
억
조

영어 지문자

A

B

C

D

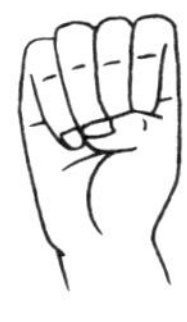
E

F

G

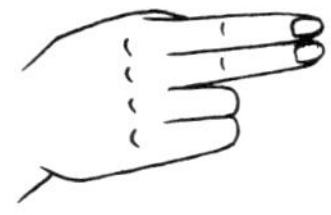
H

I

J

K

L

M

N

O

P

Q

R

S

T

U

V

W

X

Y

Z

1 인사

어휘

감사

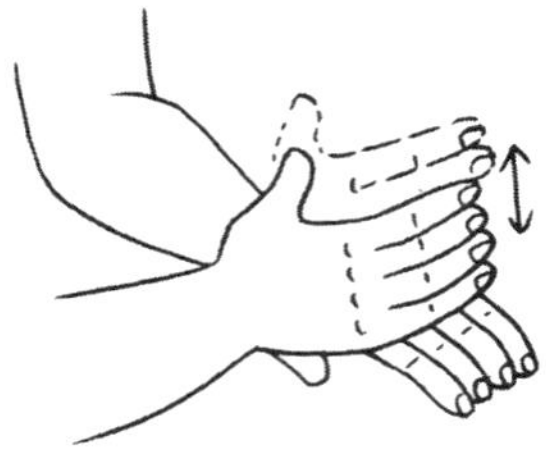

고맙다

너

만나다

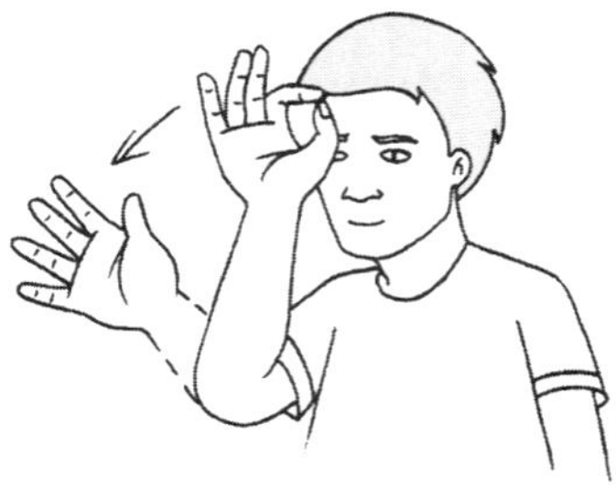

미안

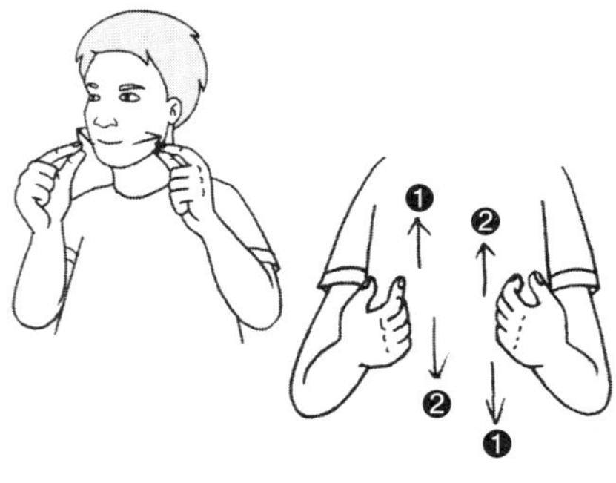

반갑다

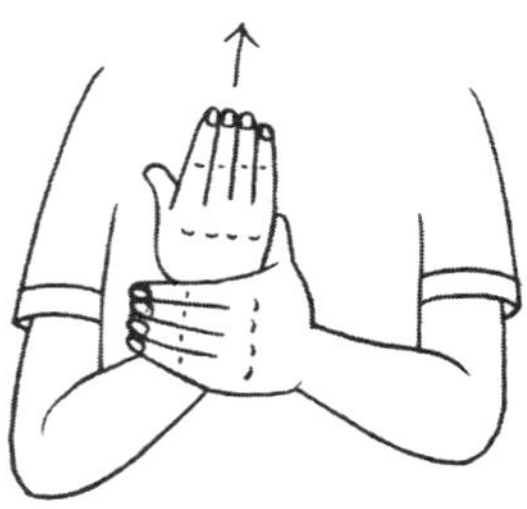

생기다

안녕

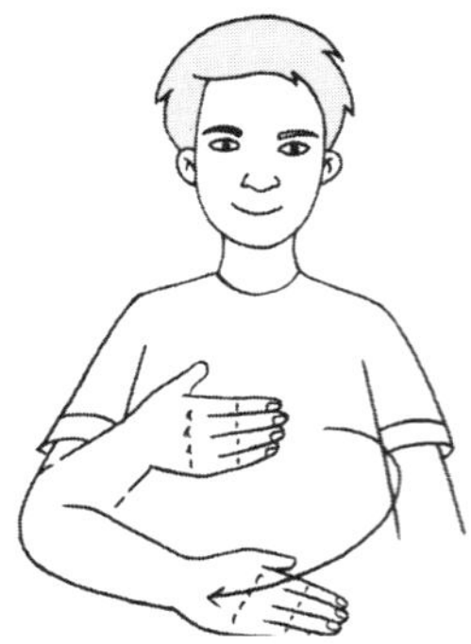

우리

있다

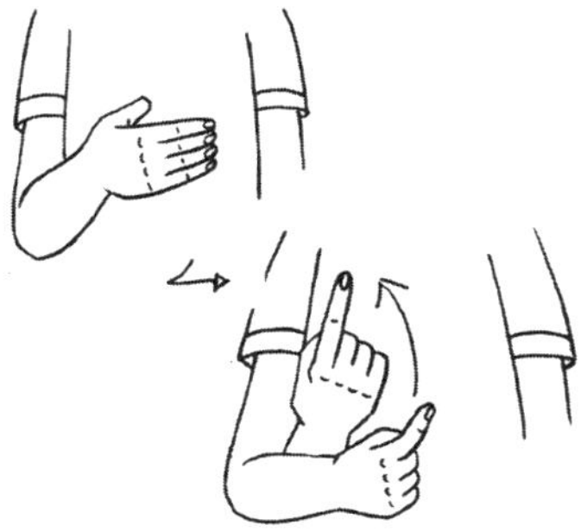

자기

자신

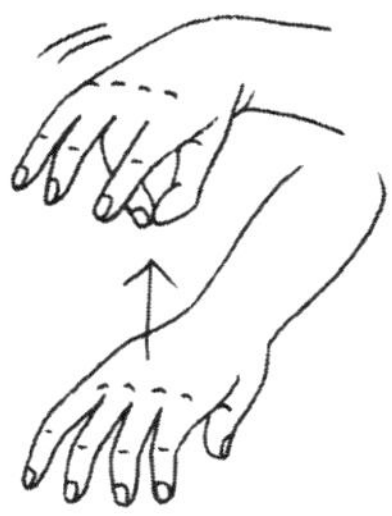

처음

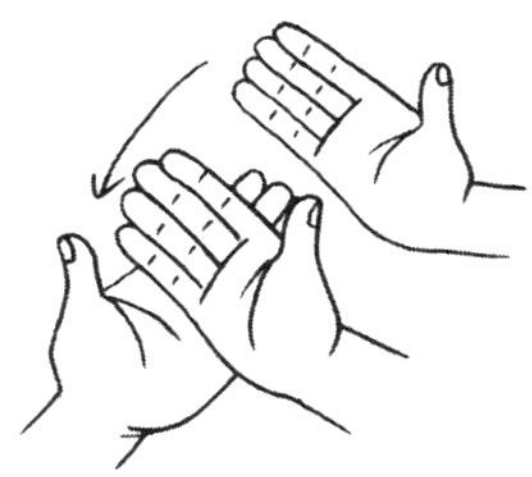

말다

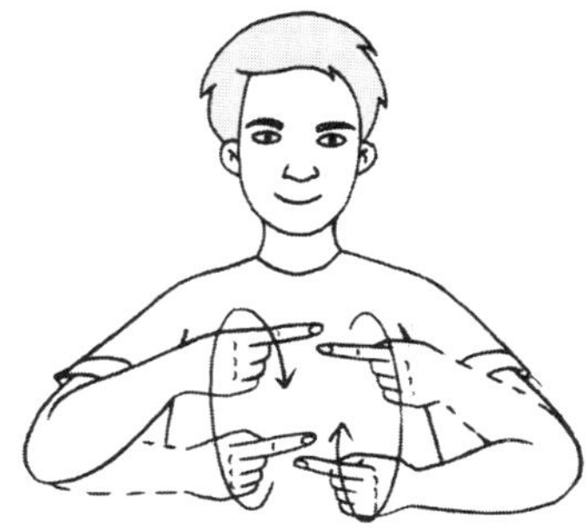

수화

아르바이트

약속

휴대폰

맞다

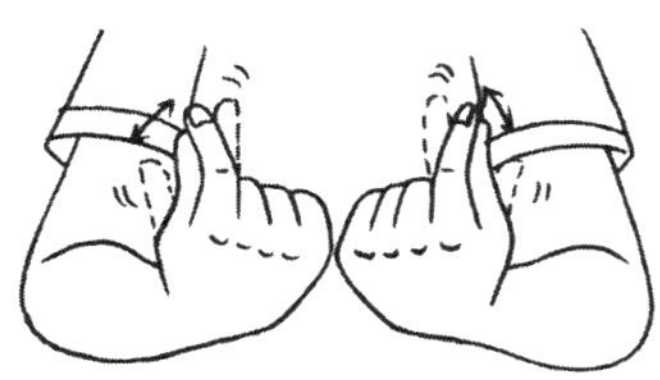

같다

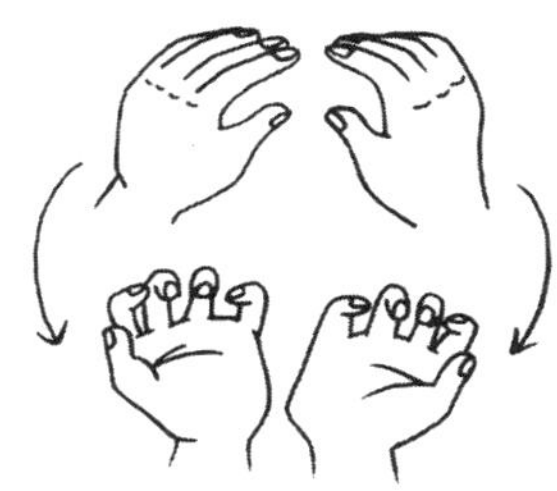

다(모두)

가깝다

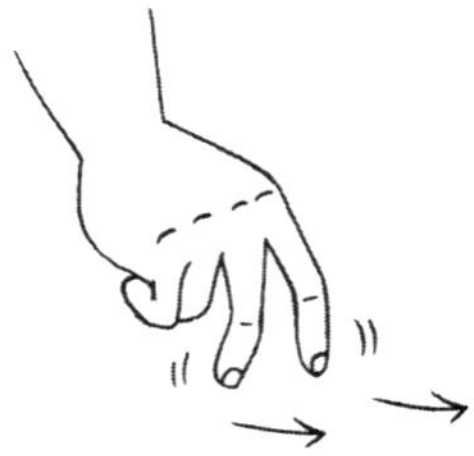

걷다

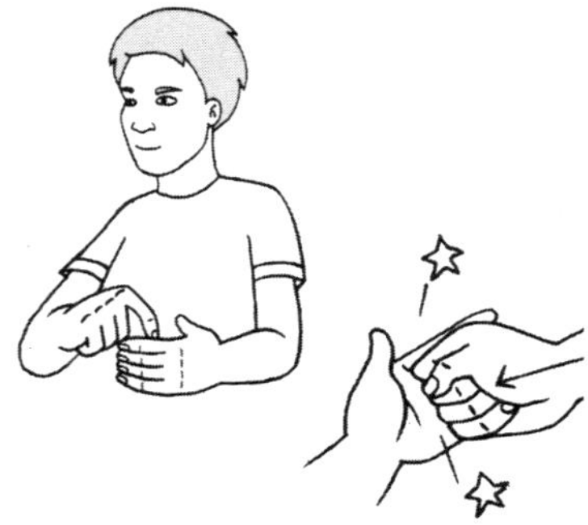

결심

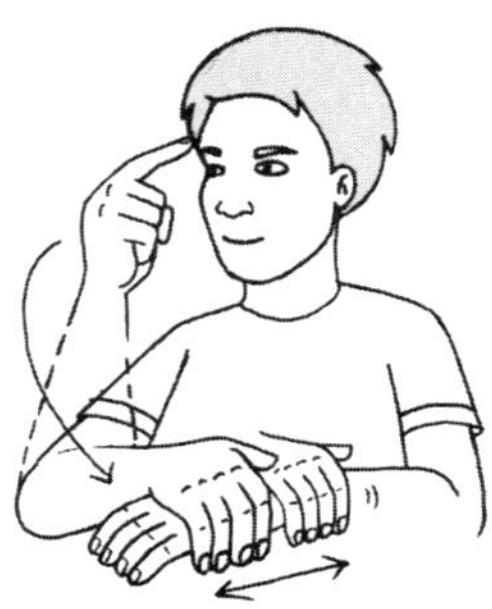

계획

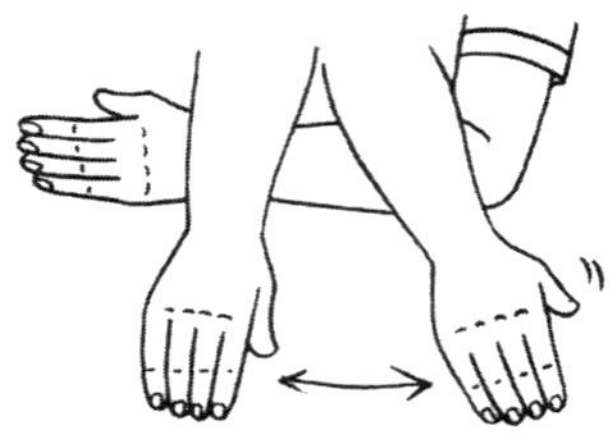

다니다

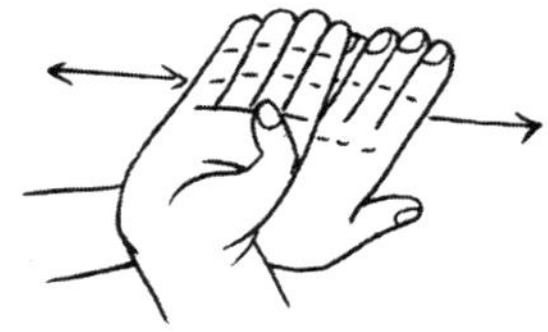

다르다

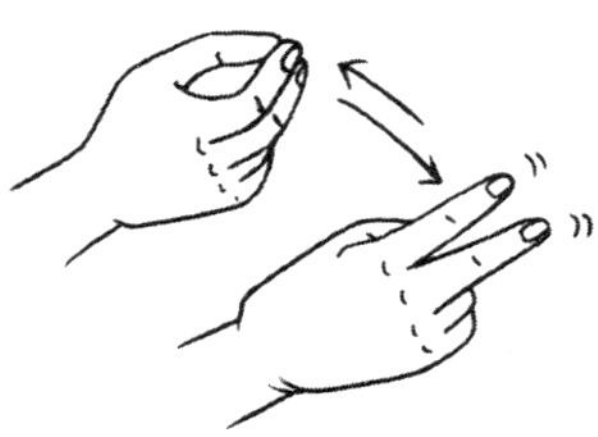

다시

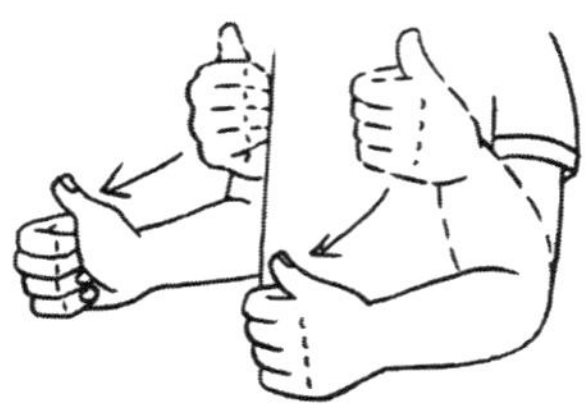

열심

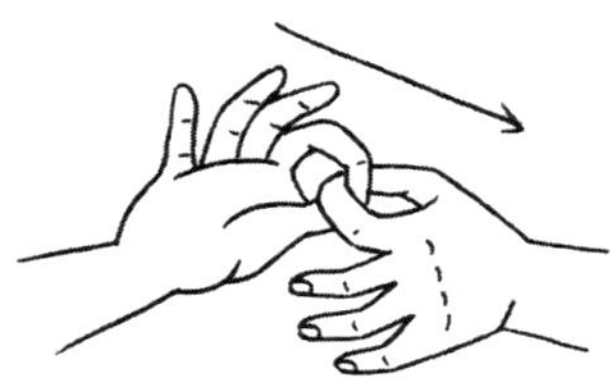

연락

저, 나

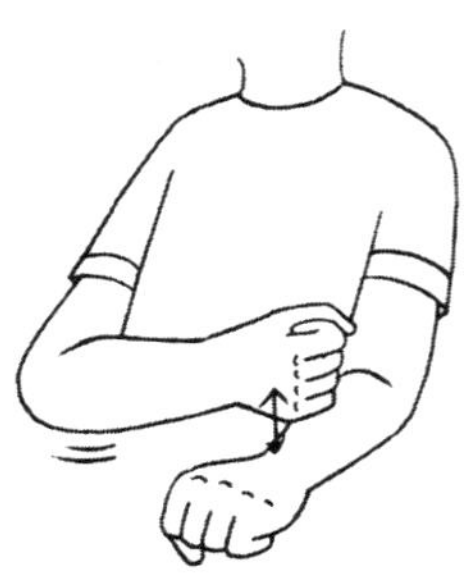

하다

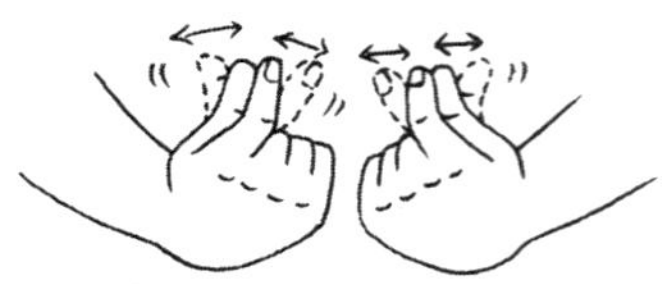

함께

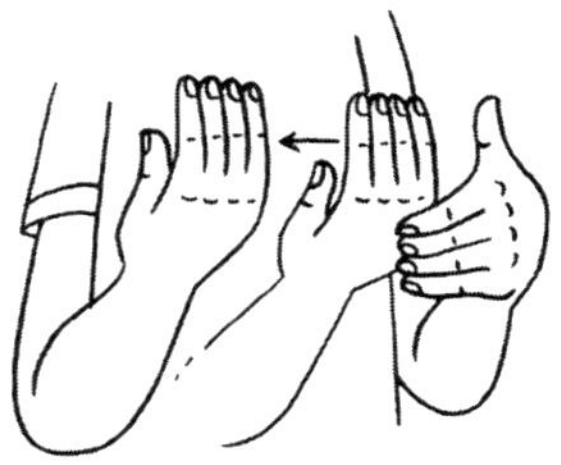

전

말

문장

문장 1 당신을 처음 만나서 반갑습니다.

당신을 / 처음 / 만나서 / 반갑 / 습니다

문장 2 학생들은 수화를 열심히 합니다.

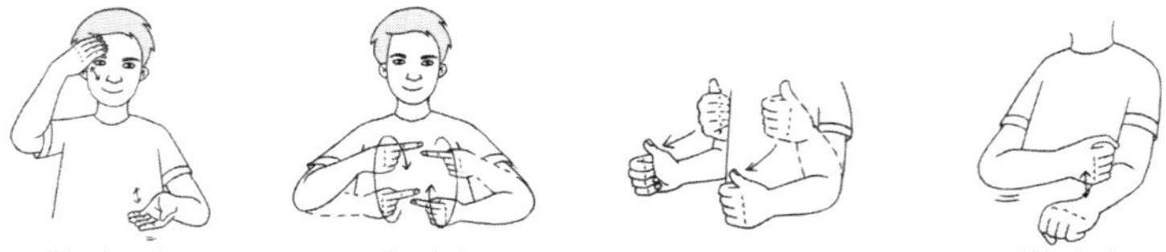

학생들은 / 수화를 / 열심히 / 합니다

문장 3 기숙사에서 친구와 만나기로 약속하였다.

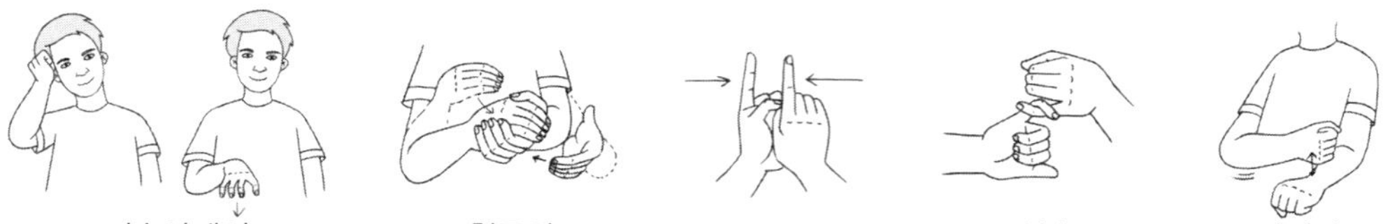

기숙사에서 / 친구와 / 만나기로 / 약속 / 하였다

문장 4 나는 열심히 수화를 할 생각이다.

나는 / 열심히 / 수화를 / 할 / 생각이다

문장 5 우리 집은 학교에서 아주 가깝다.

우리 / 집은 / 학교에서 / 아주 / 가깝다

문장 6 나는 친구와 생각이 많이 다르다.

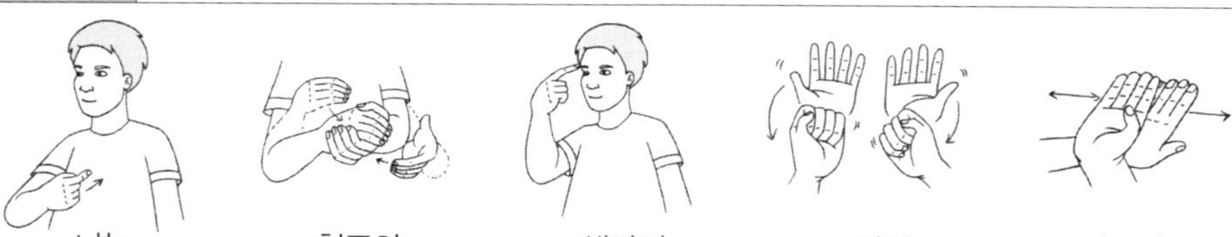

나는 / 친구와 / 생각이 / 많이 / 다르다

문장 7 휴대폰을 다시 사서 아주 기쁘다.

휴대폰을 다시 사서 아주 기쁘다

문장 8 나는 아침에 걸어서 학교에 왔다.

나는 아침에 걸어서 학교에 왔다

문장 9 처음 결심하면 계획을 바꾸지 않는다

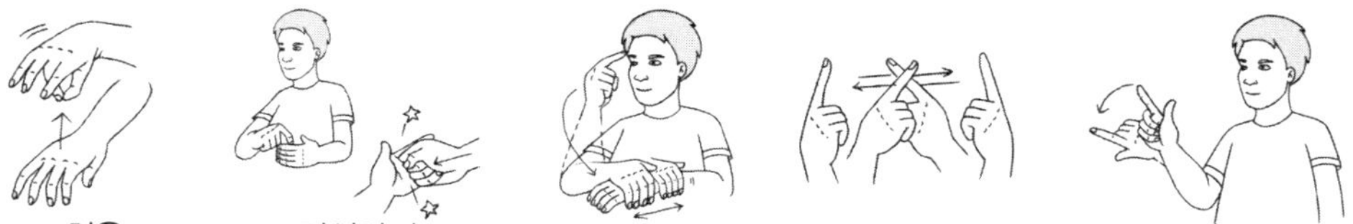

처음 결심하면 계획을 바꾸지 않는다

문장 10 동생은 아르바이트를 열심히 한다.

동생은 아르바이트를 열심히 한다

문장 11 나는 대학교에 다니고 있는 학생이다.

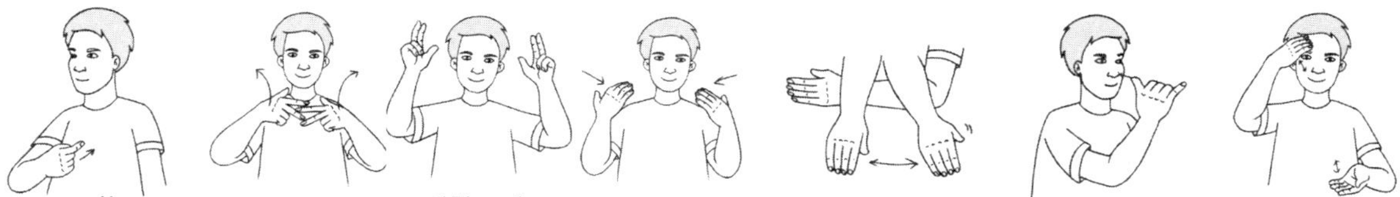

나는 대학교에 다니고 있는 학생이다

문장 12 우리 모두 수화는 처음 한다.

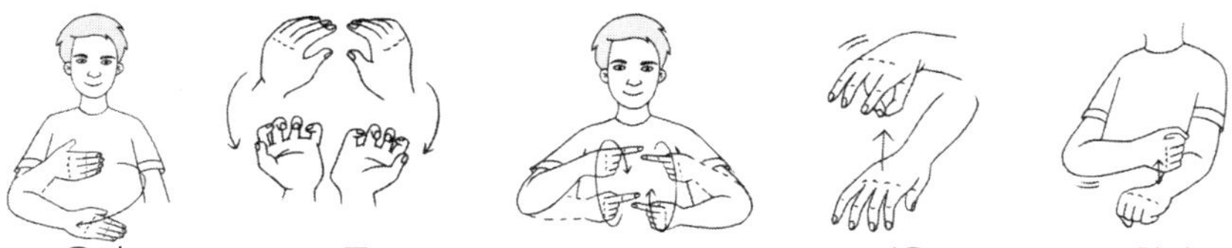

우리 모두 수화는 처음 한다

2 대학생활

어휘

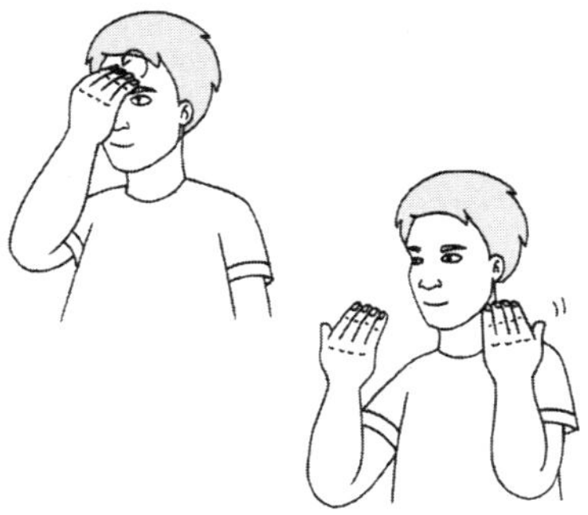

고등학교

대학

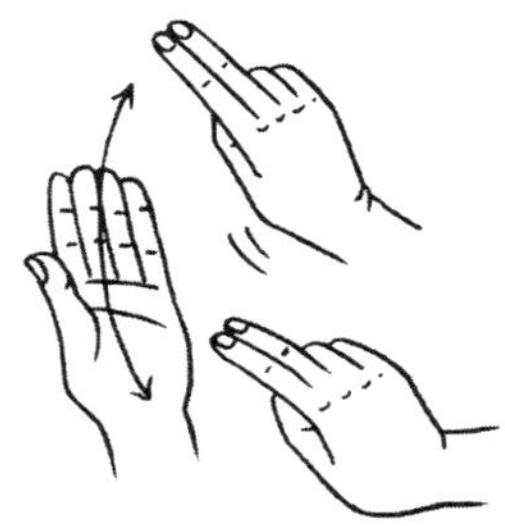

독서

동창

좁다

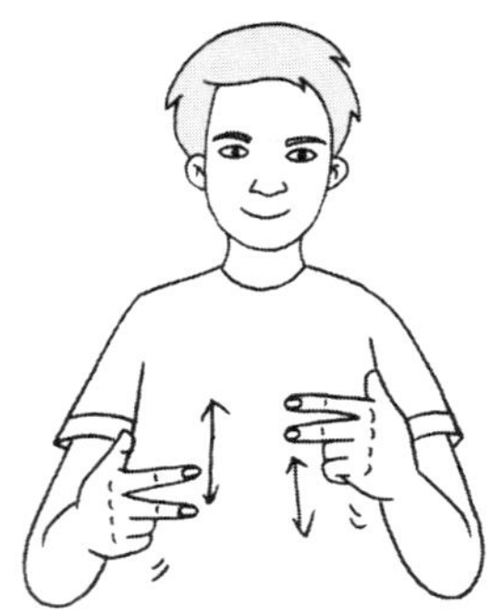

즐겁다

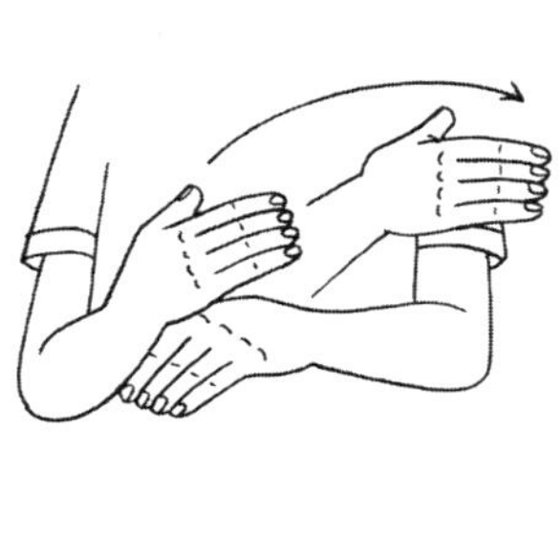

지나치다

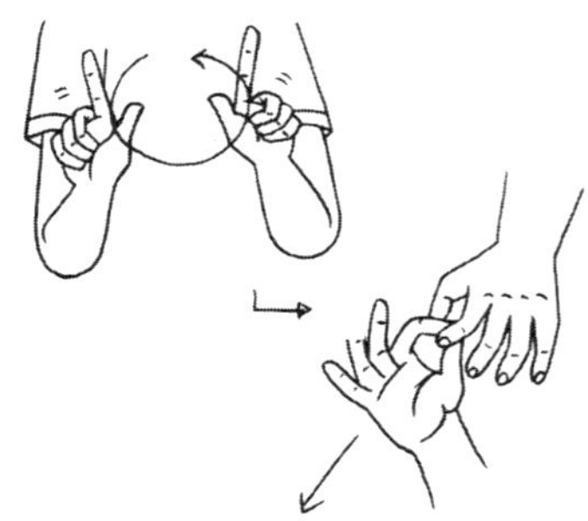

지내다

참

책임

학교

학생

훌륭하다

강의실

개강

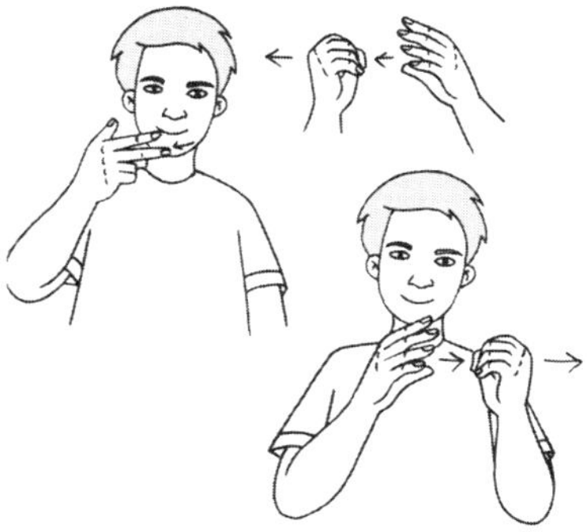

영어회화

기숙사

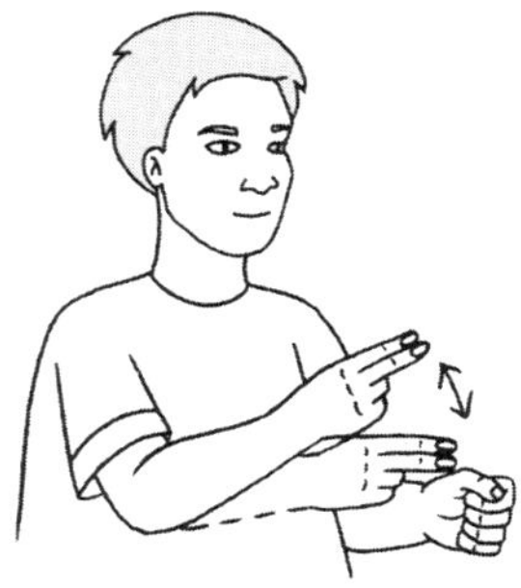

교수

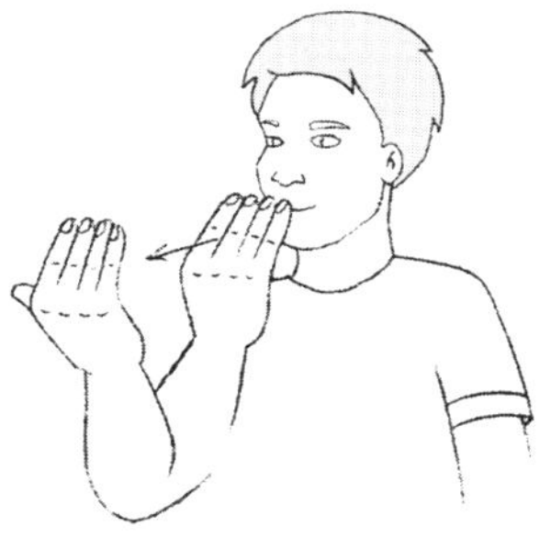

가능

가입

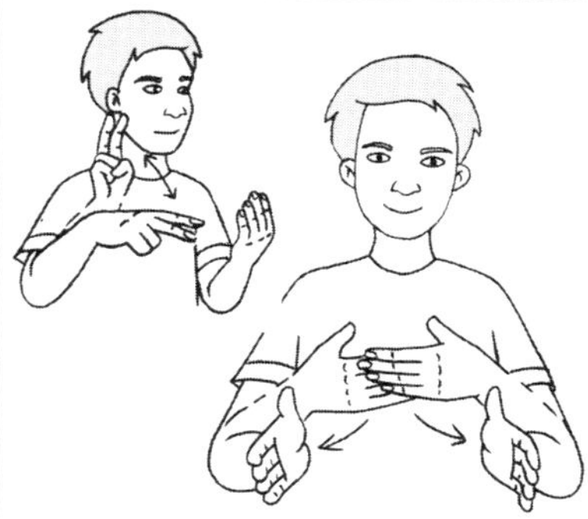

도서관

대학교

방학

보강

복학

시험

수강신청

장학금

조교

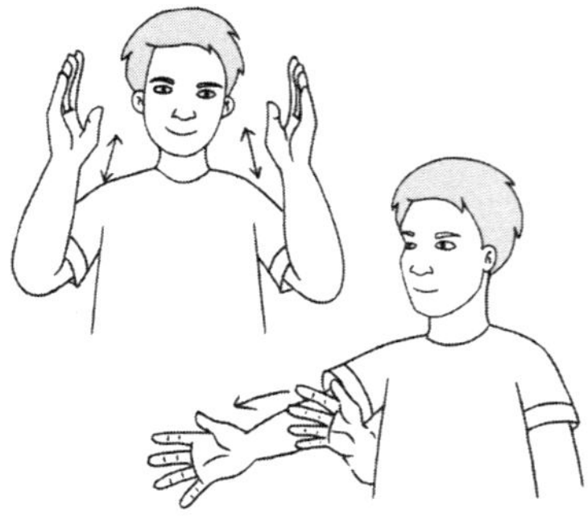

전공

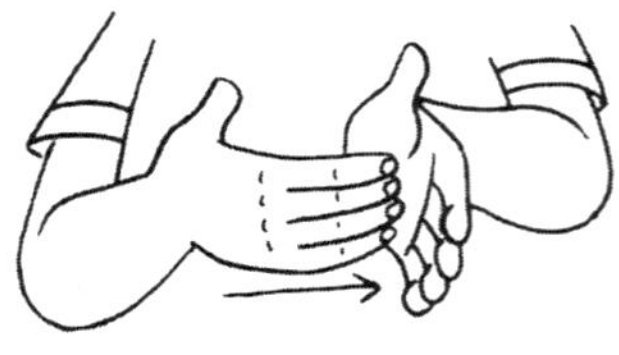

끝

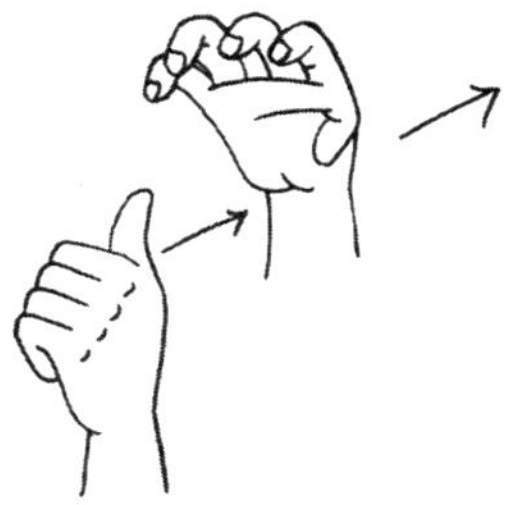

이용

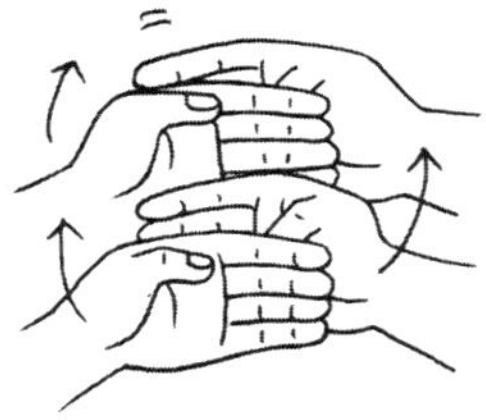

경험

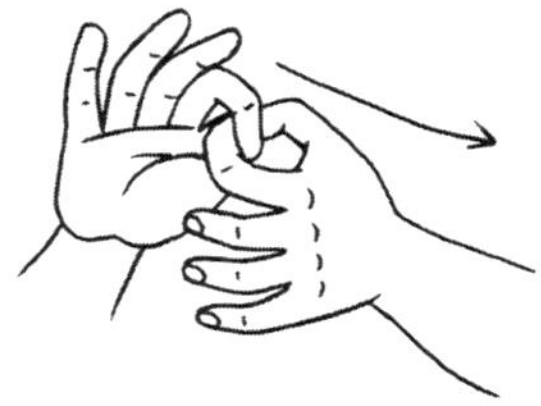

계속

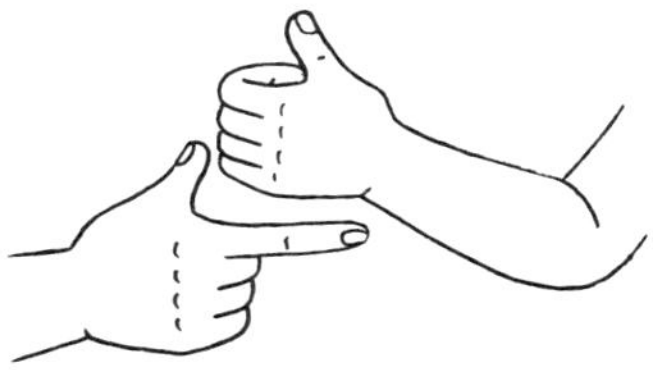

~님

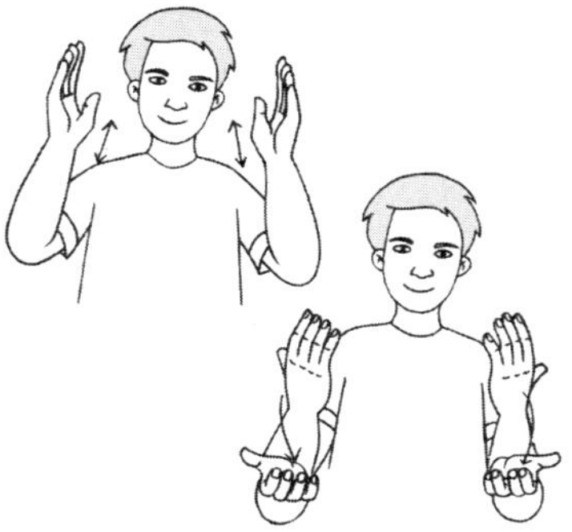

휴강

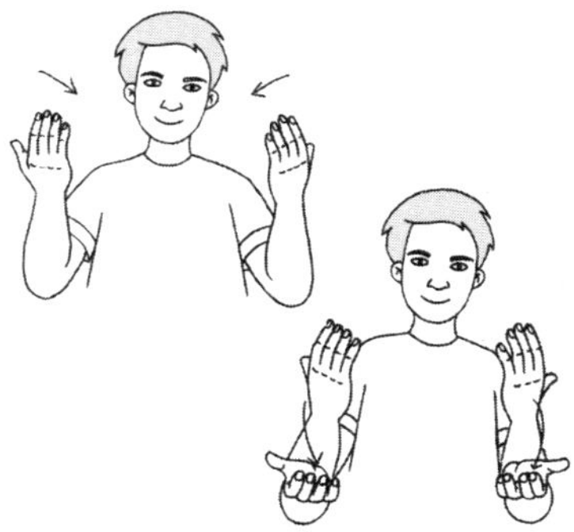

휴학

문장

문장 1 작년에 고등학교를 졸업하고 대학에 왔다.

문장 2 교수님은 아주 즐겁게 대학 생활을 하신다.

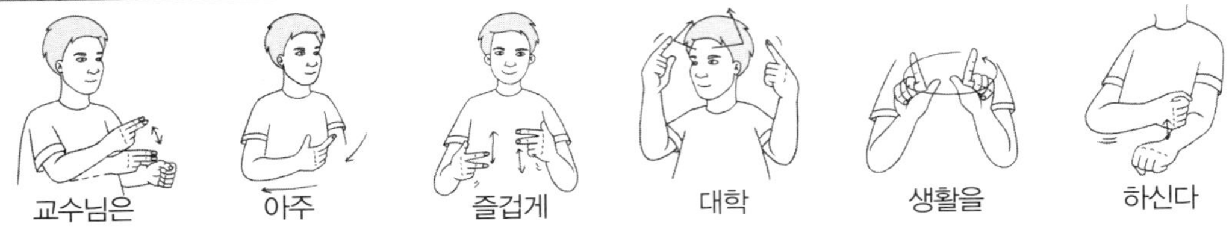

문장 3 나는 기숙사에서 동생과 함께 생활하고 있다.

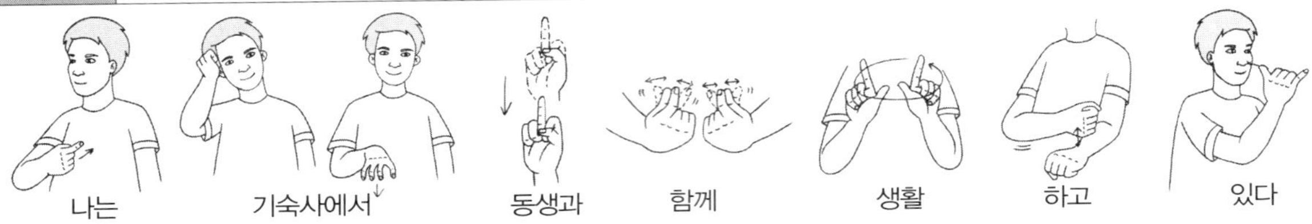

문장 4 친구는 도서관에서 열심히 공부합니다.

문장 5 강의실에서 많은 학생들이 공부한다.

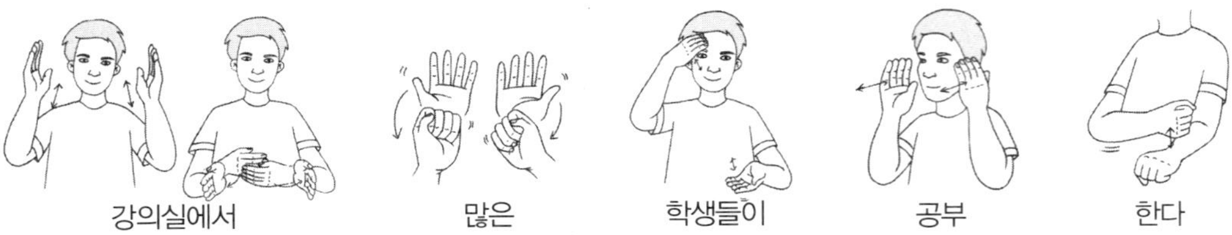

문장 6 방학 때는 많은 학생들이 아르바이트를 한다

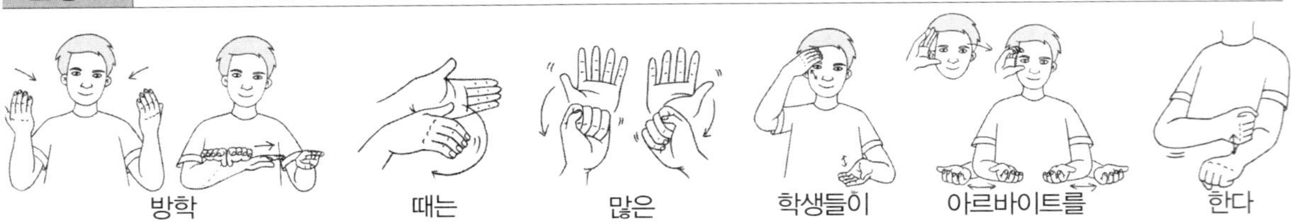

문장 7 우리 대학은 3월에 개강한다.

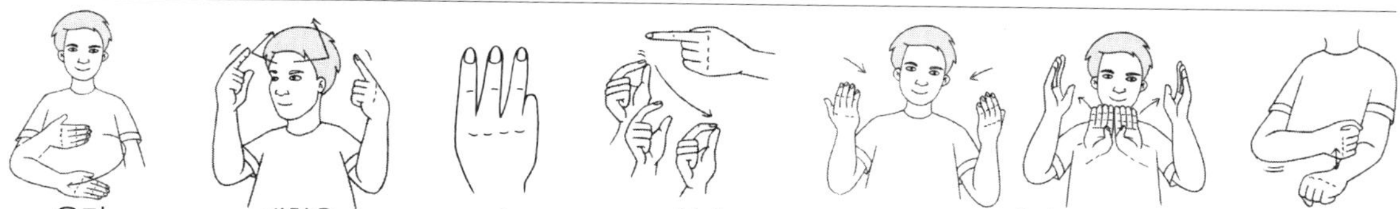

우리 / 대학은 / 3 / 월에 / 개강 / 한다

문장 8 장학금을 받는 학생이 정말로 부럽다.

장학금을 / 받는 / 학생이 / 정말로 / 부럽다

문장 9 선배들이 복학하고 있다.

선배들이 / 복학 / 하고 / 있다

문장 10 수강신청을 하기가 매우 어렵다.

수강신청을 / 하기가 / 매우 / 어렵다

문장 11 내일 교수님이 휴강한다고 말씀하였다.

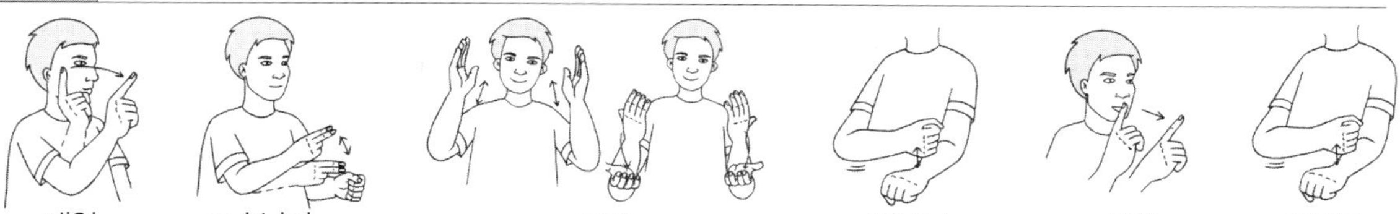

내일 / 교수님이 / 휴강 / 한다고 / 말씀 / 하였다

문장 12 수화시험이 어려워서 매우 걱정이 된다.

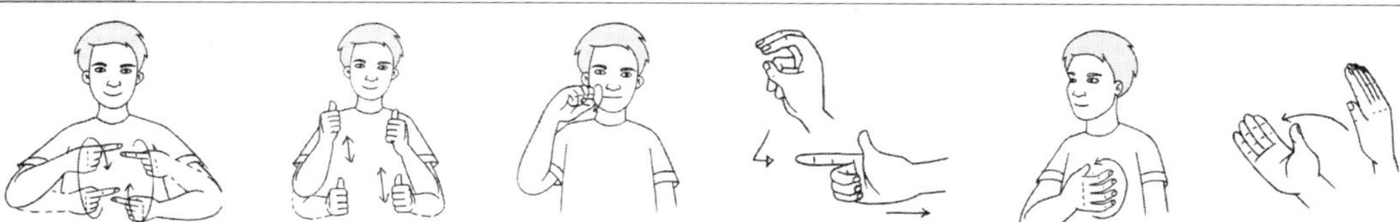

수화 / 시험이 / 어려워서 / 매우 / 걱정이 / 된다

3 시제

어휘

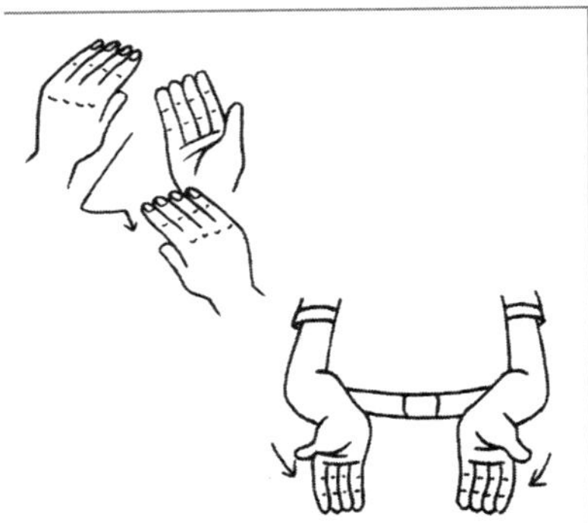

공휴일

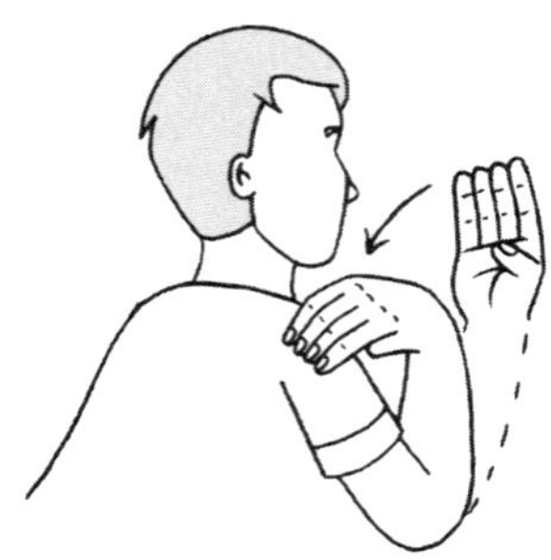

과거

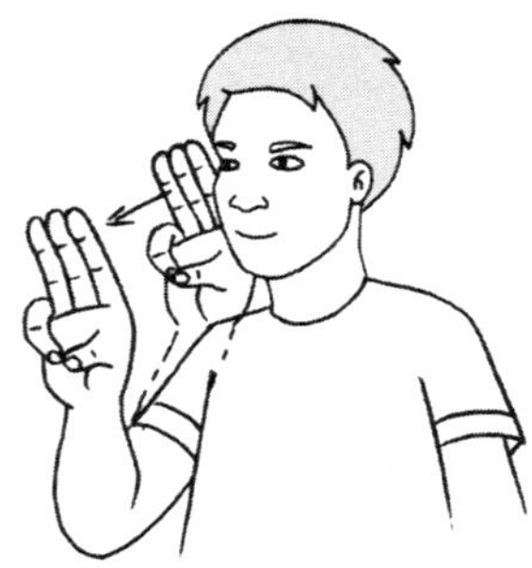

글피

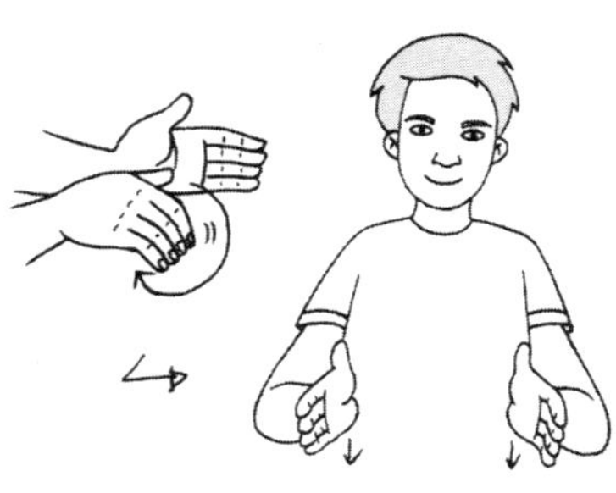

기간

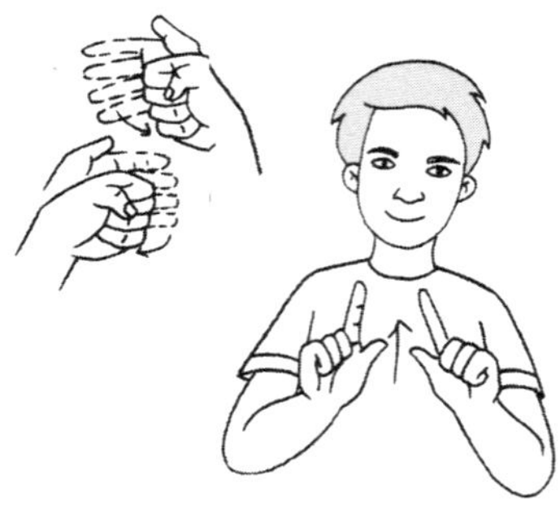

날자

내일

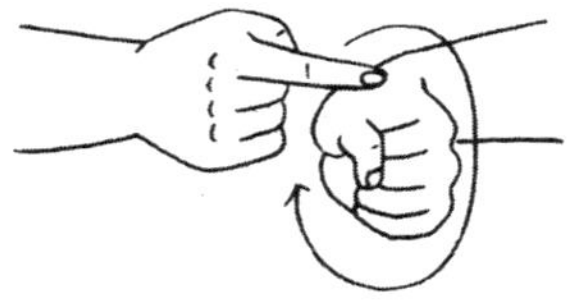

년

며칠

밤(night)

시

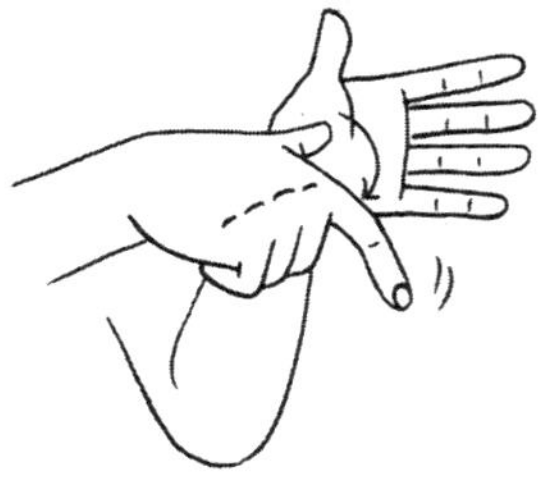

때

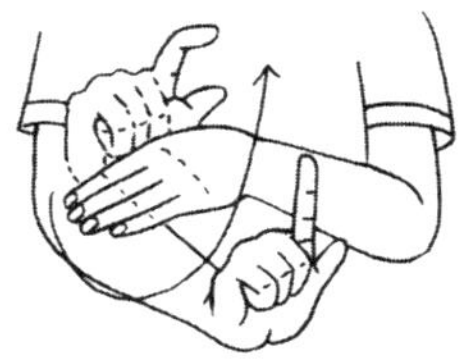

아침

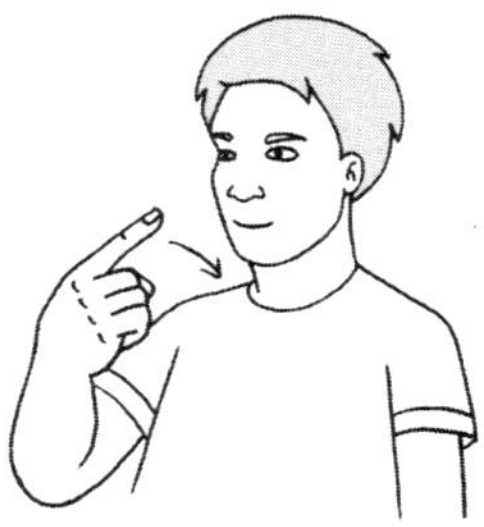

어제

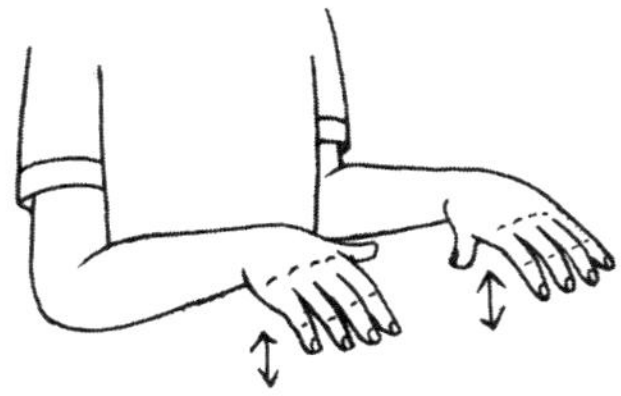

오늘

오래

오전

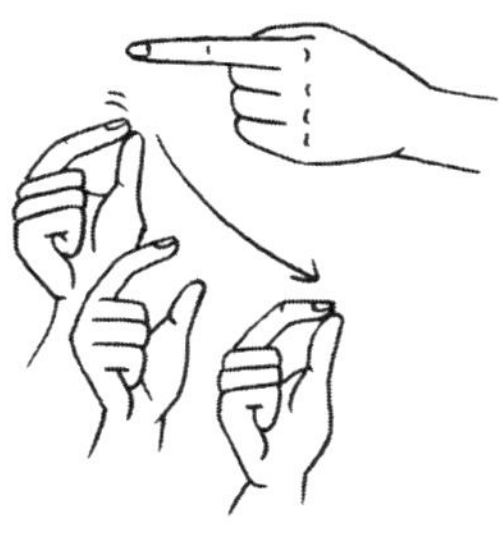

월

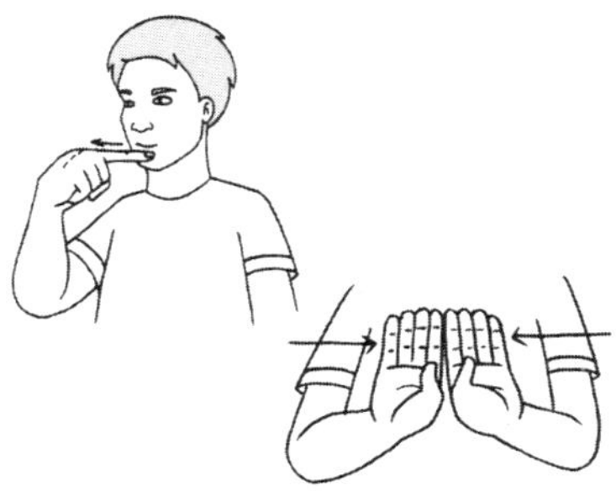

일요일

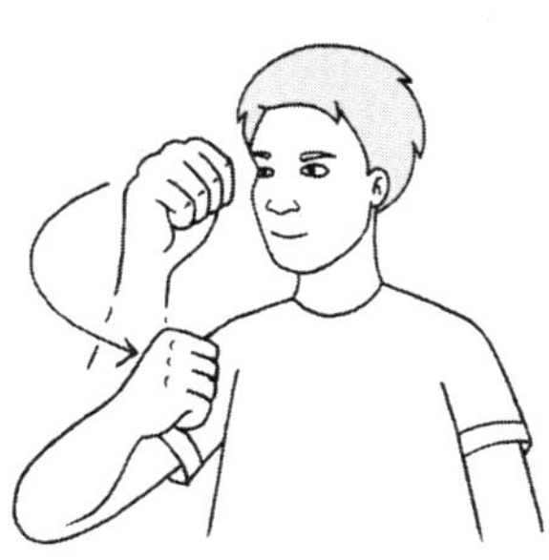

일찌기

작년

저녁

점점

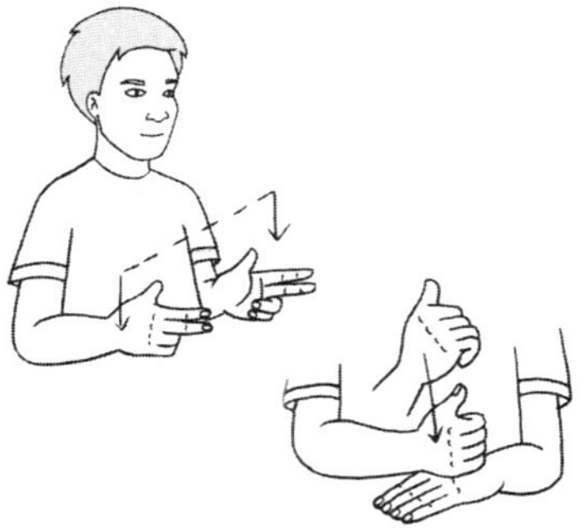

주말

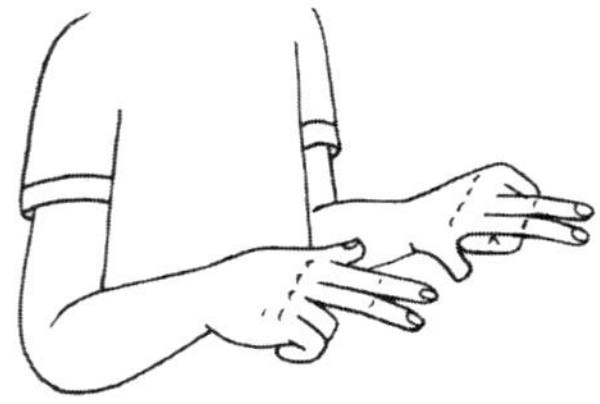

지금

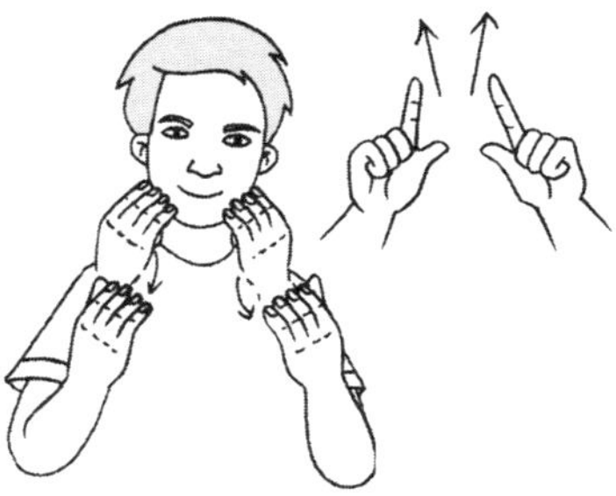

토요일

한달

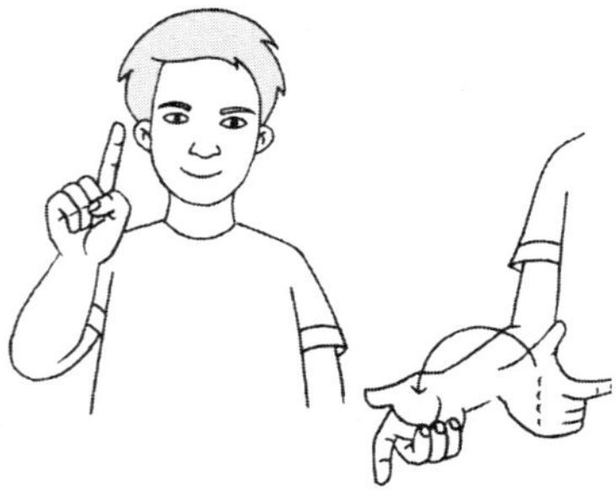

하루

해(년)

요일(날)

달

매일

요즘

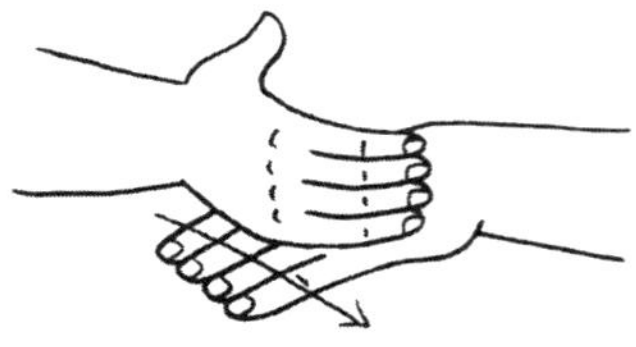

늦다

늘

다음

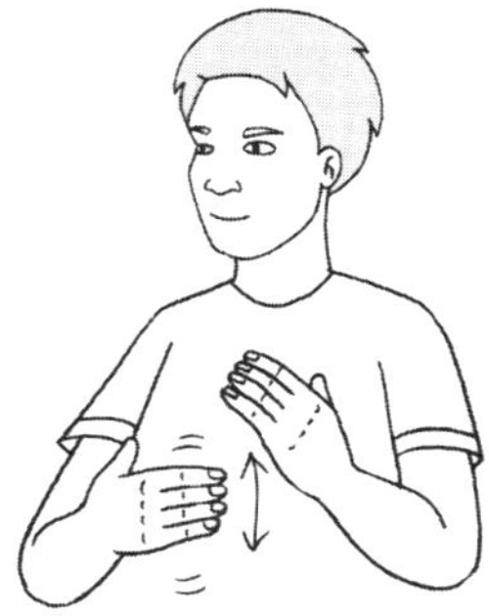

아직

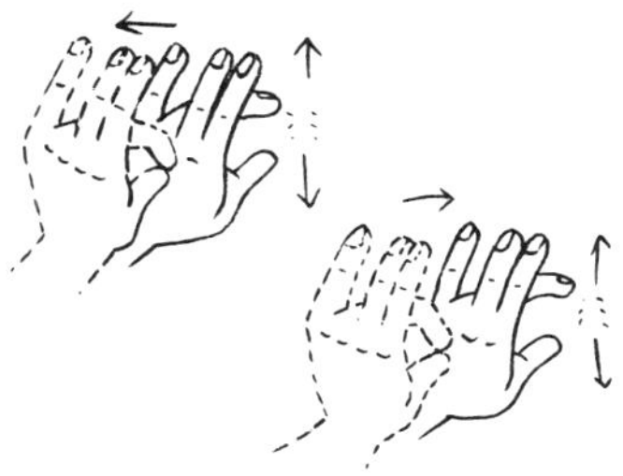

마다

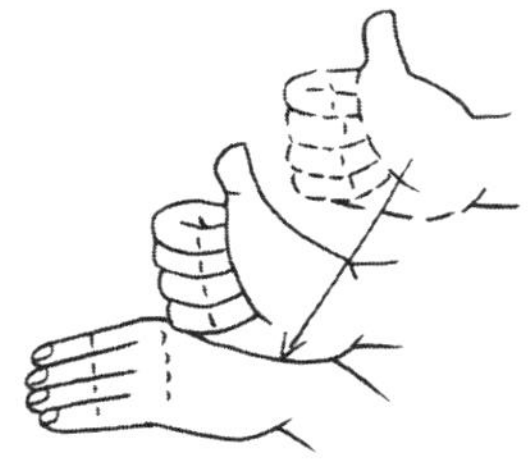

마지막

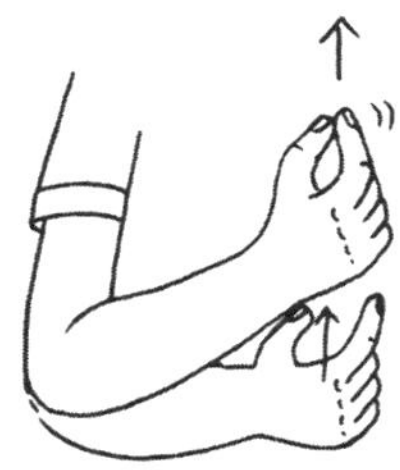

얼른

문장

문장 1 오늘은 마지막 주말입니다.

오늘은 마지막 주말 입니다

문장 2 아침 일찍 학교에 왔다.

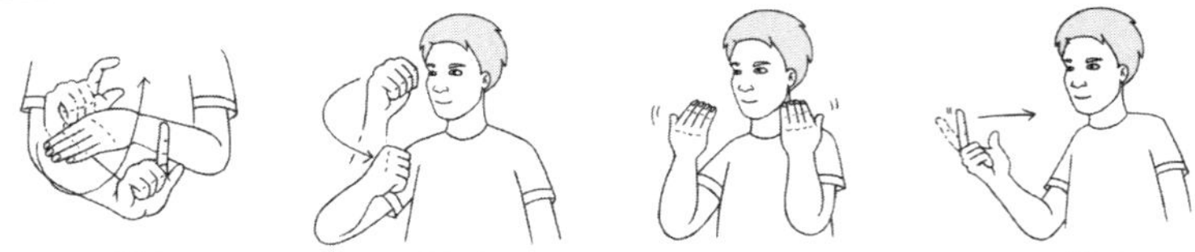

아침 일찍 학교에 왔다

문장 3 어제는 아버지와 함께 저녁 식사를 하였다.

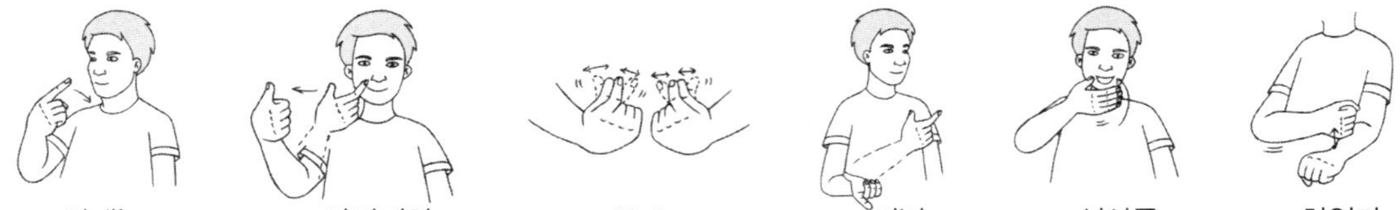

어제는 아버지와 함께 저녁 식사를 하였다

문장 4 과거에는 수화를 하지 못하였다.

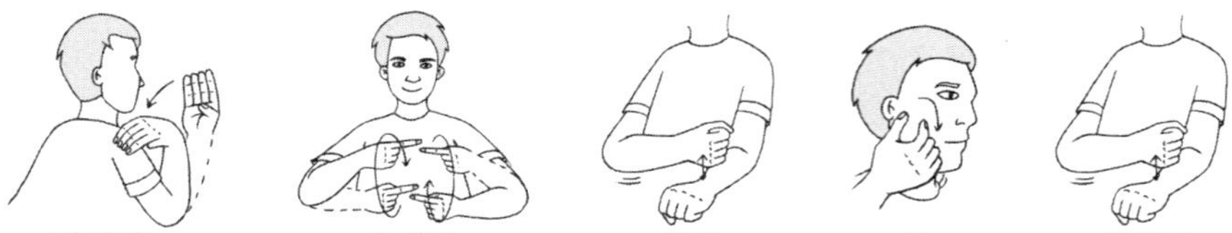

과거에는 수화를 하지 못 하였다

문장 5 공휴일에는 형님과 같이 여행을 갈 생각이다.

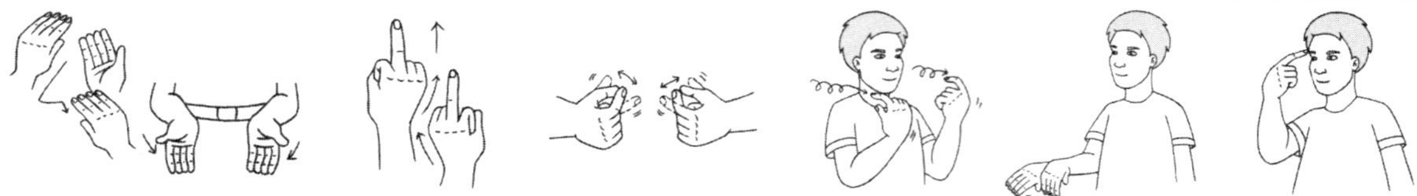

공휴일에는 형님과 같이 여행을 갈 생각이다

문장 6 요즘은 수화가 아주 재미있다.

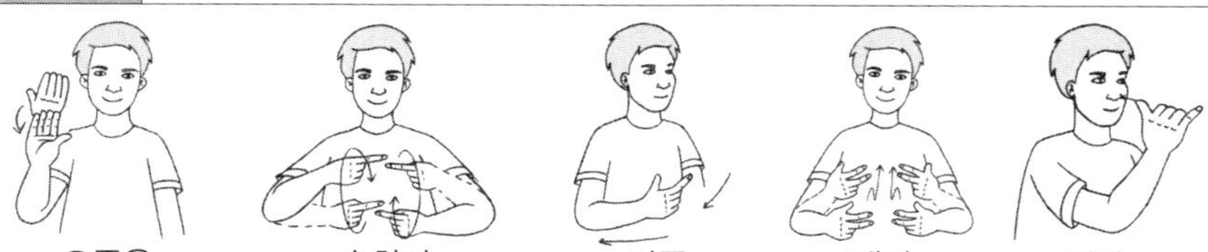

요즘은 수화가 아주 재미 있다

문장 7 나는 매일 국어 공부를 열심히 한다.

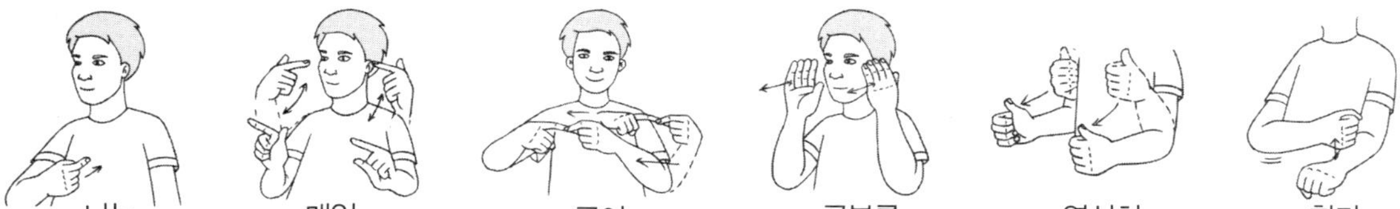

나는 매일 국어 공부를 열심히 한다

문장 8 늘 좋은 생각을 가지고 살아야 한다.

늘 좋은 생각을 가지고 살아야 한다

문장 9 한 달 동안 친구를 만나지 않았다.

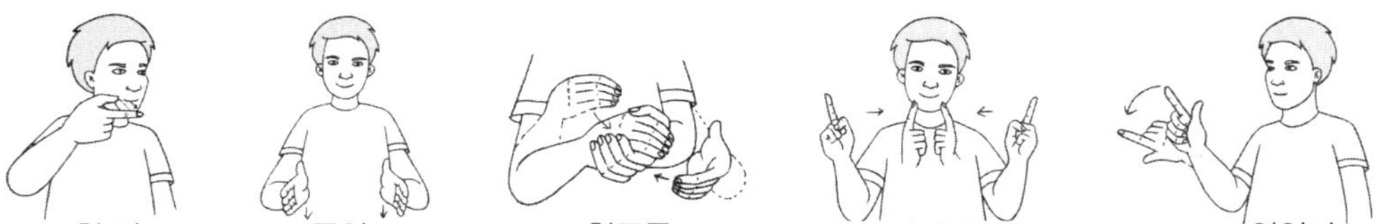

한 달 동안 친구를 만나지 않았다

문장 10 내일은 막내 동생 생일이다.

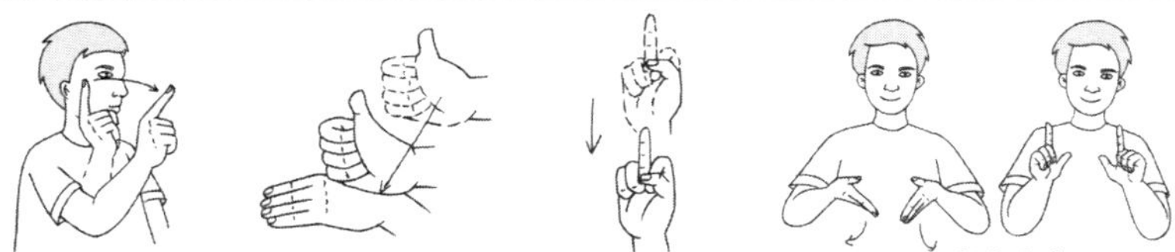

내일은 막내 동생 생일이다

문장 11 일요일 마다 나는 등산을 한다.

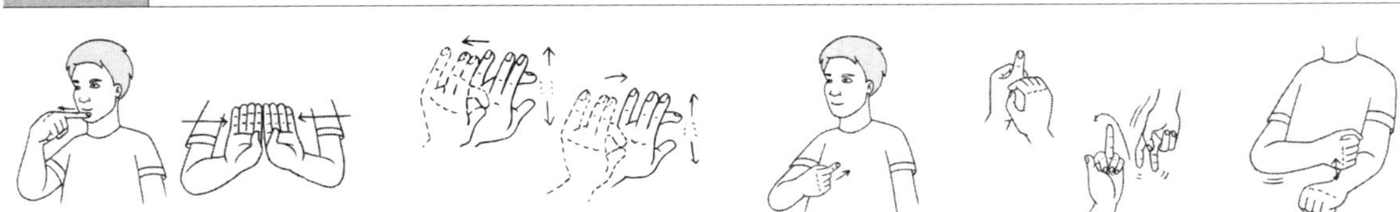

일요일 마다 나는 등산을 한다

문장 12 점점 날씨가 더워지고 있다.

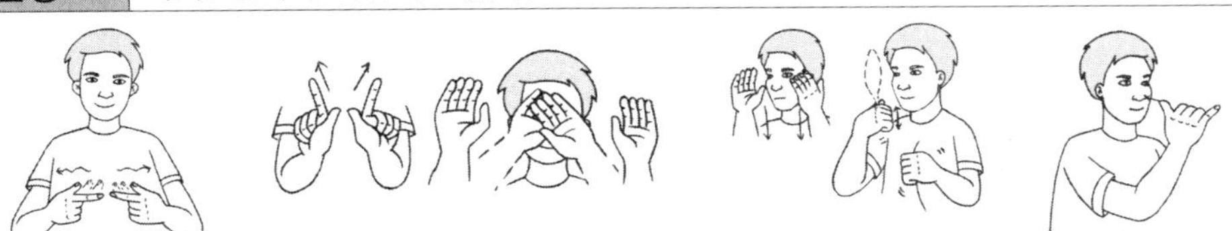

점점 날씨가 더워지고 있다

4 가족

어휘

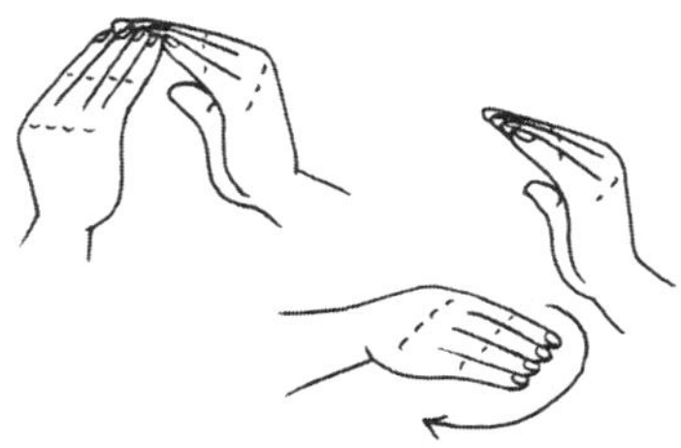

가정

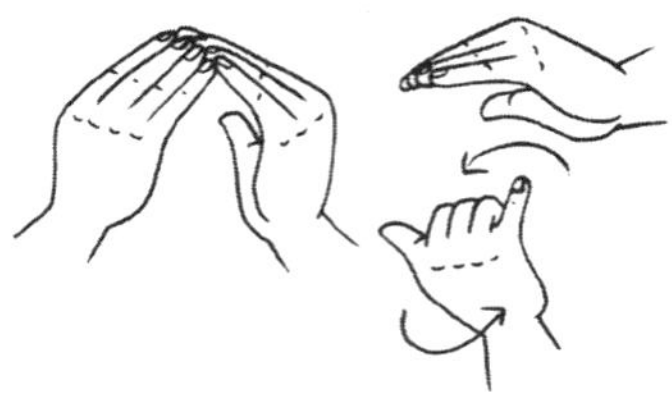

가족

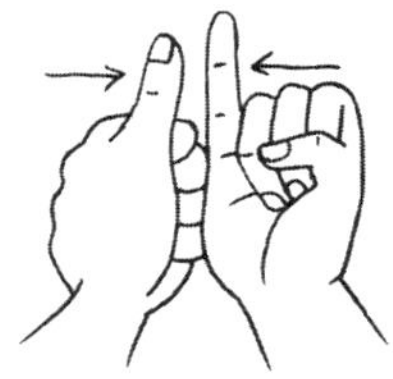

결혼

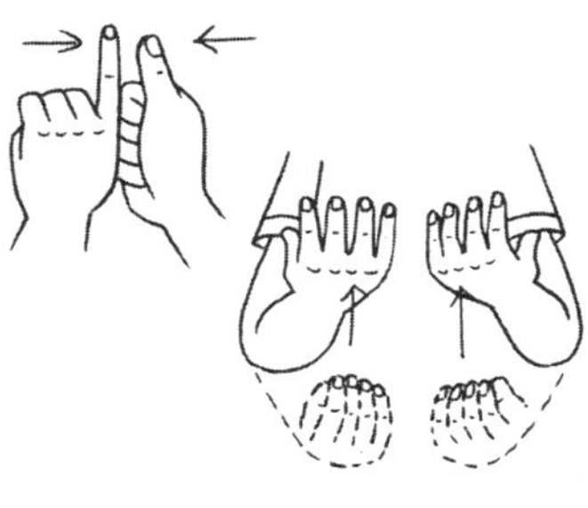

결혼식

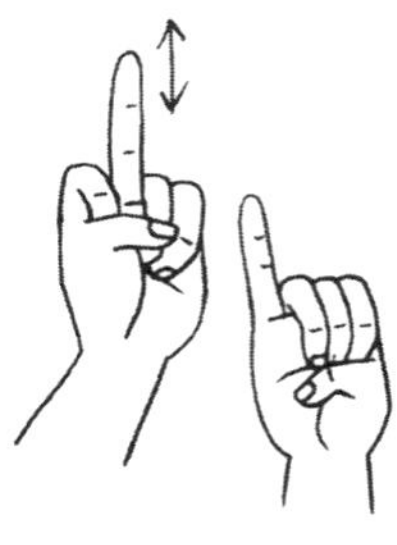

남매

누나

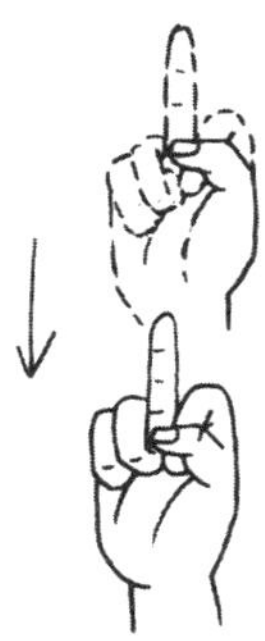

동생

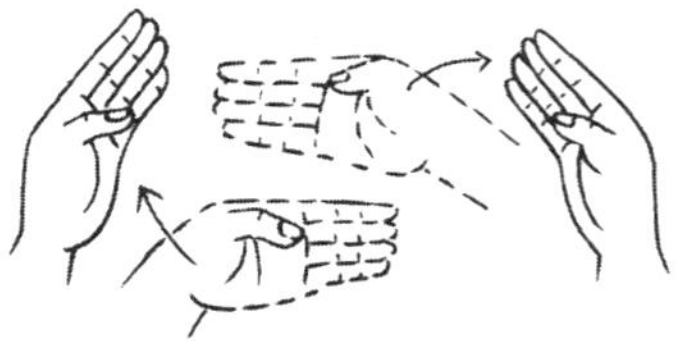

방

부모

부부

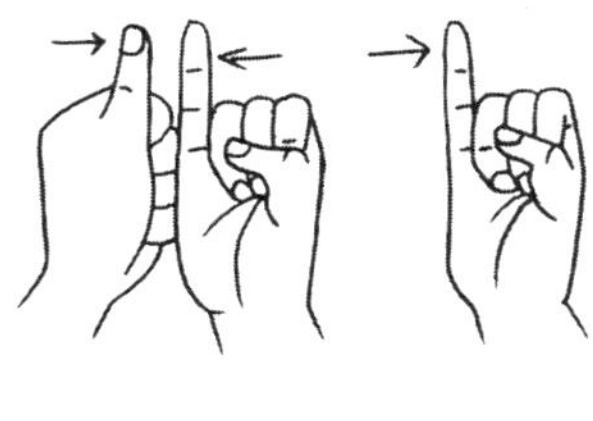

부인

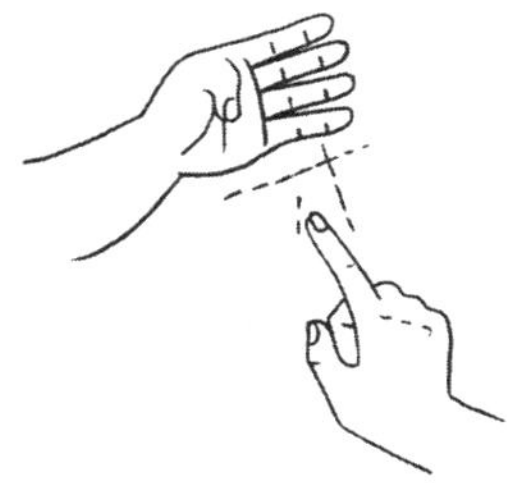

사촌

태어나다

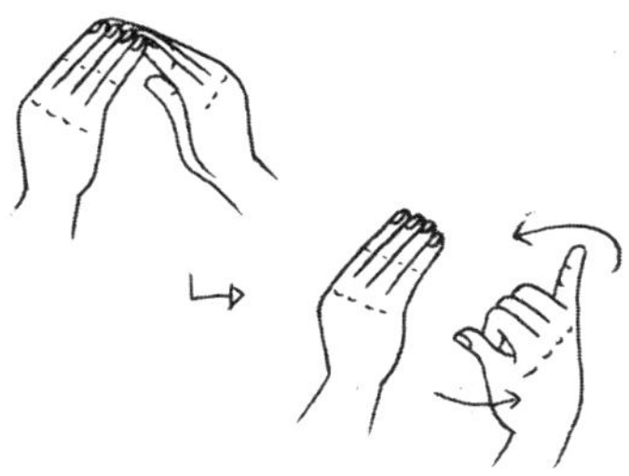

식구

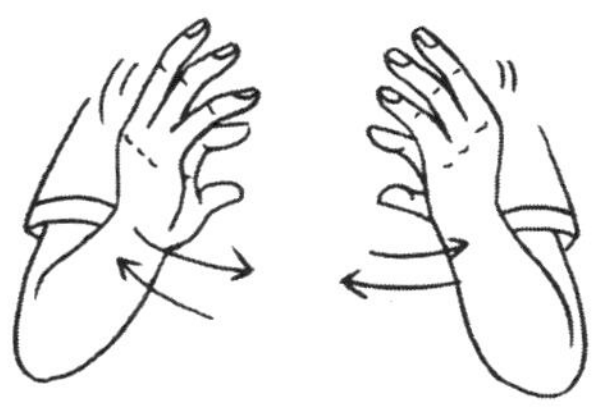

아기

아버지

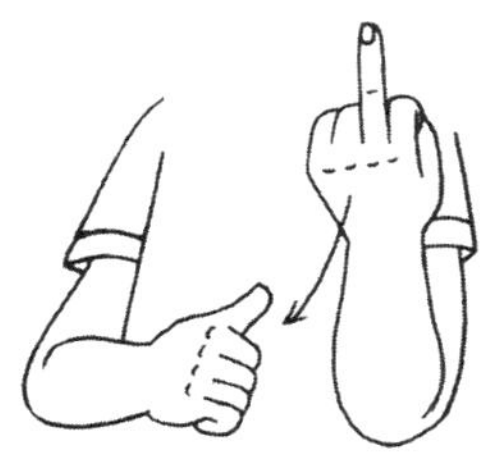

조카

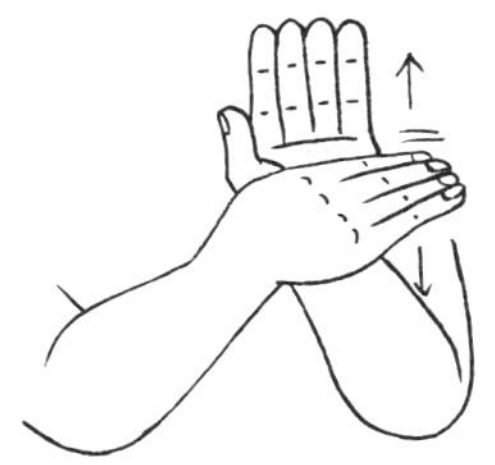

만큼

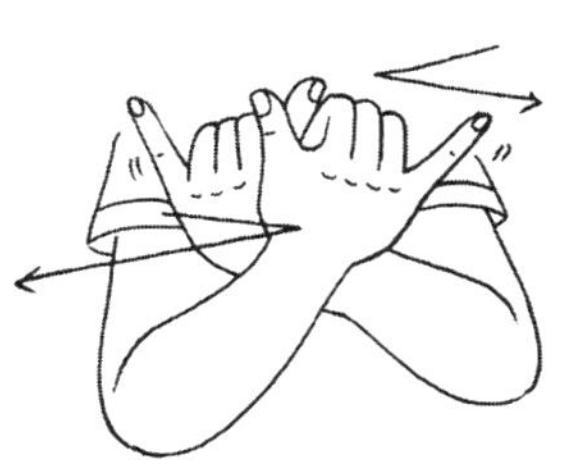

친척

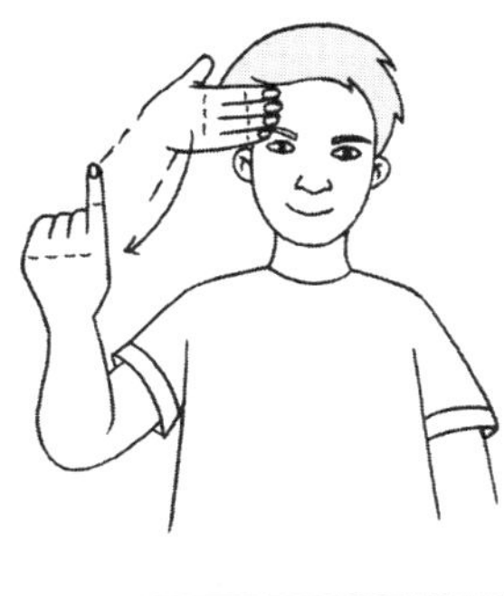

할머니

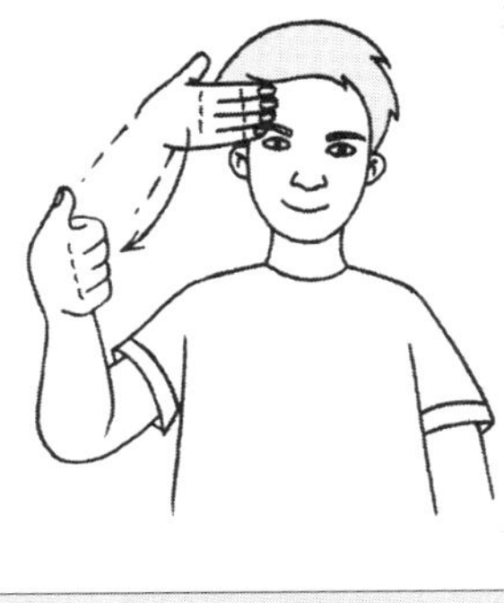

할아버지

형

형제

웃다

용돈

집

모습

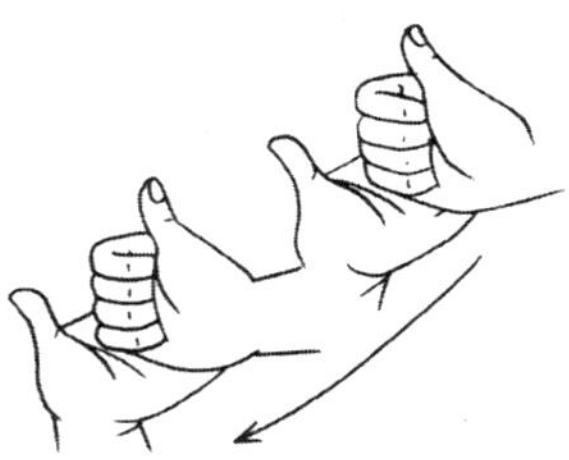

모시다

또

마침

만

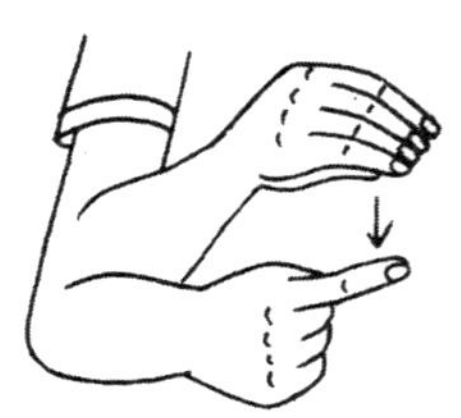

만일

문장

문장 1 우리 집에는 할아버지와 할머니가 함께 산다.

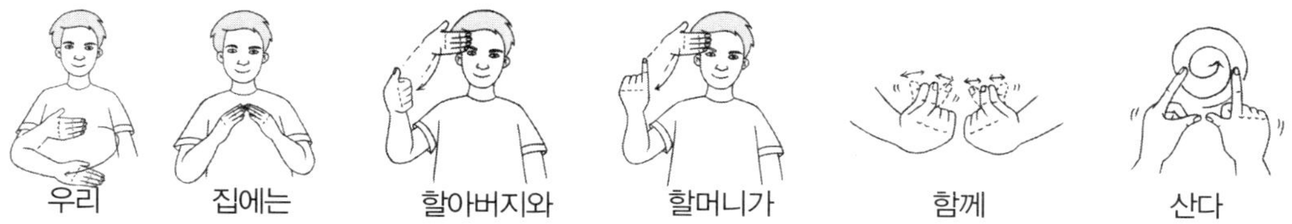

문장 2 아버지가 한 달 용돈을 많이 주셨다.

문장 3 서울에 사는 친척들이 모두 모였다.

문장 4 아버지가 일하시는 모습이 아주 좋다.

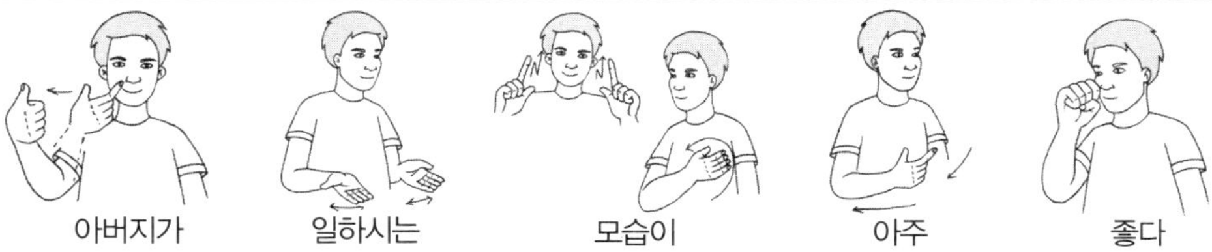

문장 5 할아버지를 모시고 경주로 여행을 갔다.

문장 6 아기가 웃는 모습은 정말로 귀엽다.

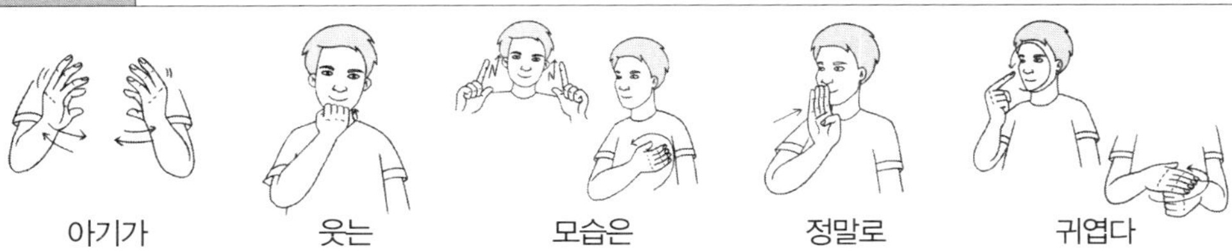

문장 7 우리 가족은 항상 웃으면서 생활한다.

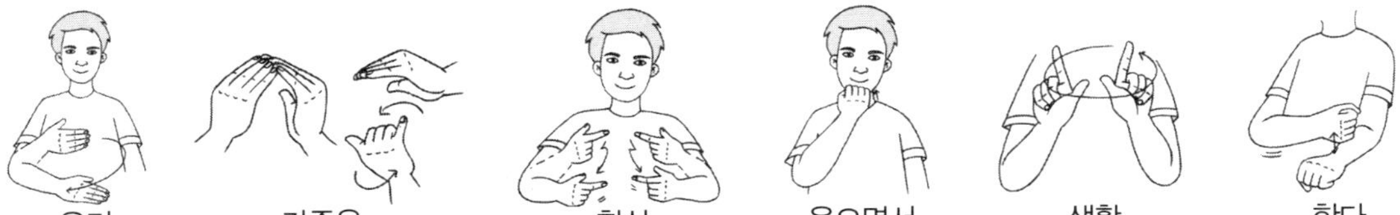

우리 가족은 항상 웃으면서 생활 한다

문장 8 시골에 사는 사촌들이 우리 집에 놀러 왔다.

시골에 사는 사촌들이 우리 집에 놀러 왔다

문장 9 일요일에 식구들과 함께 저녁을 먹었다.

일요일에 식구들과 함께 저녁을 먹었다

문장 10 내 생일에는 친구들과 우리 집에서 놀았다.

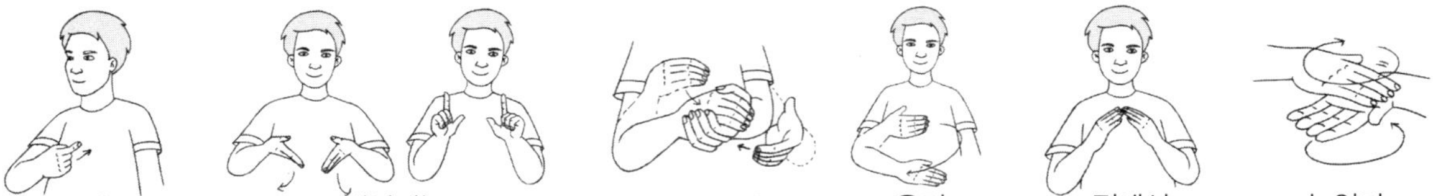

내 생일에는 친구들과 우리 집에서 놀았다

문장 11 내일 누나는 대구에서 결혼한다.

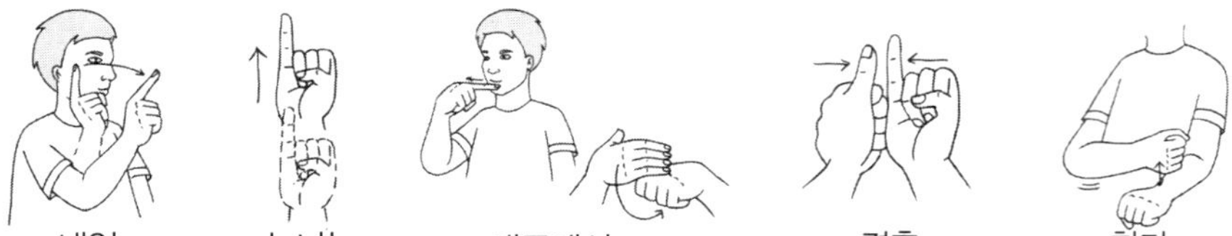

내일 누나는 대구에서 결혼 한다

문장 12 동생은 항상 아버지 일을 도와 드린다.

동생은 항상 아버지 일을 도와 드린다

문장 13 우리집 형제들은 항상 웃으면서 생활한다.

우리 집 형제들은 항상 웃으면서 생활 한다

문장 14 4촌 형님은 외국에 자주 여행을 간다.

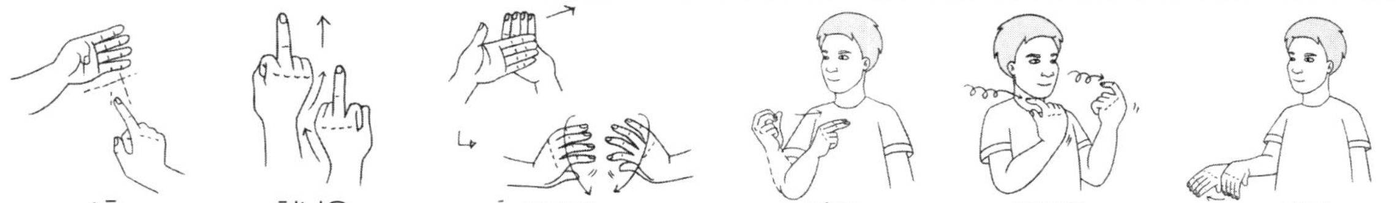

4촌 형님은 외국에 자주 여행을 간다

문장 15 할아버지를 모시고 미국으로 놀러 갔다.

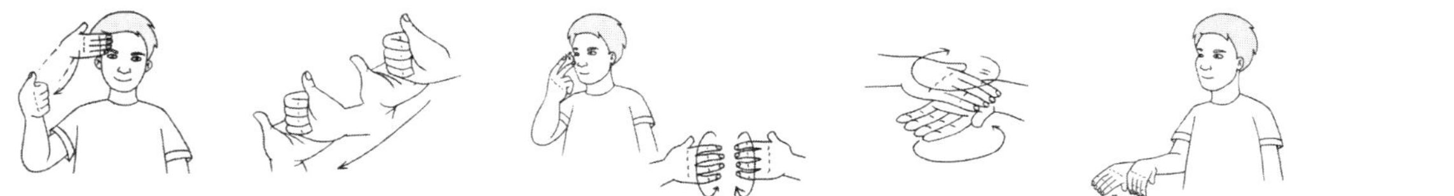

할아버지를 모시고 미국으로 놀러 갔다

문장 16 내 생일에 여러 친척들이 축하를 해주었다.

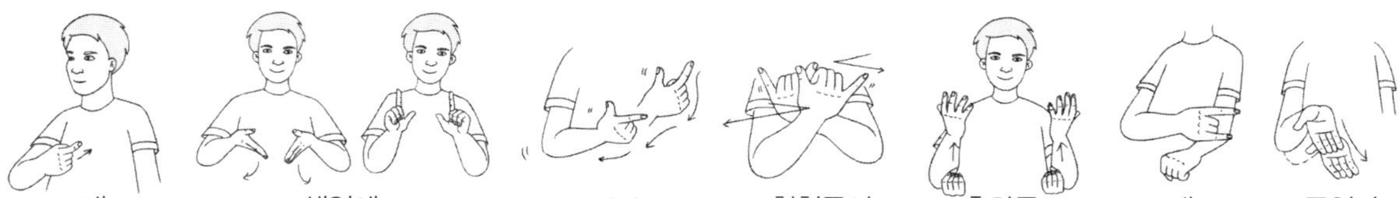

내 생일에 여러 친척들이 축하를 해 주었다

문장 17 할아버지와 할머니는 친척집에 자주 가신다.

할아버지와 할머니는 친척 집에 자주 가신다

문장 18 우리 남매는 서울에서 아버지와 함께 생활한다.

우리 남매는 서울에서 아버지와 함께 생활한다

5 생활

어휘

공기

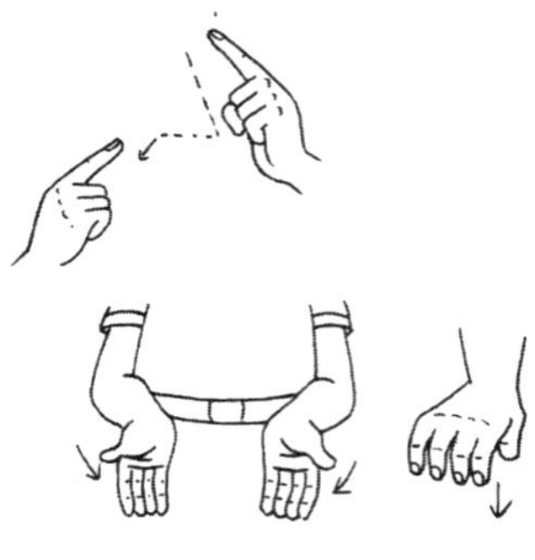
공원

기다리다

기분

기쁘다

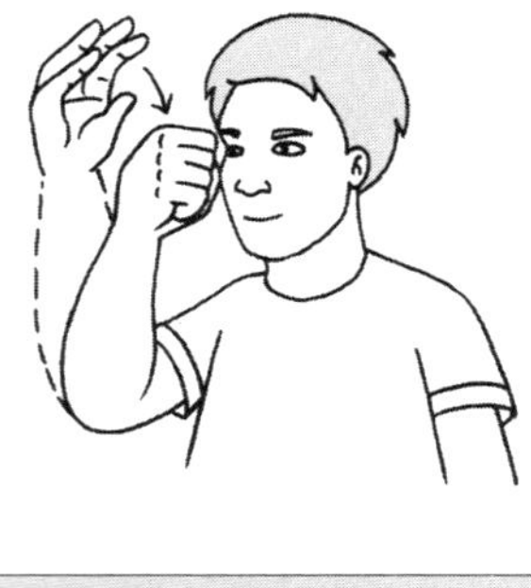
기억

냄새

농사

미치광이

미치다

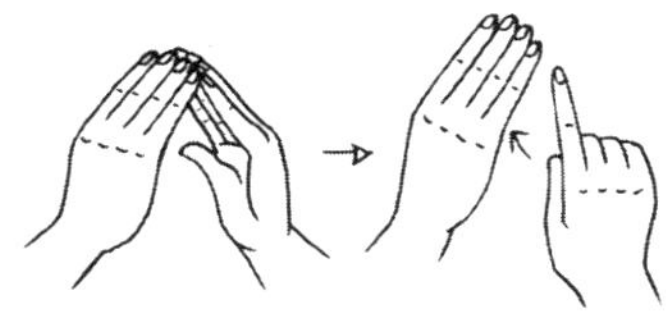

방문

사양

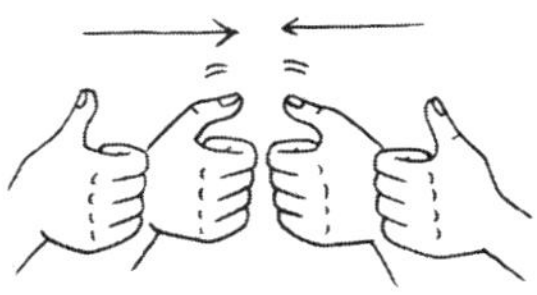

상의

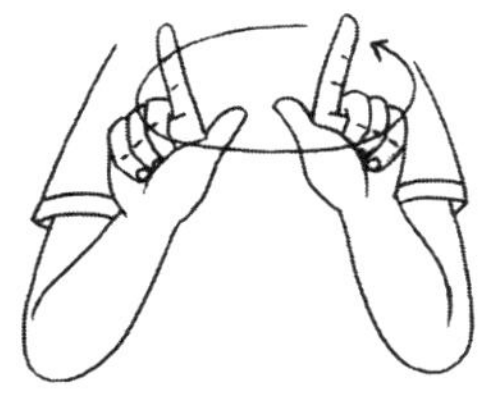

생활

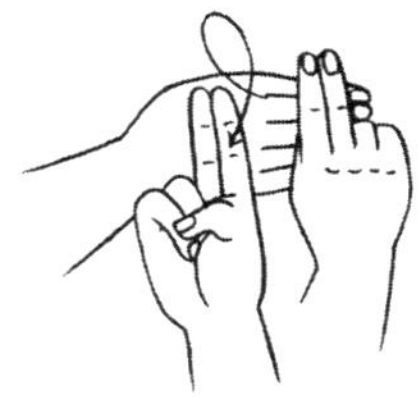

선물

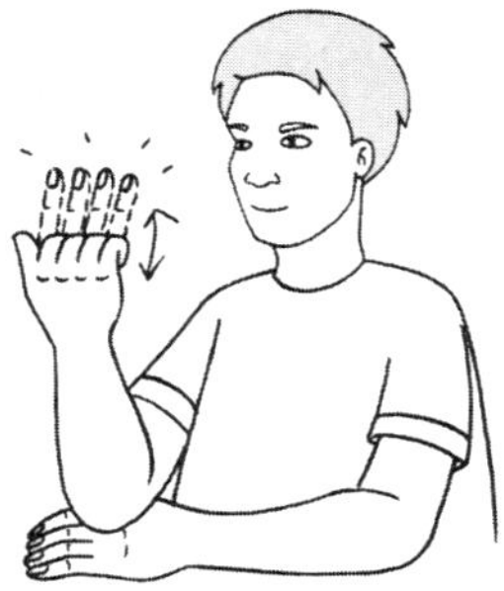

신문

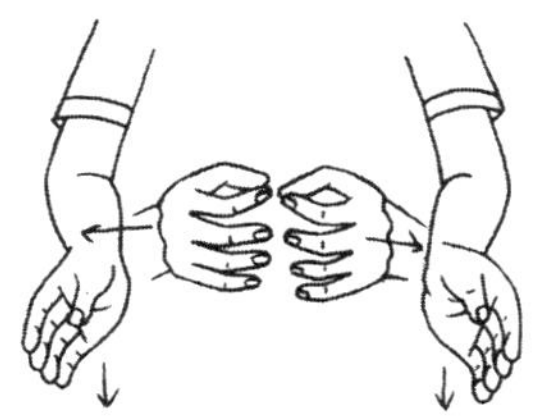

사이

이사

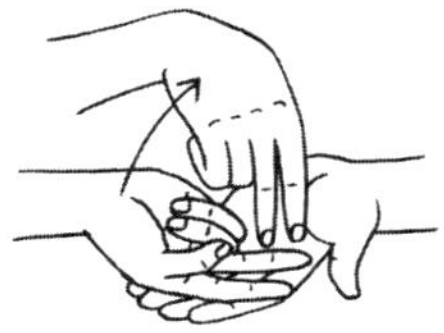

일어나다

자다

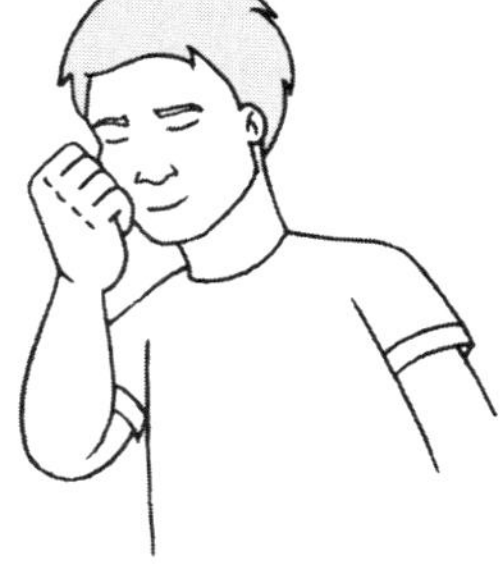

잠

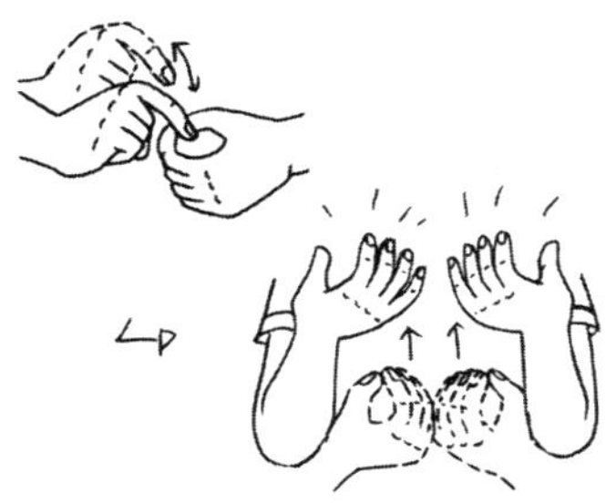

잔치

편안

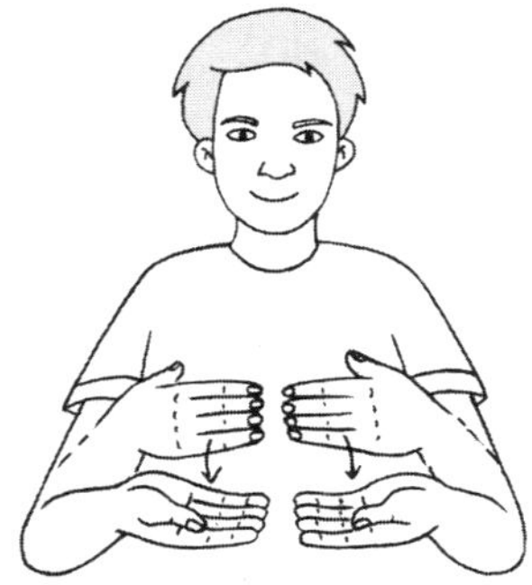

편하다

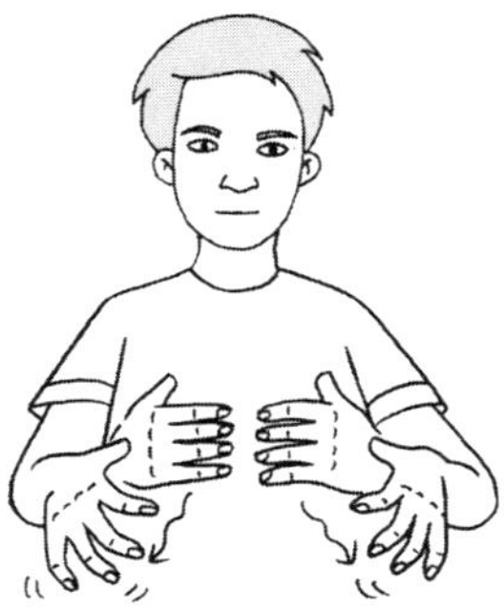

피곤

고향

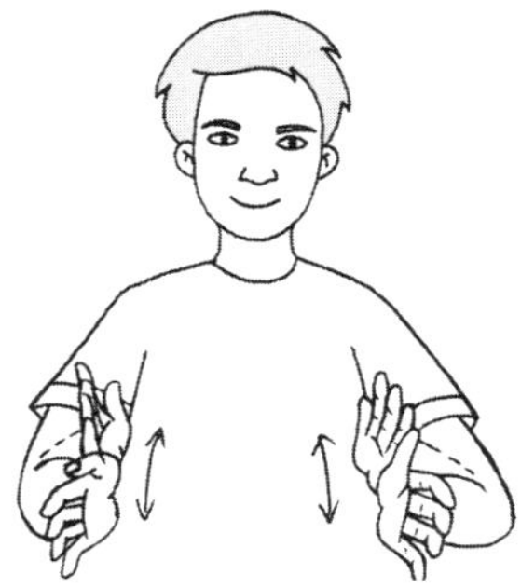

수다

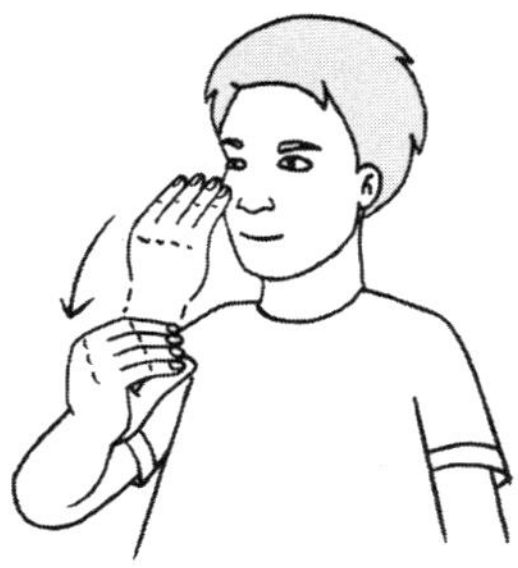

익숙하다

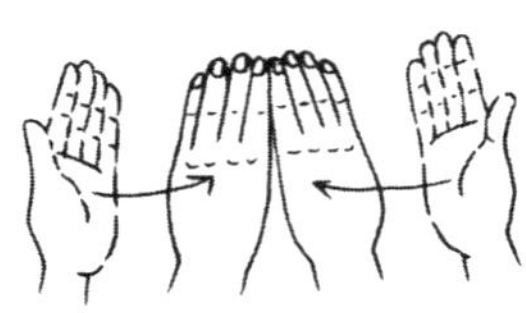

닫다

대접

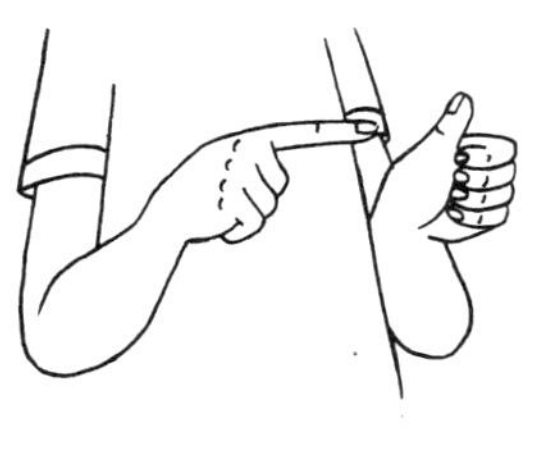

더러

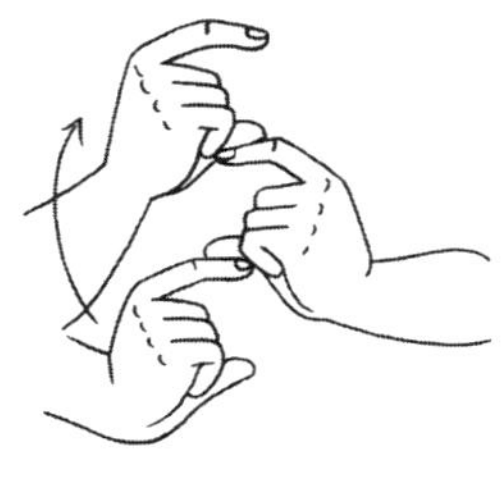

더욱

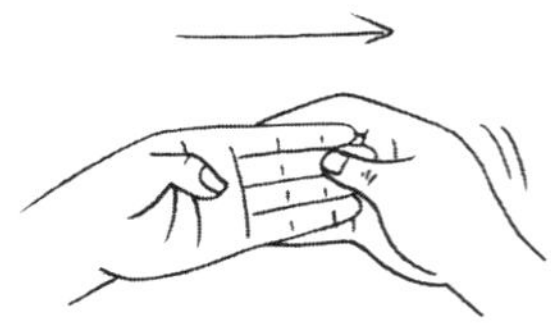

데려가다

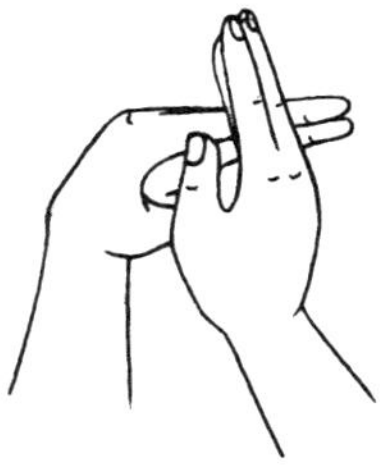	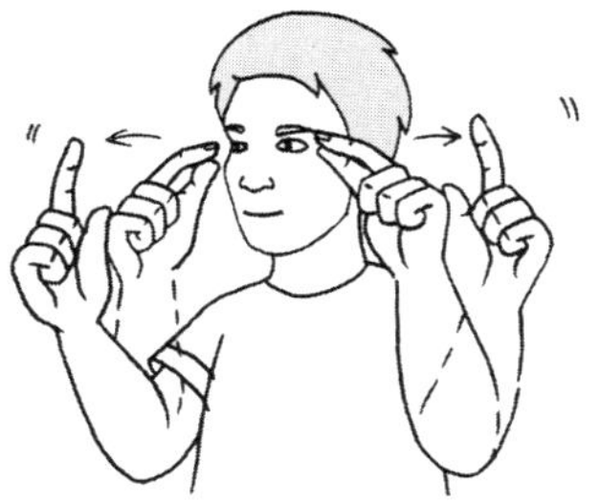	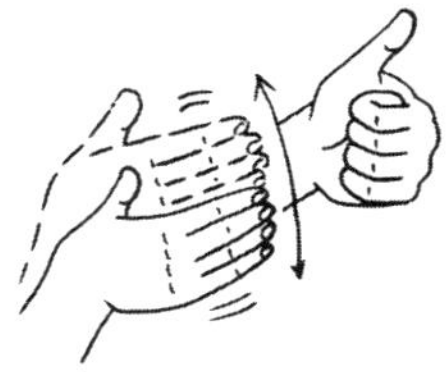
도중	깨다	부탁

부터		

문장

문장 1 나는 한국에서 많이 생활하였다.

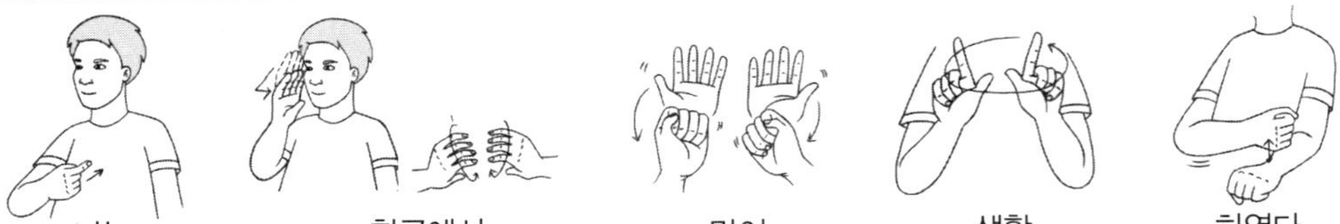

나는 한국에서 많이 생활 하였다

문장 2 오늘 아침에 신문을 재미있게 읽었습니다.

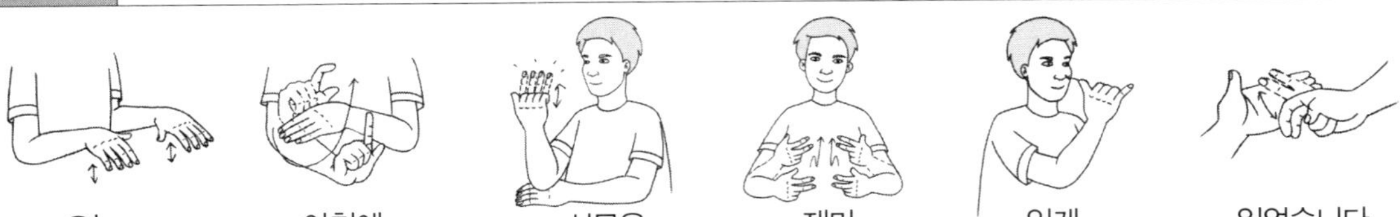

오늘 아침에 신문을 재미 있게 읽었습니다

문장 3 어제 이사를 하여 대단히 피곤하다

어제 이사를 하여 대단히 피곤하다

문장 4 내일은 선생님 집에 방문할 예정이다.

내일은 선생님 집에 방문할 예정이다

문장 5 할아버지는 시골에서 농사일을 하신다.

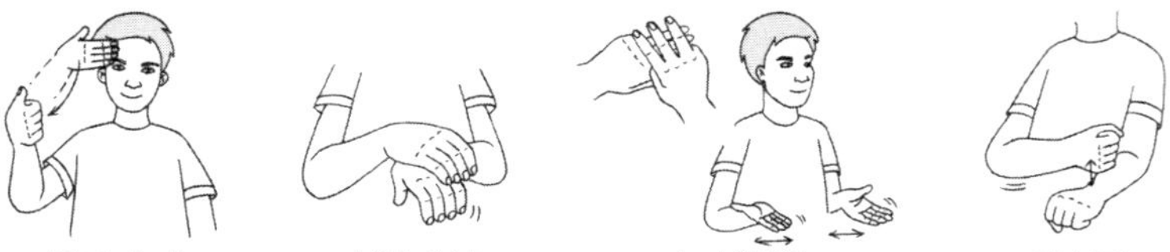

할아버지는 시골에서 농사일을 하신다

문장 6 어제 저녁 늦게 잠을 자서 오늘은 아주 피곤하다.

어제 저녁 늦게 잠을 자서 오늘은 아주 피곤하다

문장 7 내가 태어난 곳은 대구이다.

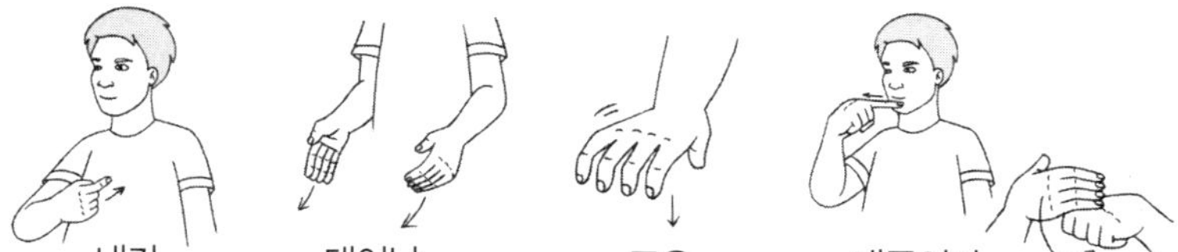

문장 8 누나가 결혼 후 집에서 잔치를 하니 기쁘다.

문장 9 동생을 데리고 선물을 사러 가게에 갔다.

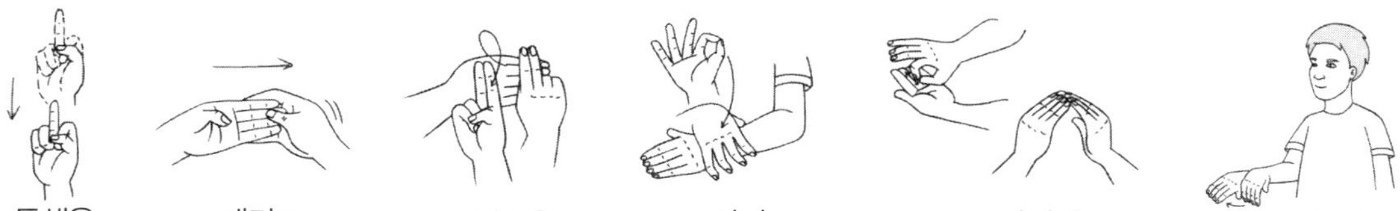

문장 10 약속을 지키지 않는 사람은 싫다.

문장 11 살던 고향의 기억이 아주 많다.

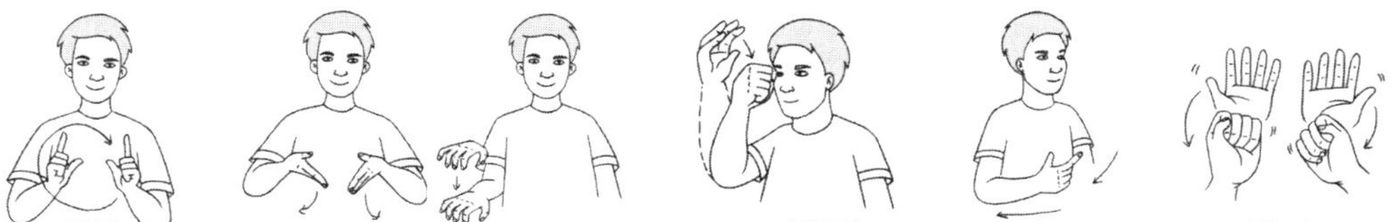

문장 12 아침에 일찍 일어나는 것이 익숙하다.

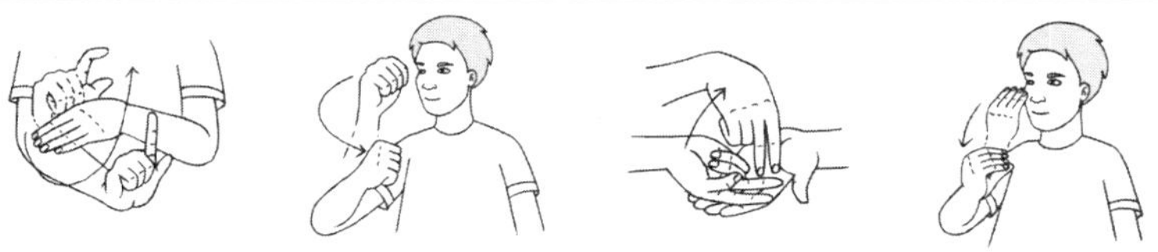

6 사람

어휘

남자

눈(eye)

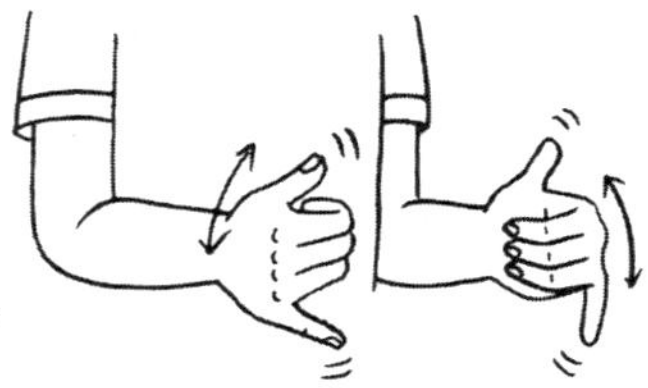

사람

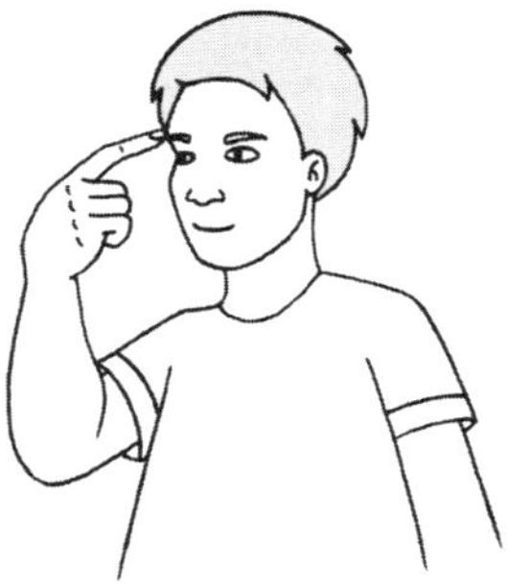

생각

소원

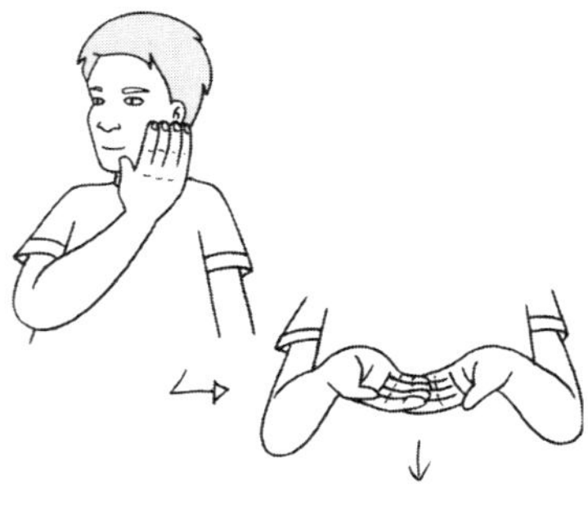

소중하다

손

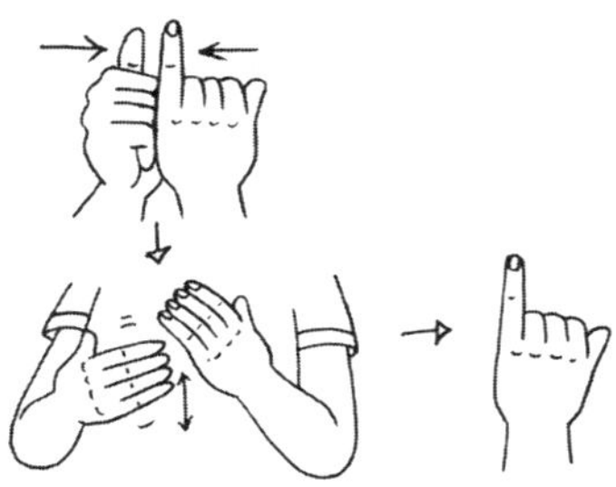

아가씨

얼굴

여자

연령

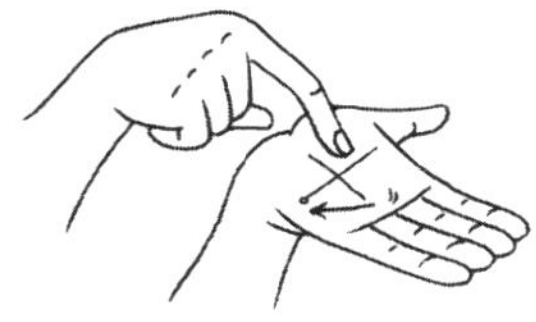

적당

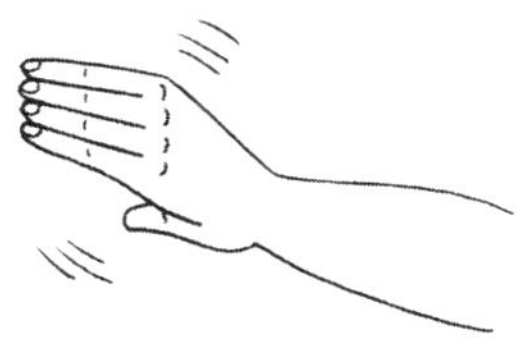

정도

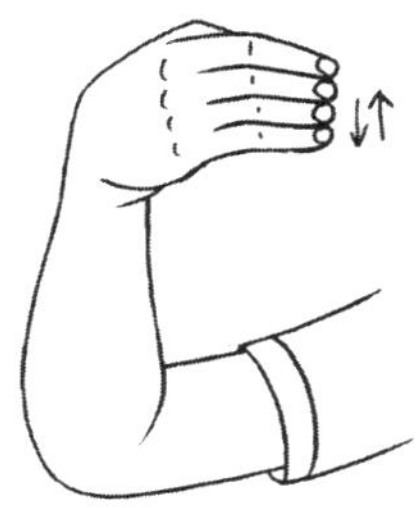

쯤

착하다

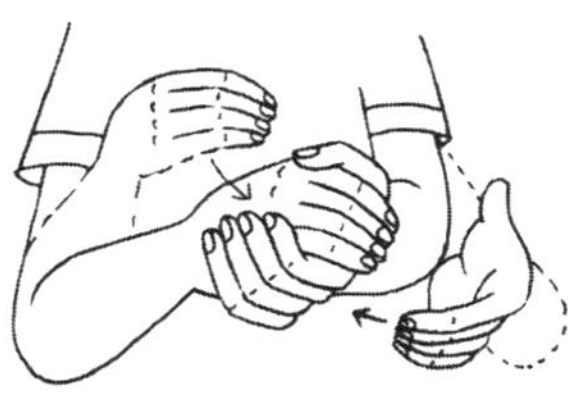

친구

농인

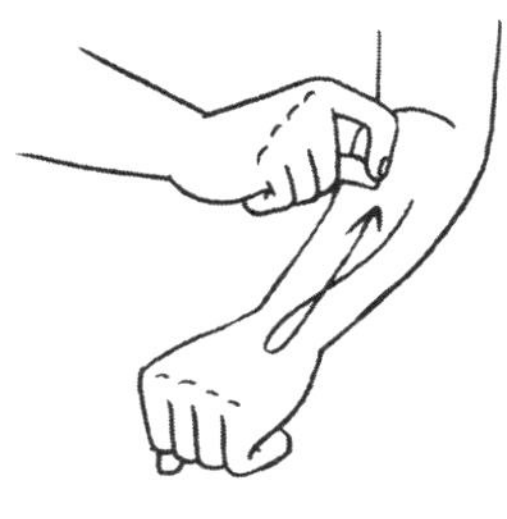

특별

호화롭다

혼나다

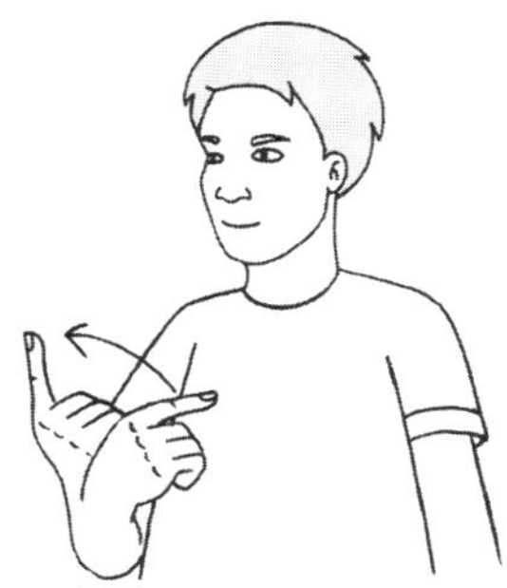

혼자

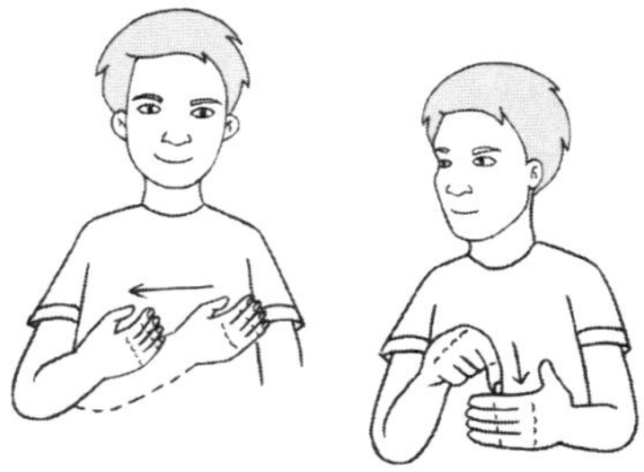

흐뭇하다

생일

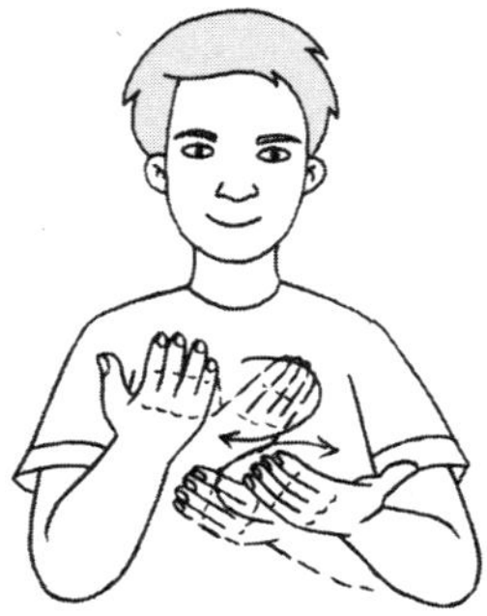

사귀다

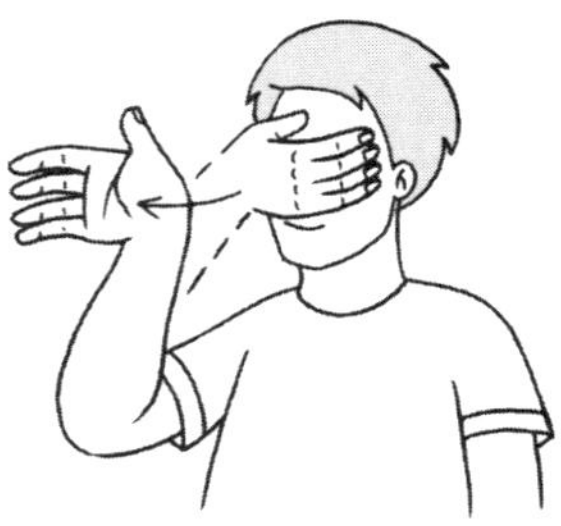

낯설다

입장

지식

장애

청인

낳다

낯(얼굴)

누구

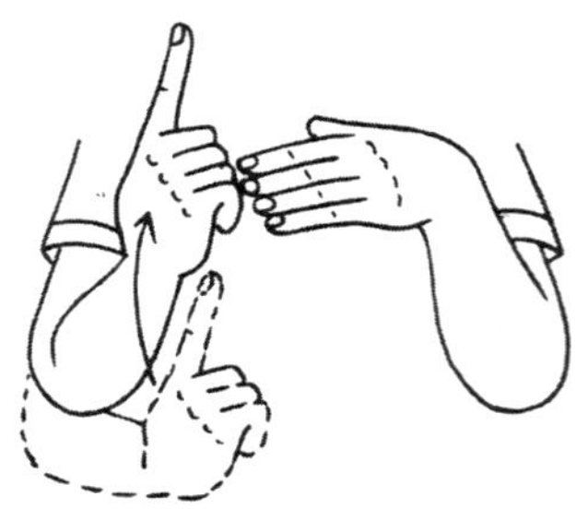

뛰어나다

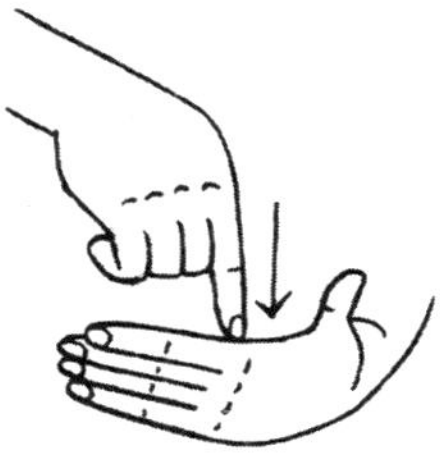		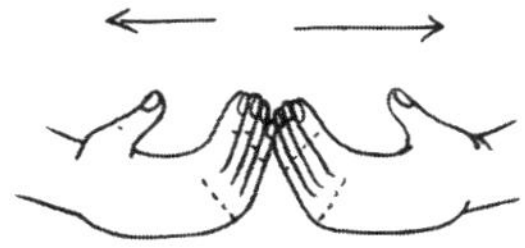
마음	마음대로	떠나다, 헤어지다
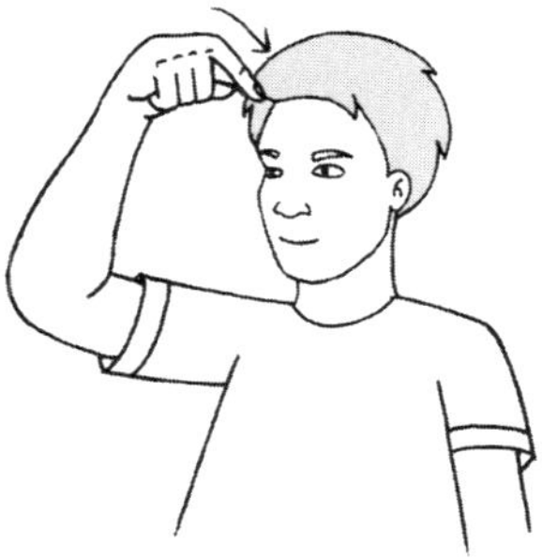		
머리	문	문득

물론		

문장

문장 1 저 남자는 마음이 착한 사람입니다.

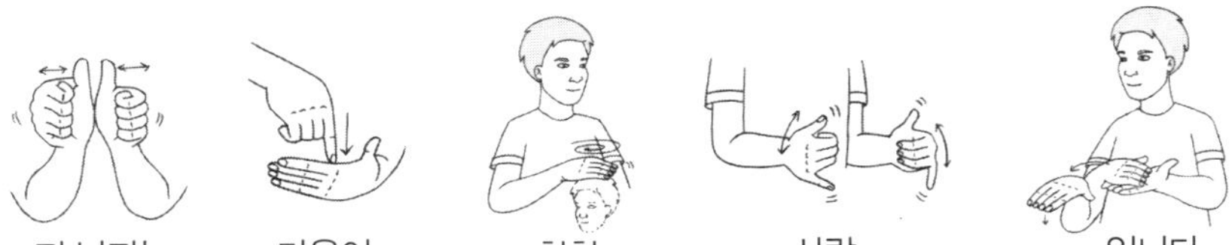

저 남자는 마음이 착한 사람 입니다

문장 2 그 여자는 눈이 너무 예쁘다.

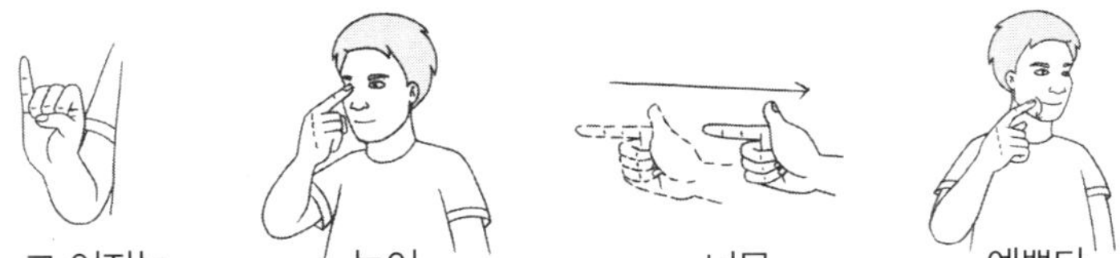

그 여자는 눈이 너무 예쁘다

문장 3 잘 생각한 다음 소원을 말해보세요.

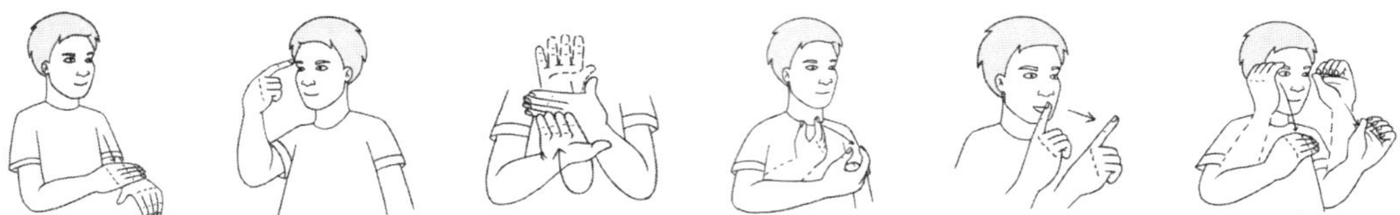

잘 생각한 다음 소원을 말해 보세요

문장 4 그 남자와는 친구로 지내는 것이 적당하다.

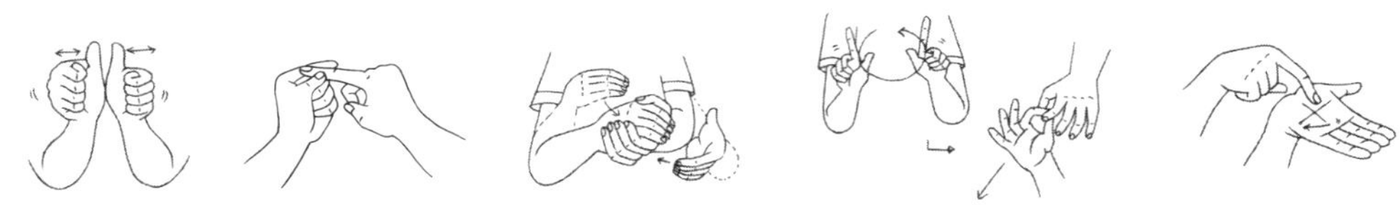

그 남자 와는 친구로 지내는 것이 적당하다

문장 5 특별히 뛰어난 사람은 많지 않다.

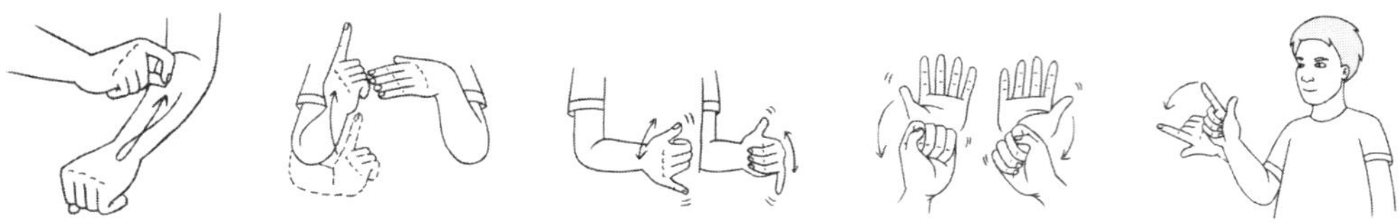

특별히 뛰어난 사람은 많지 않다

문장 6 장애가 있으면 조금 불편할 수 있다.

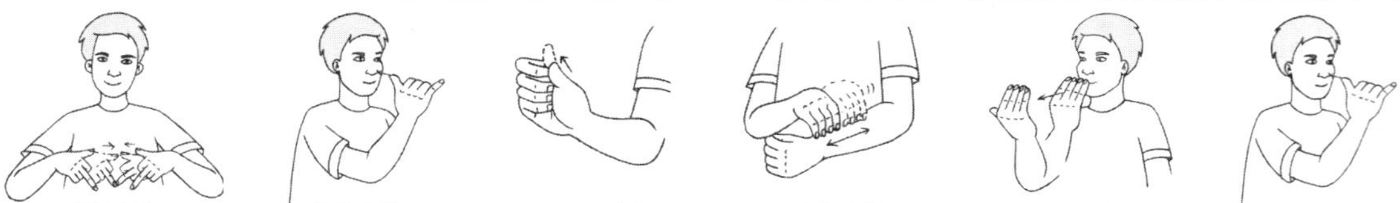

장애가 있으면 조금 불편할 수 있다

문장 7 떠나간 친구가 보고 싶어 마음이 아팠다.

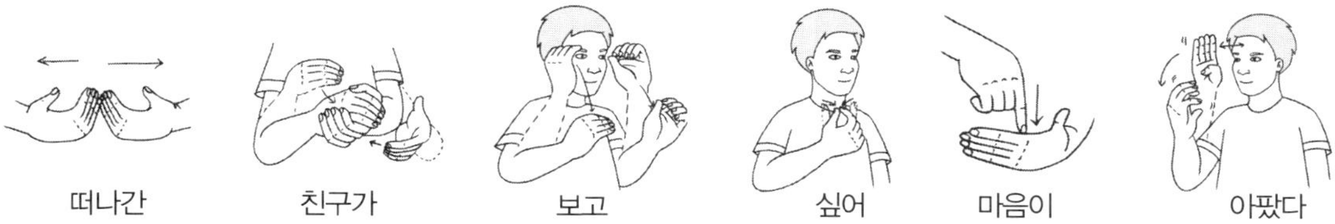

문장 8 집에서 그녀를 생각하고 혼자서 흐뭇했다.

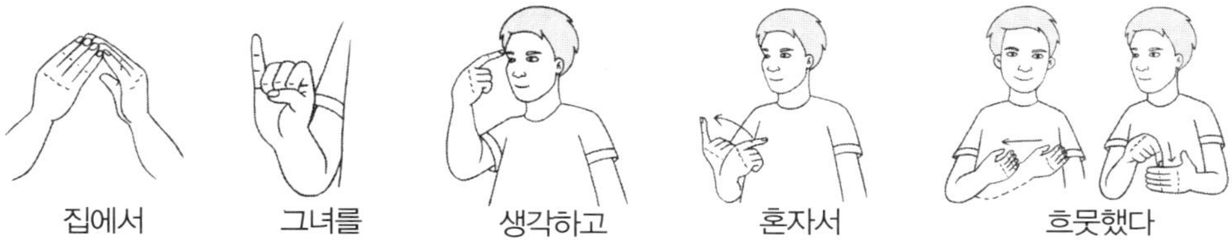

문장 9 청인보다 머리가 뛰어난 농인도 많다.

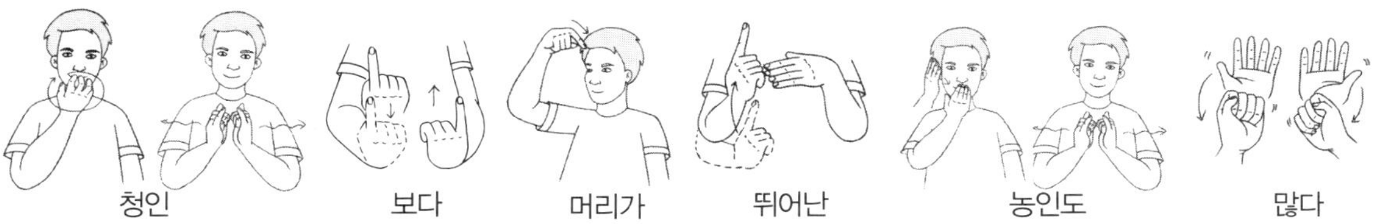

문장 10 청인 입장에서 마음대로 생각하지 마세요

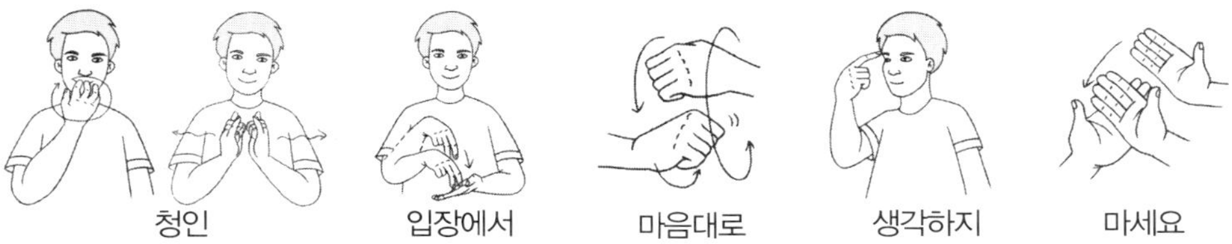

문장 11 사람을 소중하게 생각하는 세상이 되어야 한다.

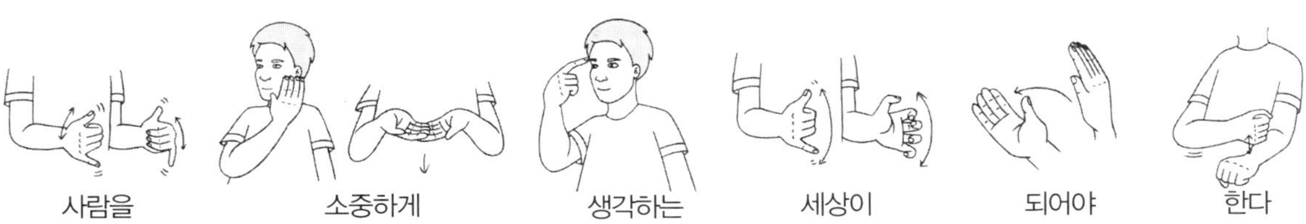

문장 12 그녀가 훌륭하다는 것을 마음으로 받아들이기 어렵다.

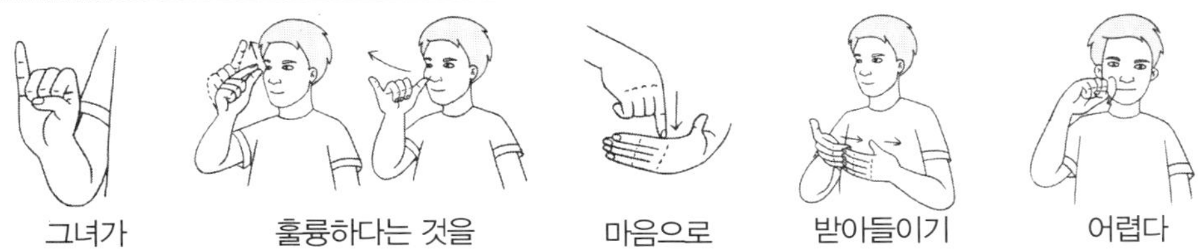

7 교육

어휘

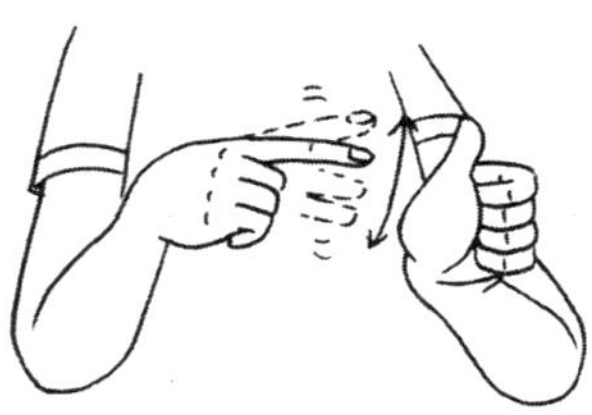

가르치다

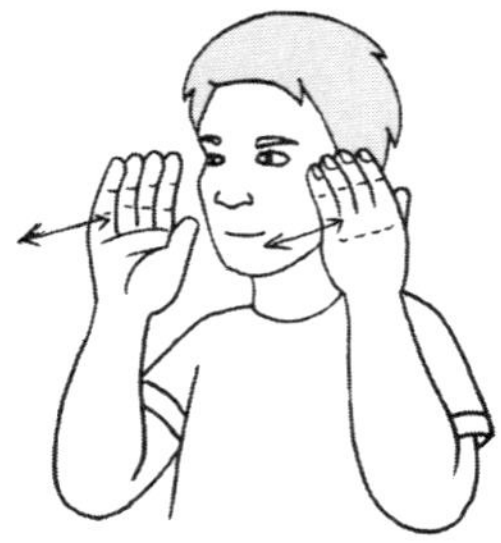

공부

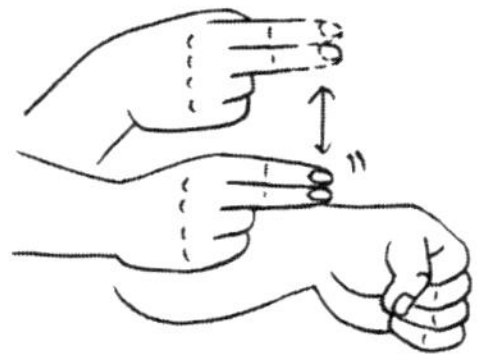

선생

설명

읽다

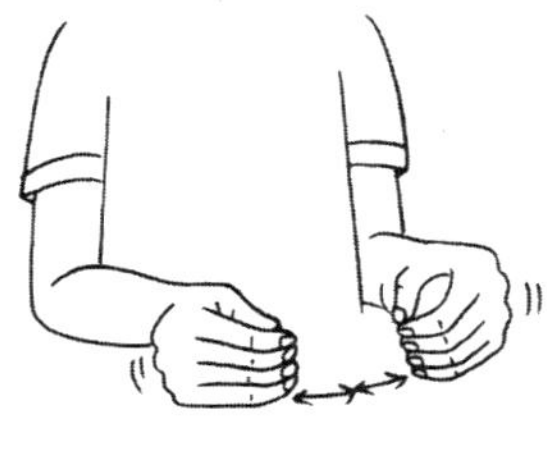

작문

잘

잘못

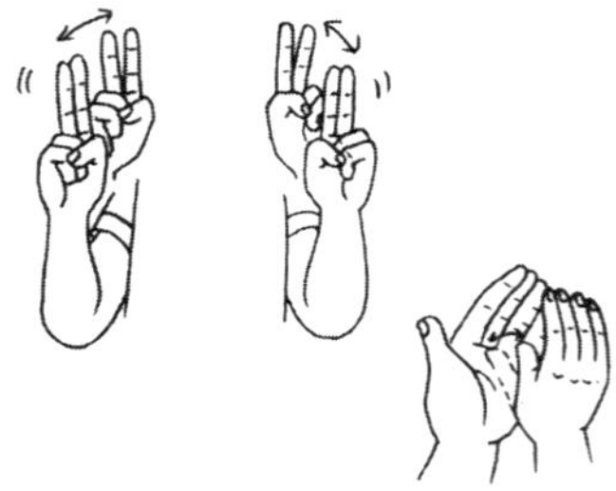

장난감

전화

정하다, 결정

졸업

사전

쪽(곳)

단어

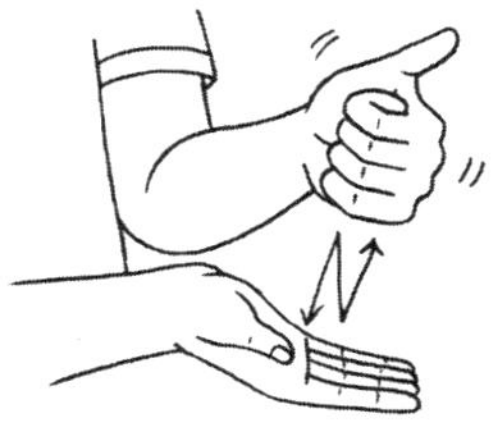

칭찬

틀리다

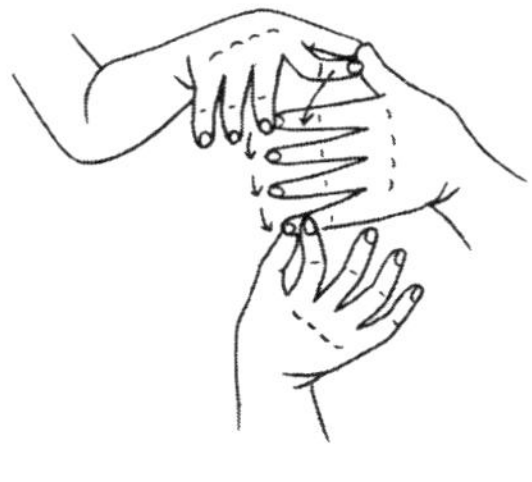

프로그램

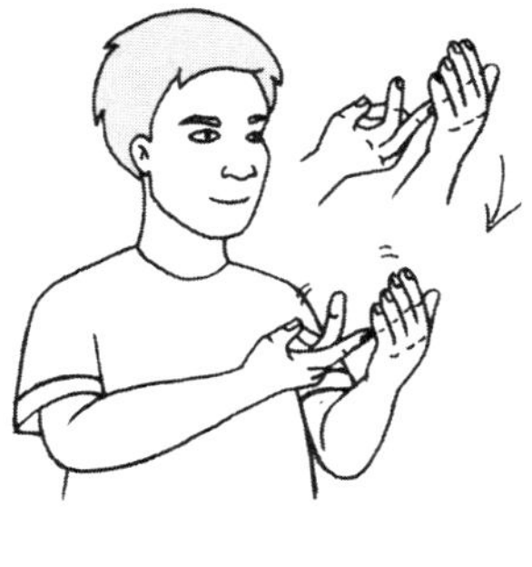

거울

과학

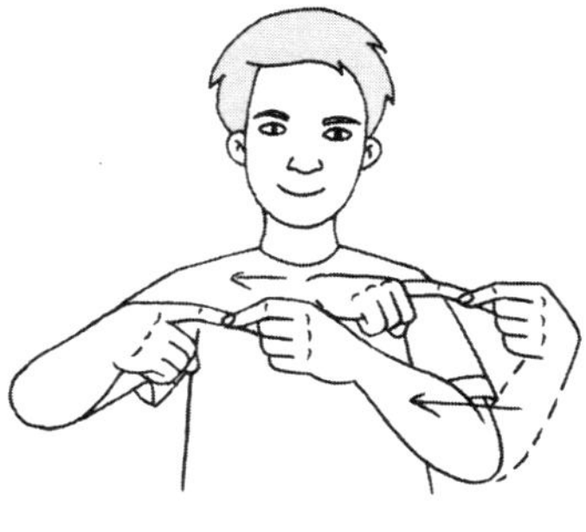

국어

구화

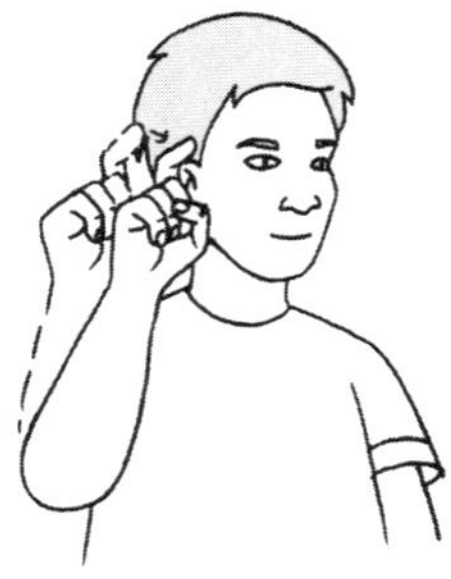

보청기

사진

수학

실습

상담

이론

연습

점수

합격

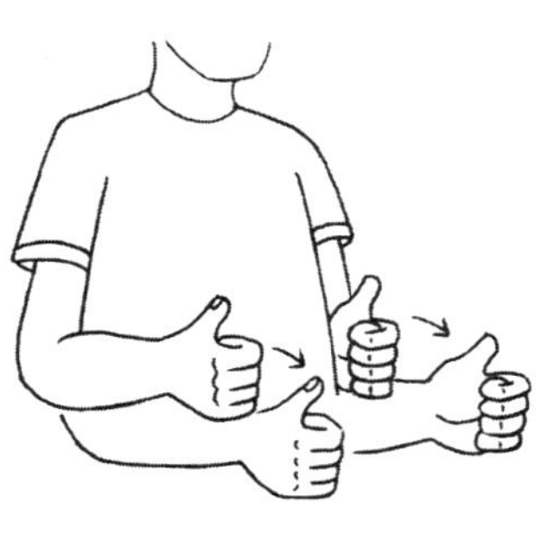

꾸준히

듣다

숨쉬다

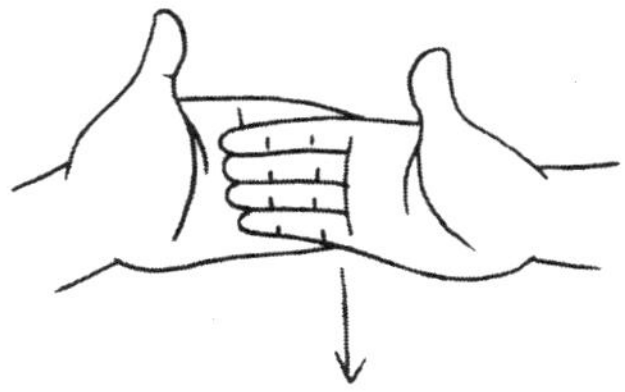

빼다

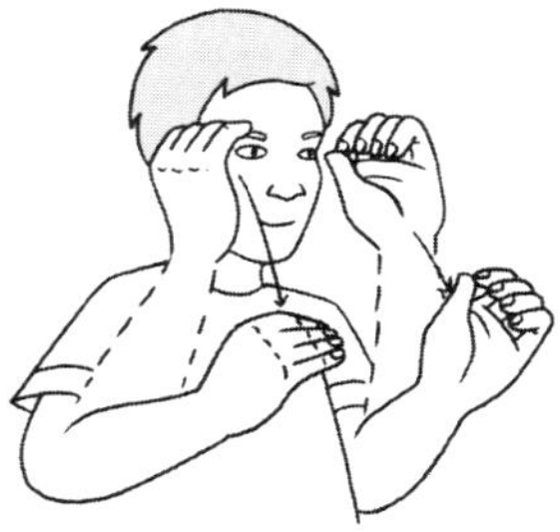

보다

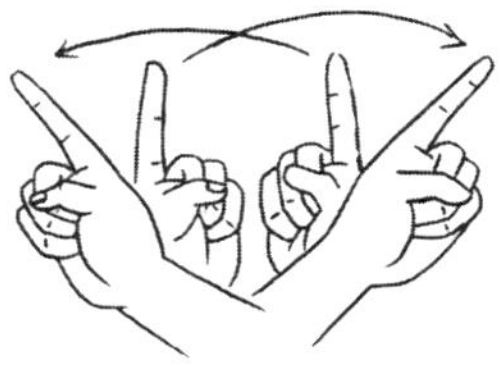

변하다

책

문장

문장 1 나는 대학을 아직 졸업하지 못하였다.

나는 대학을 아직 졸업 하지 못 하였다

문장 2 선생님께 칭찬을 아주 많이 받았다.

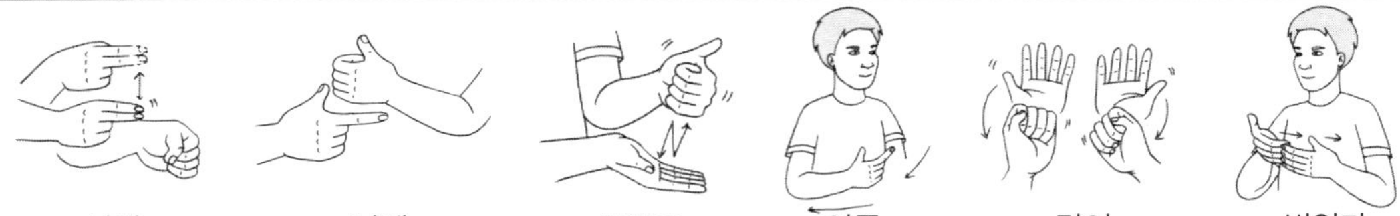

선생 님께 칭찬을 아주 많이 받았다

문장 3 농인들은 보청기를 많이 사용한다.

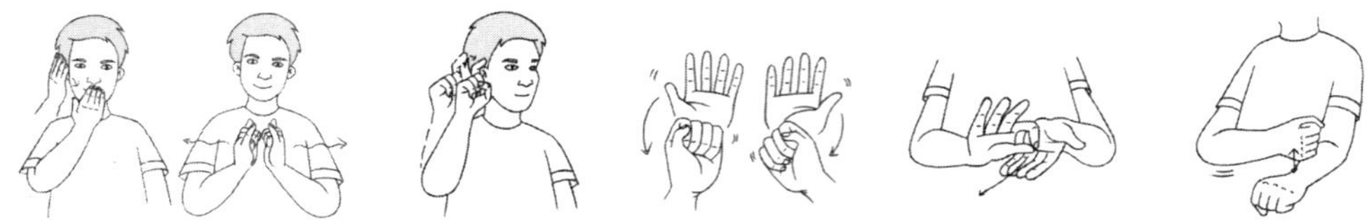

농인들은 보청기를 많이 사용 한다

문장 4 농학교 학생들은 꾸준히 구화를 연습한다.

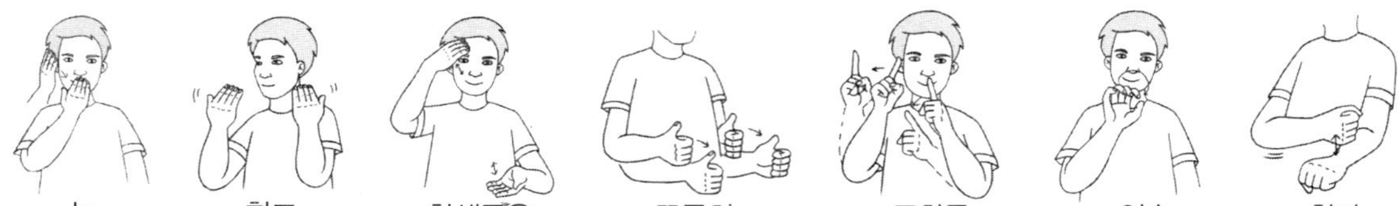

농 학교 학생들은 꾸준히 구화를 연습 한다

문장 5 학교에서는 학생들에게 많은 공부를 가르친다.

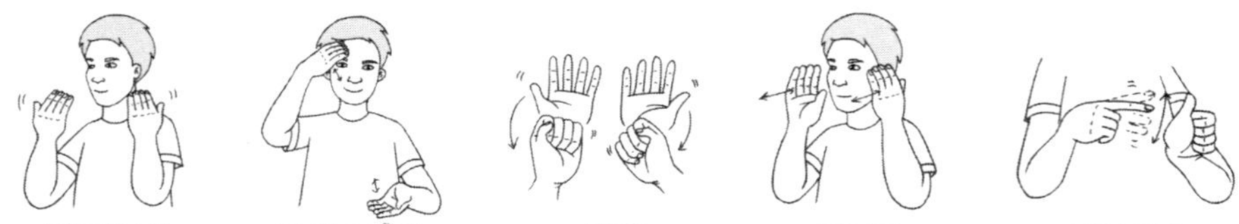

학교에서는 학생들에게 많은 공부를 가르친다

문장 6 수화 단어를 많이 연습하는 것이 좋다.

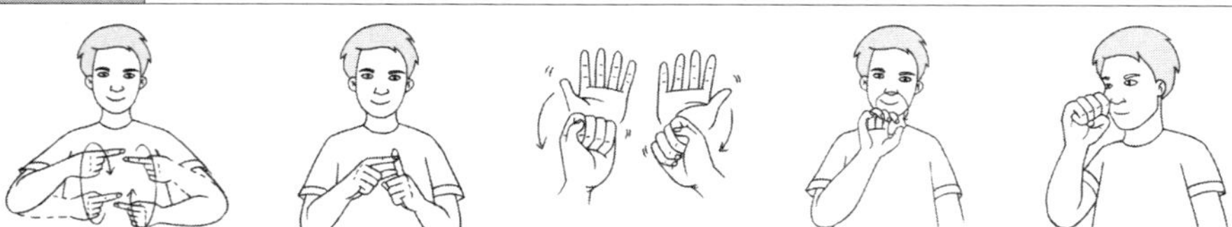

수화 단어를 많이 연습하는 것이 좋다

문장 7 지식은 하루아침에 변하는 것이 아니다.

문장 8 수화 연습을 많이 하는 것이 좋은 실습이다.

문장 9 나는 과학보다 수학이 더 좋다

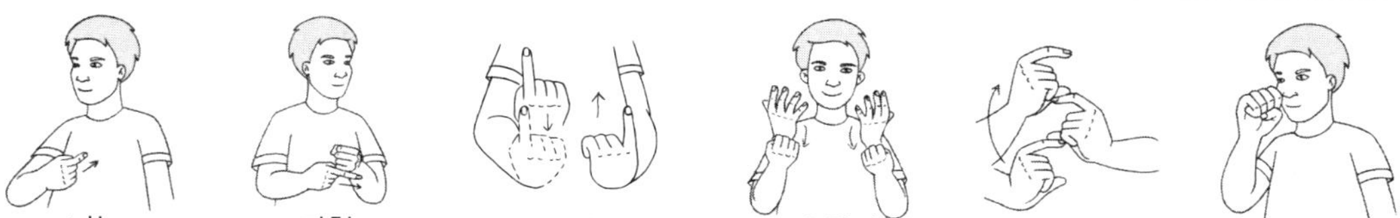

문장 10 우리 대학에 많은 학생이 합격하였다.

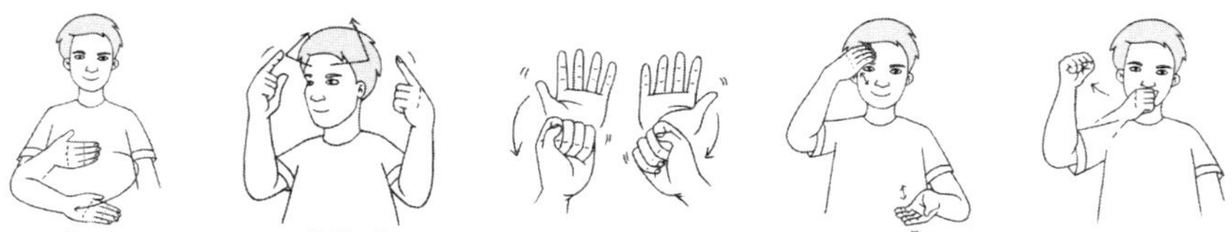

문장 11 국어 공부는 누가 가장 많이 합니까?

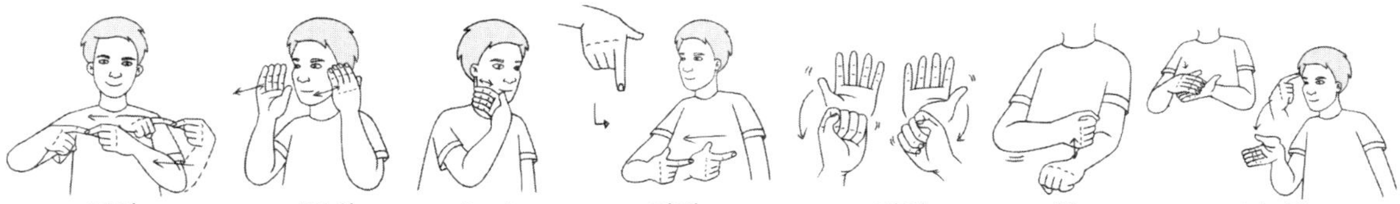

문장 12 선생님께서 설명을 잘 해 주셨습니까?

8 음식

어휘

고기(육류)

물고기

고프다

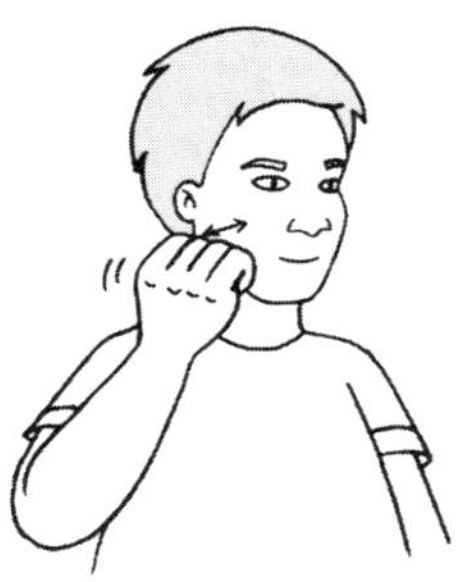

과자

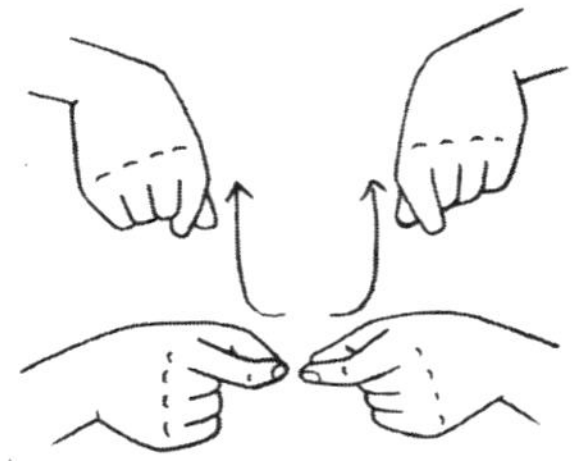

그릇

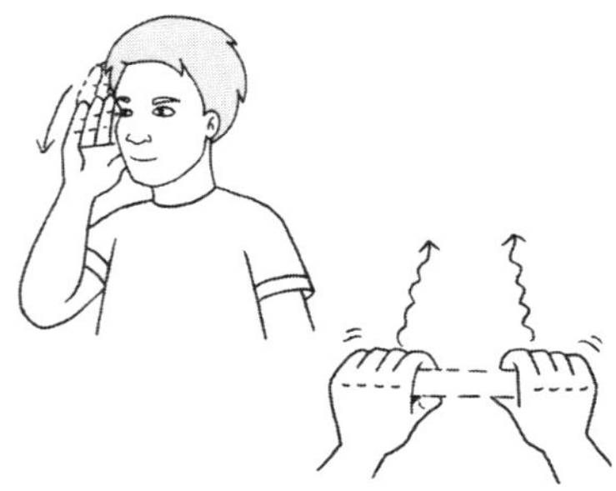

김

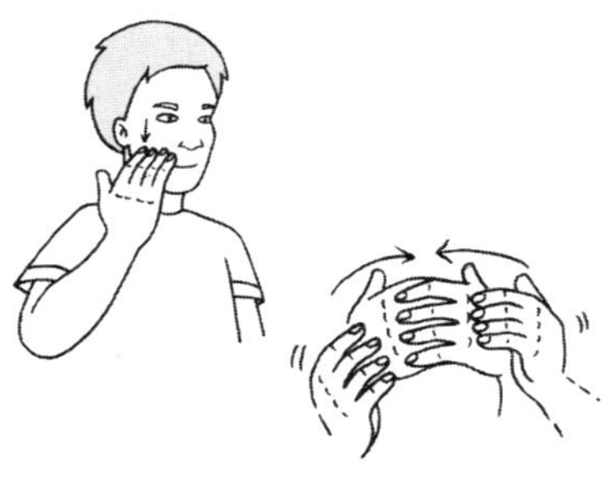

김치

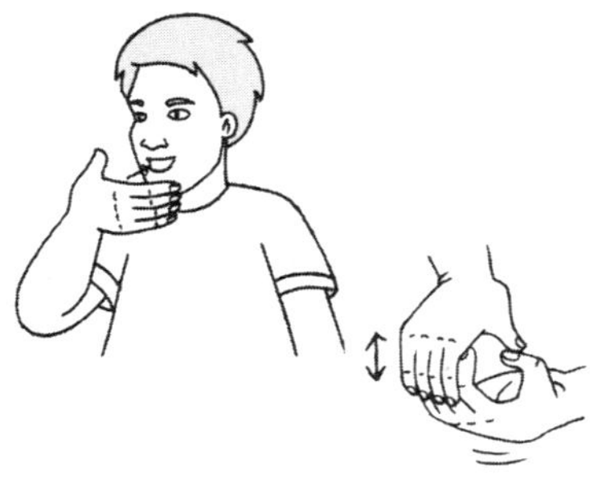

도시락

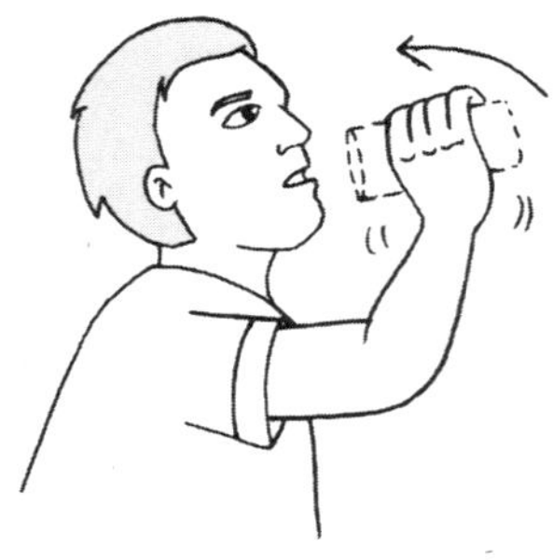

마시다

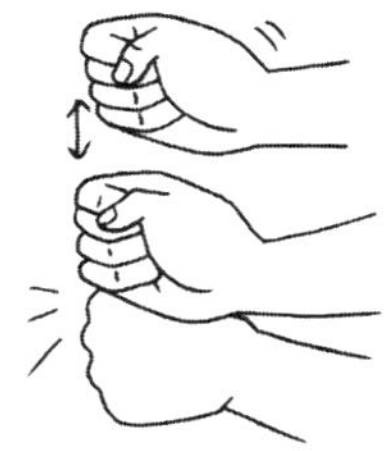

만들다

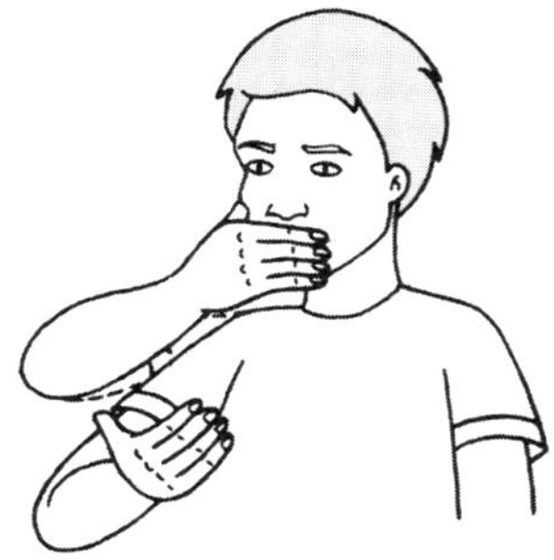

먹다

맛

물

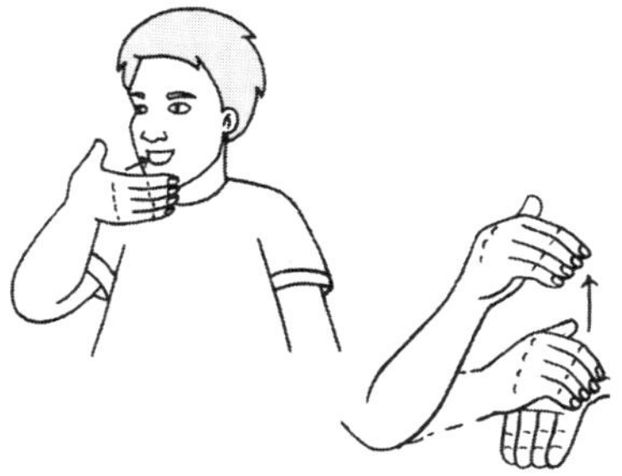

밥

빵

사이다

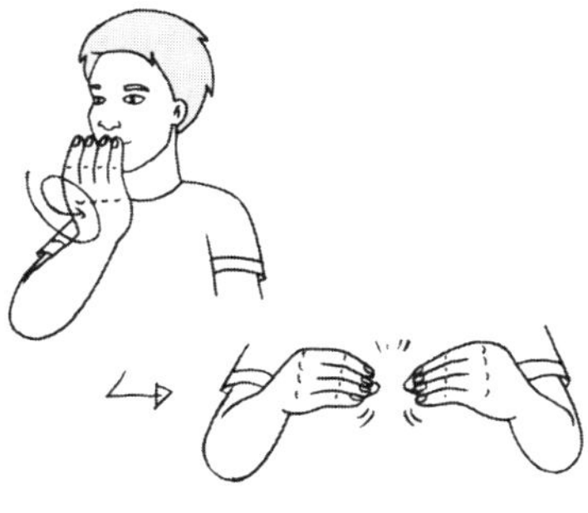

설탕

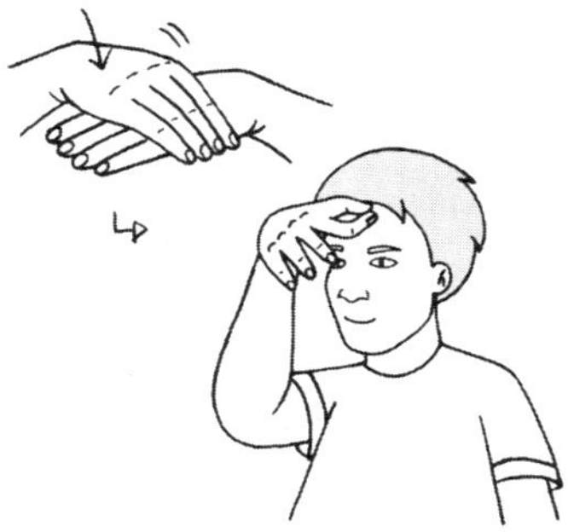

솜씨

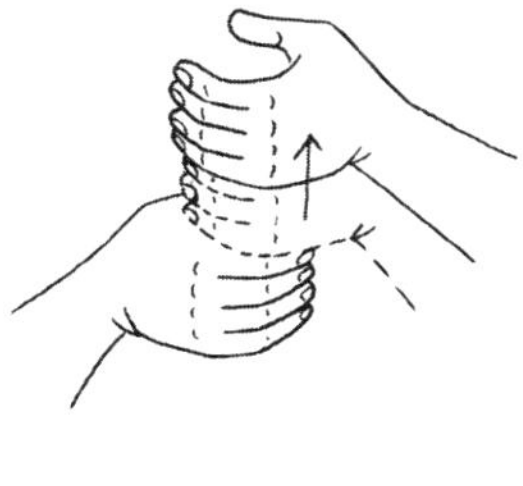

잔

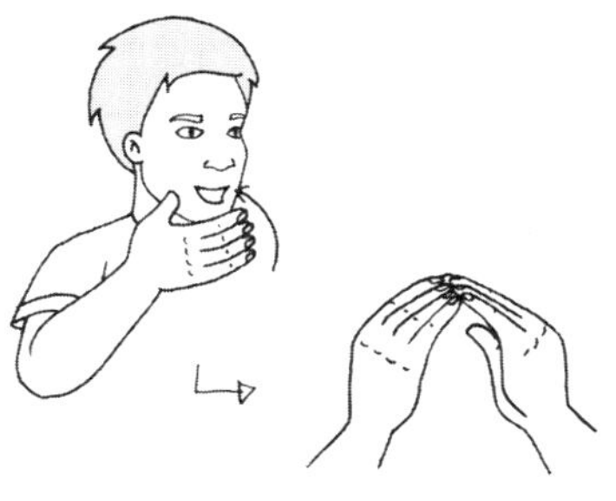

식당

식사

빨리

양식

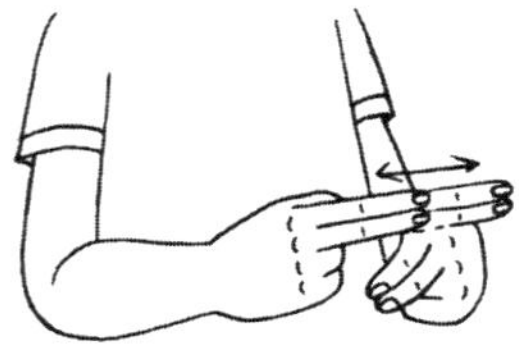

요리

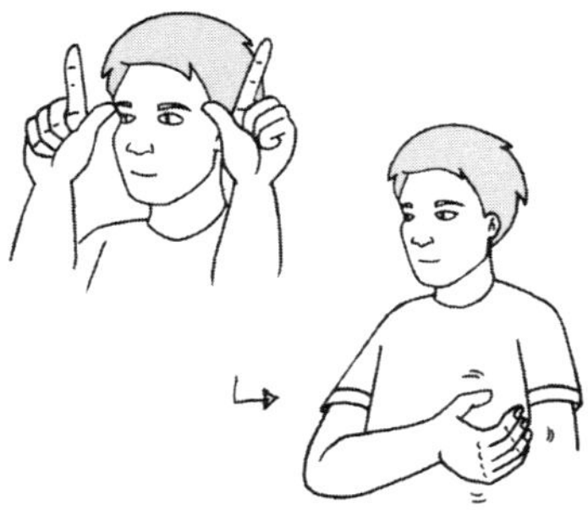

우유

음식

술

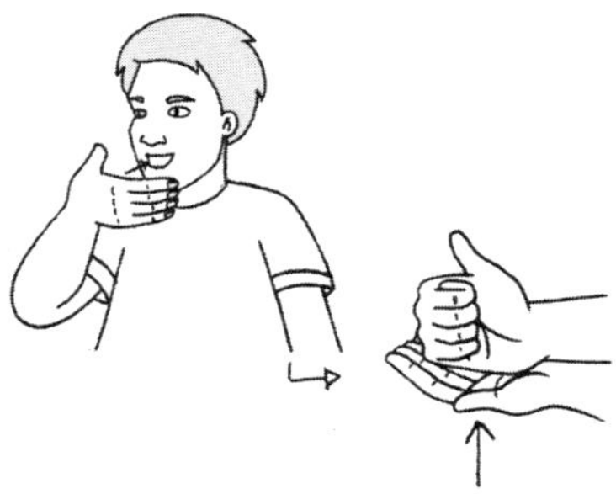

잡수시다

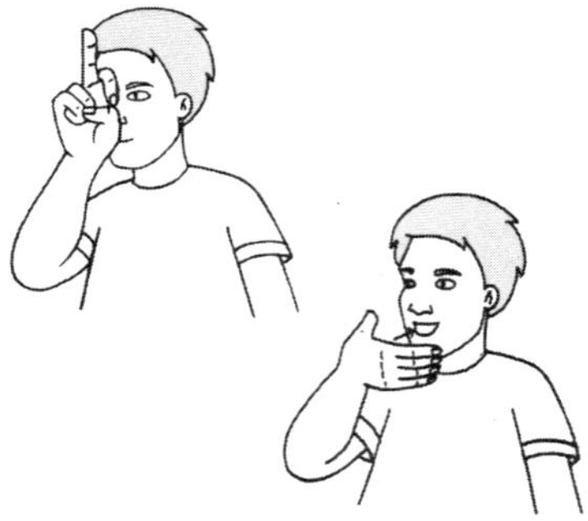

점심

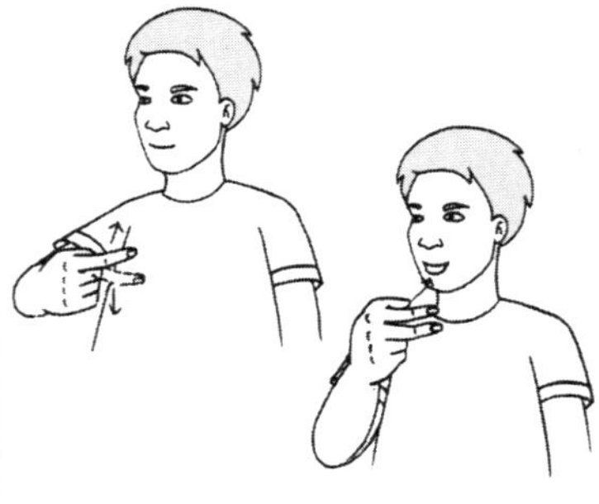

중국음식

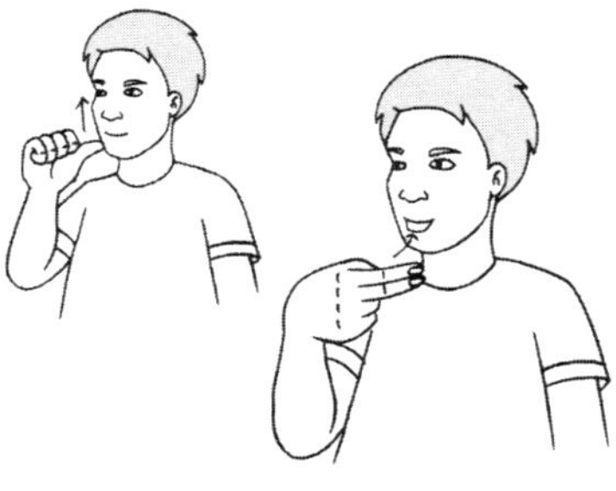

자장면

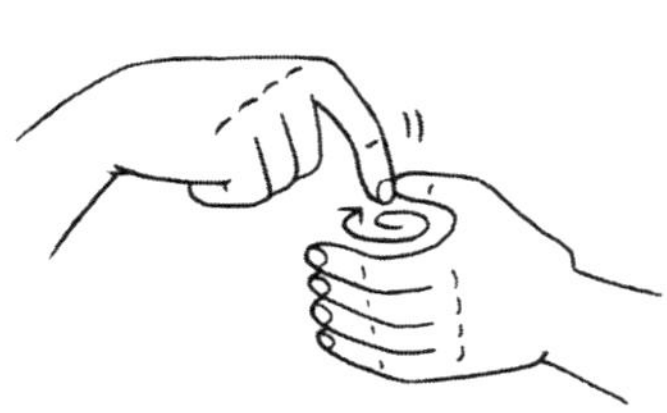

차(茶)

라면

피자

아이스크림

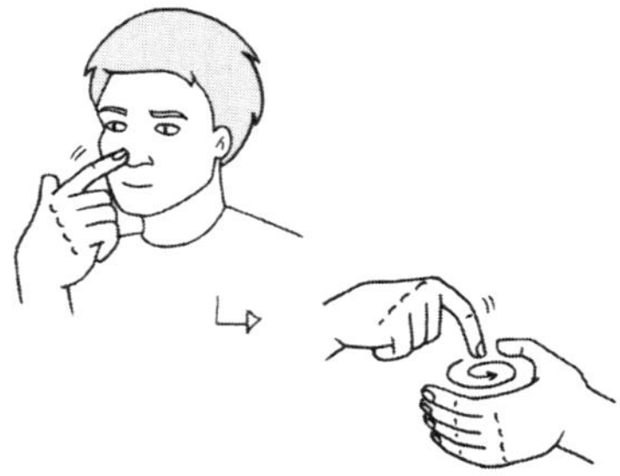

커피

코코아

콜라

문장

문장 1 내가 아는 그녀는 음식 솜씨가 좋다.

내가 / 아는 / 그녀는 / 음식 / 솜씨가 / 좋다

문장 2 배가 고프니 빨리 음식을 만들어 먹자.

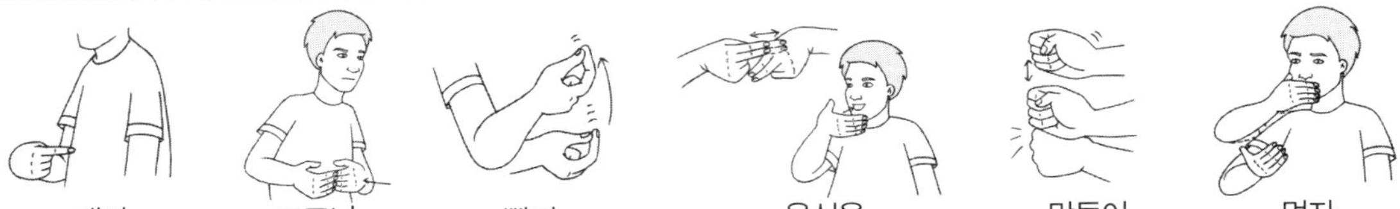

배가 / 고프니 / 빨리 / 음식을 / 만들어 / 먹자

문장 3 점심을 먹지 않아서 배가 너무 고프다.

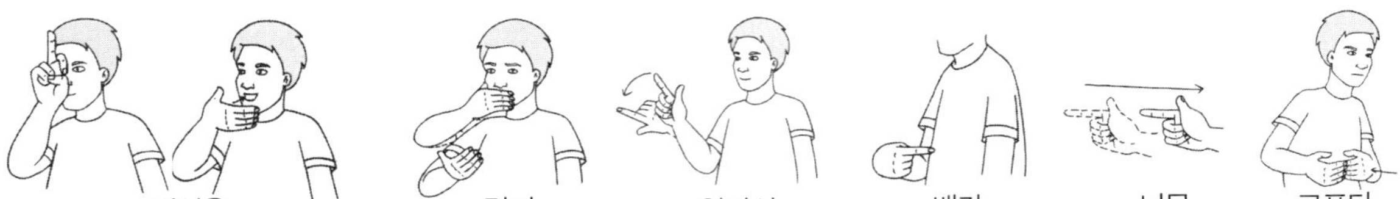

점심을 / 먹지 / 않아서 / 배가 / 너무 / 고프다

문장 4 나는 중국음식보다 양식이 좋을 것 같다.

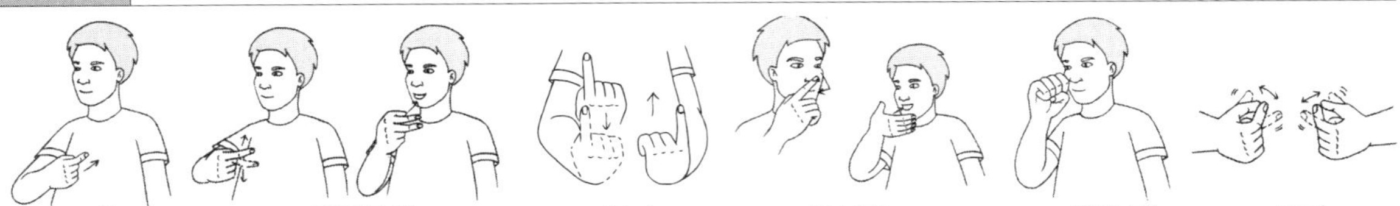

나는 / 중국음식 / 보다 / 양식이 / 좋을 것 / 같다

문장 5 커피와 코코아, 어떤 것을 마시겠습니까?

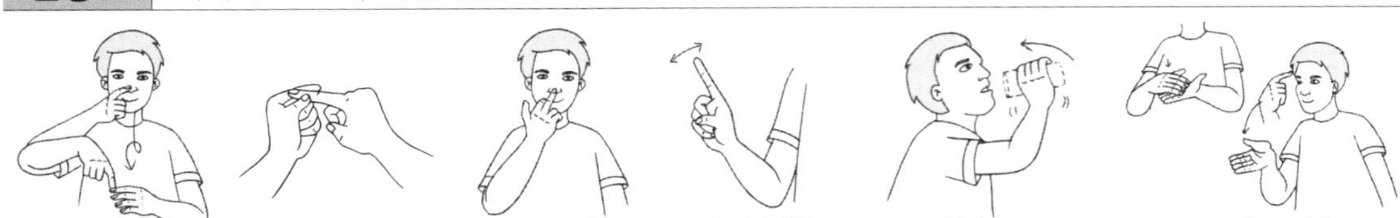

커피 / 와 / 코코아 / 어떤 것을 / 마시겠 / 습니까?

문장 6 사이다와 콜라, 어떤 것을 더 좋아하십니까?

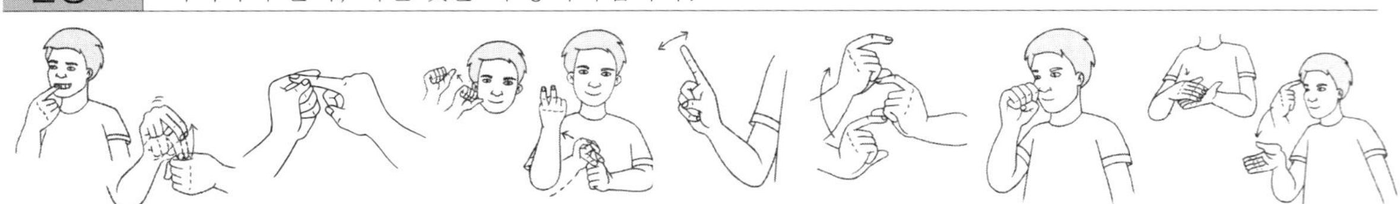

사이다 / 와 / 콜라 / 어떤 것을 / 더 / 좋아하 / 십니까?

문장 7 서울에 있는 식당의 음식 맛이 너무 좋다.

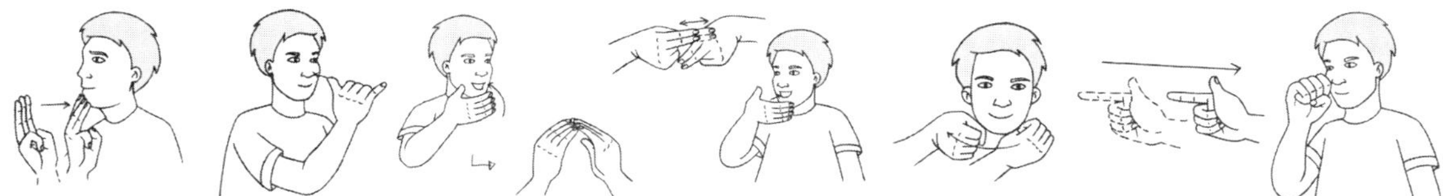

문장 8 날씨가 더우니 물 좀 주세요.

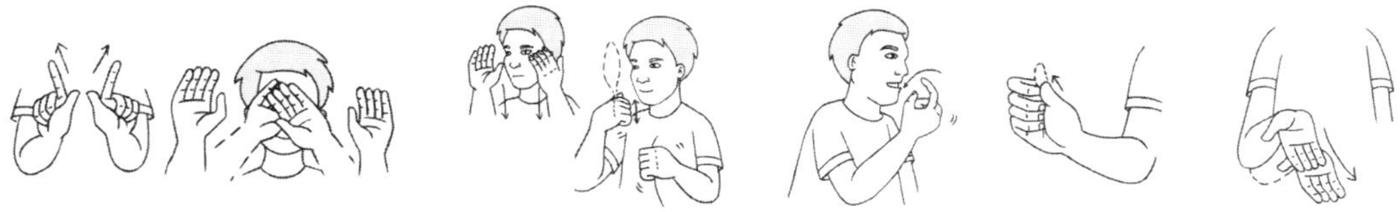

문장 9 커피에 설탕을 적당히 넣어 주세요.

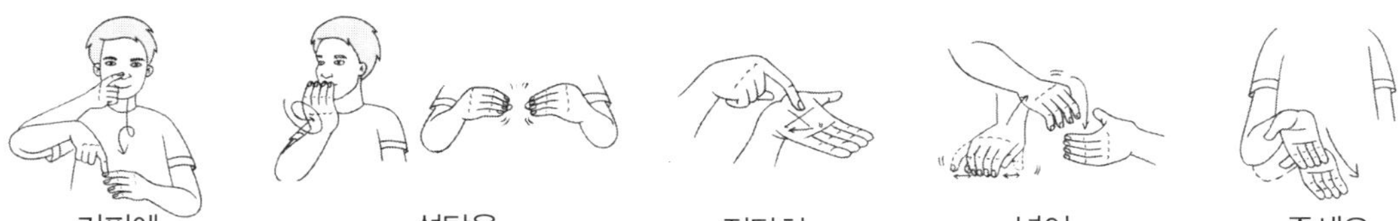

문장 10 피자와 아이스크림을 먹고 싶다.

문장 11 음식에 설탕을 너무 많이 넣으면 맛이 없다.

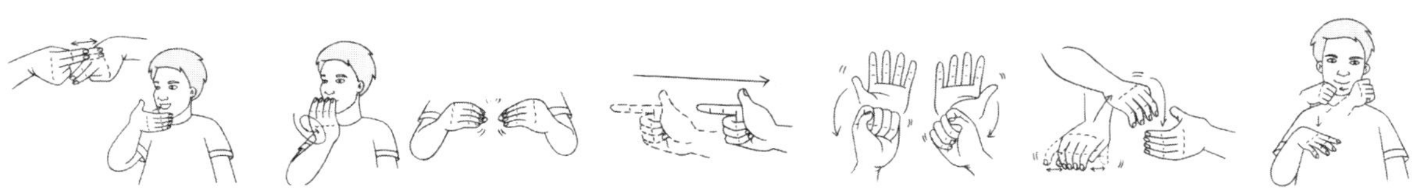

문장 12 식사 후 어떤 차를 드릴까요?

9 사회

어휘

가끔

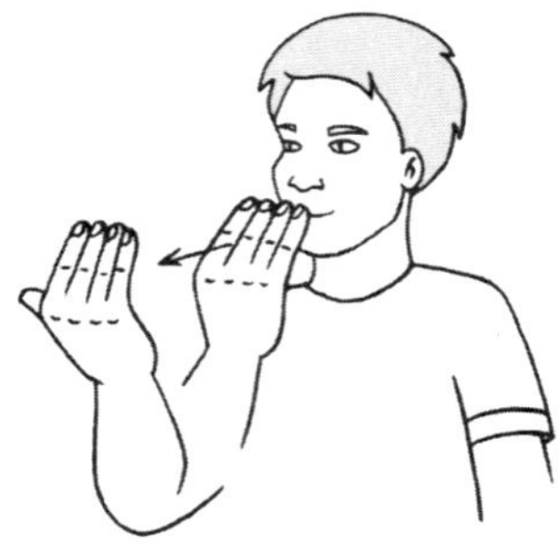

가능

고향

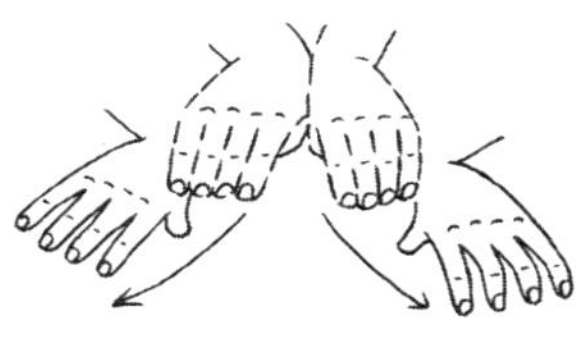

발전

봉사 1

서로

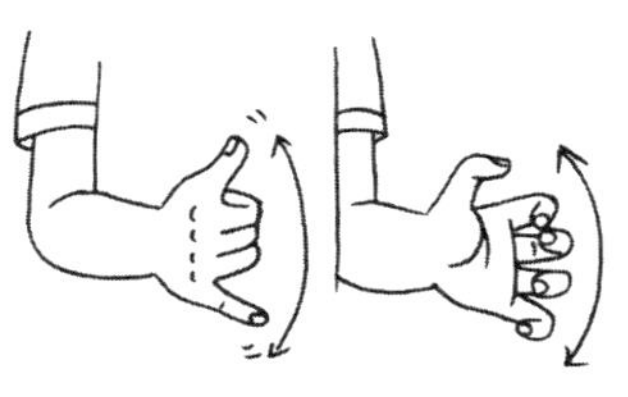

세상

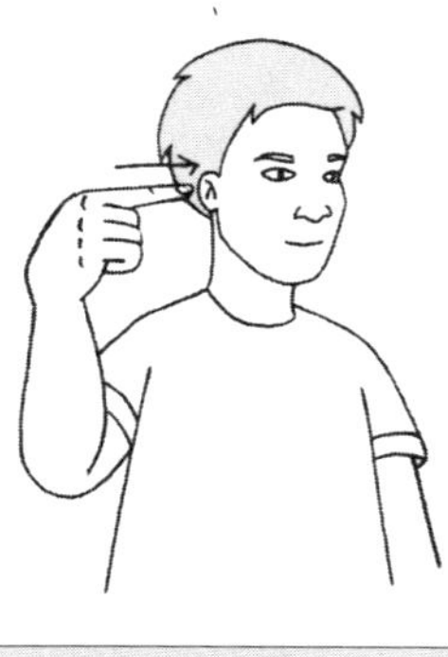

소식

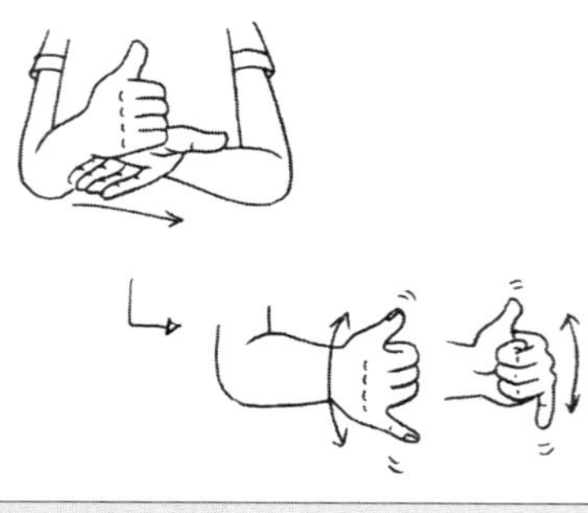

손님

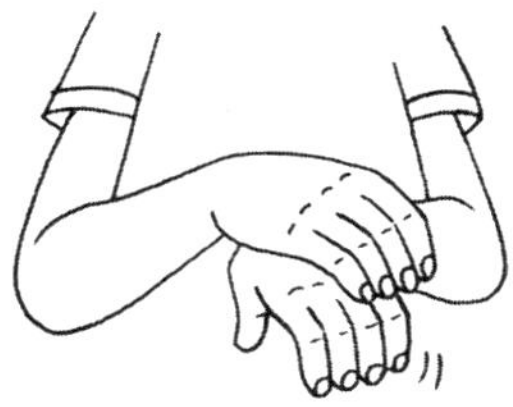

시골

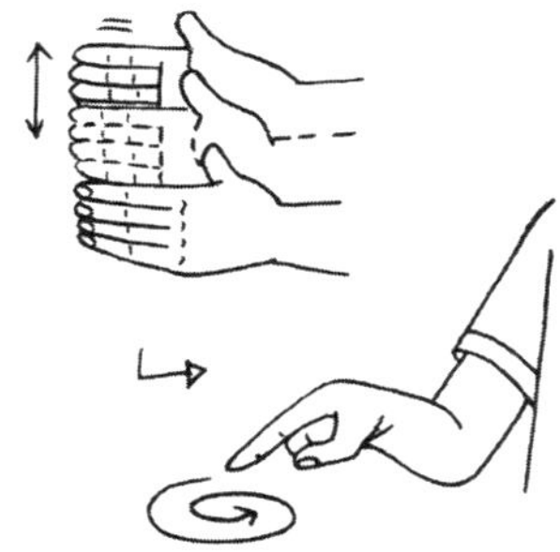

시내

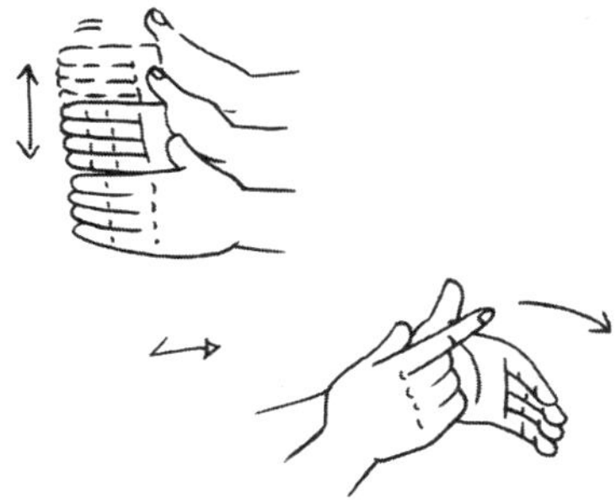

시외

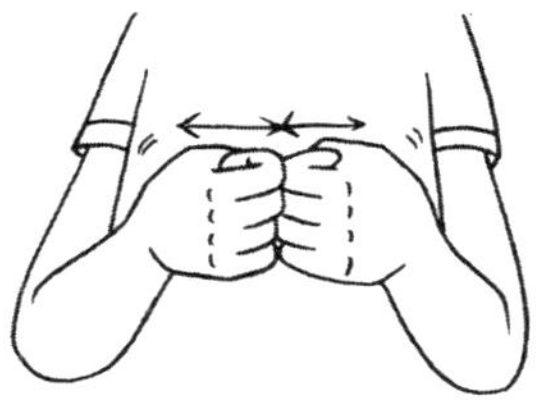

싸우다

어울리다

이야기

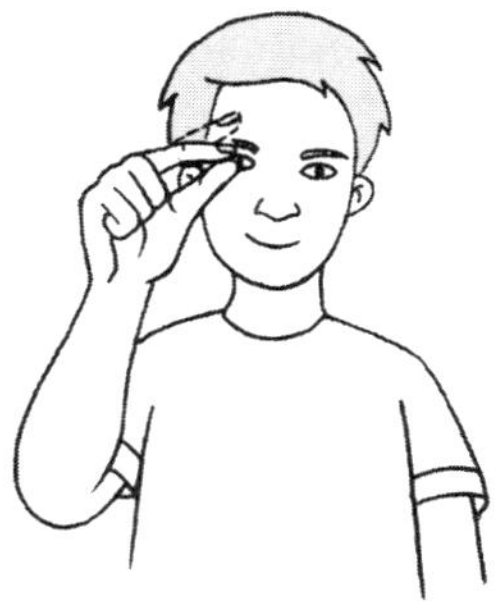

졸다

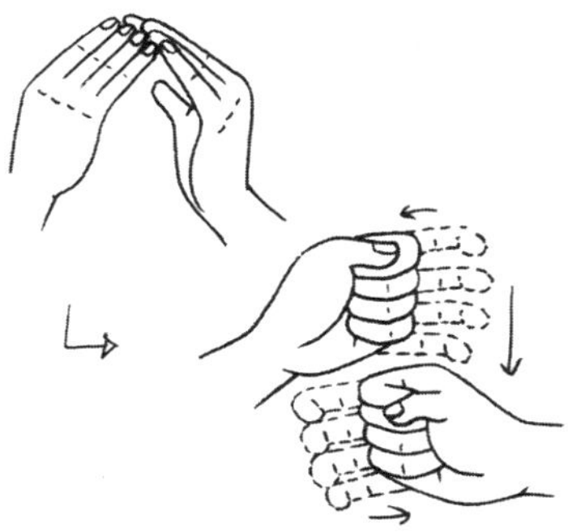

주소

지키다

차례

초대

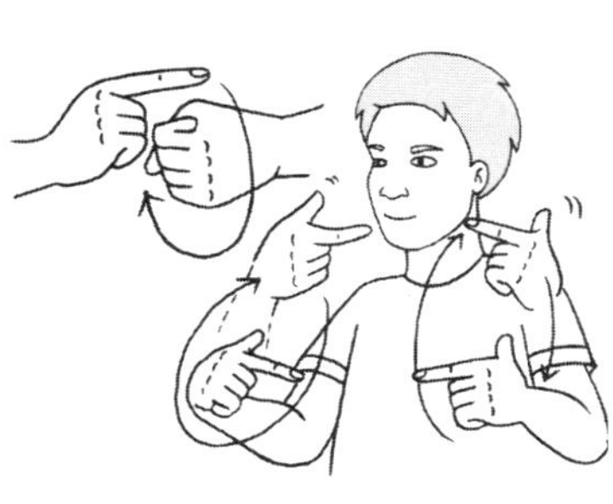

해마다

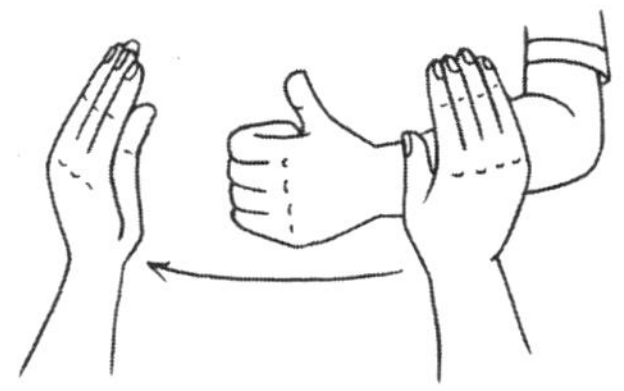

환경

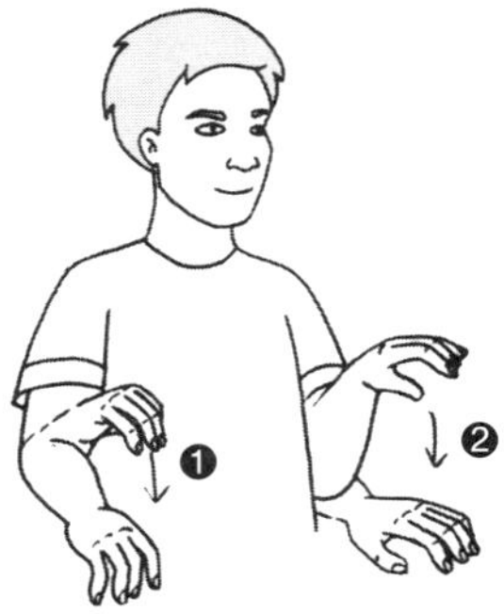

고장(마을)

비디오

봉사 2

축하

축제

팩스

후배

담배

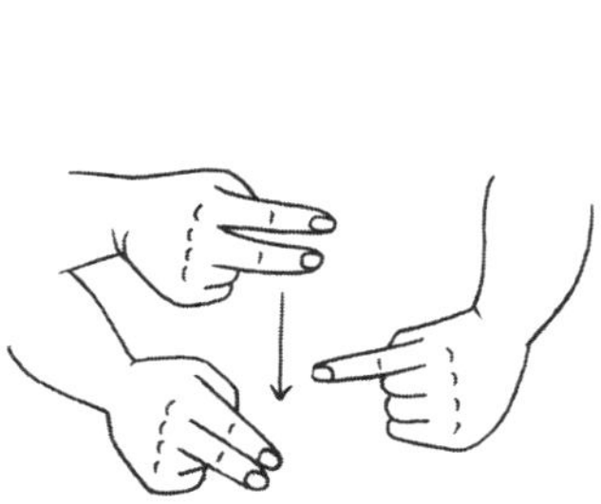

끓다

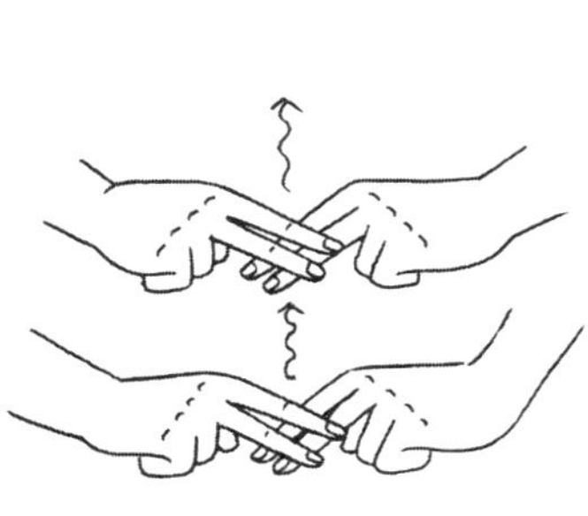

쌓다

예

	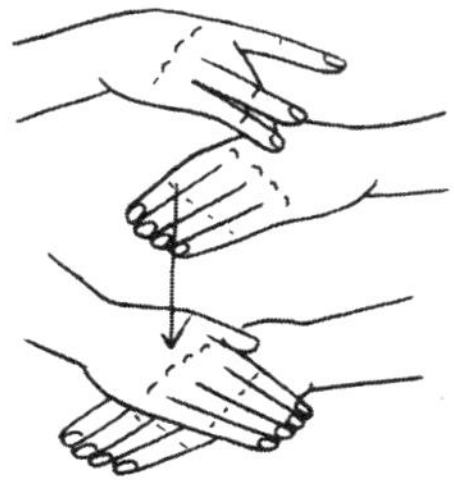	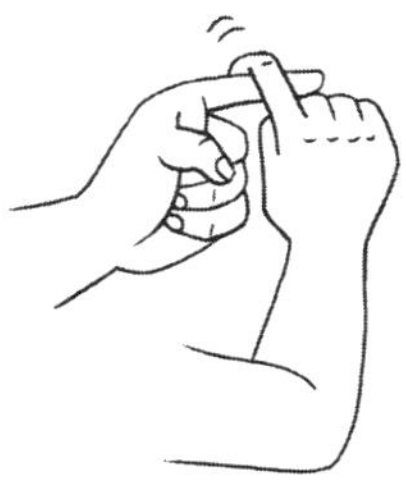
쉽다	습관	걸다

문장

문장 1 나는 세상 이야기를 아주 좋아한다.

나는 세상 이야기를 아주 좋아한다

문장 2 해마다 많은 사람들이 축제를 즐긴다.

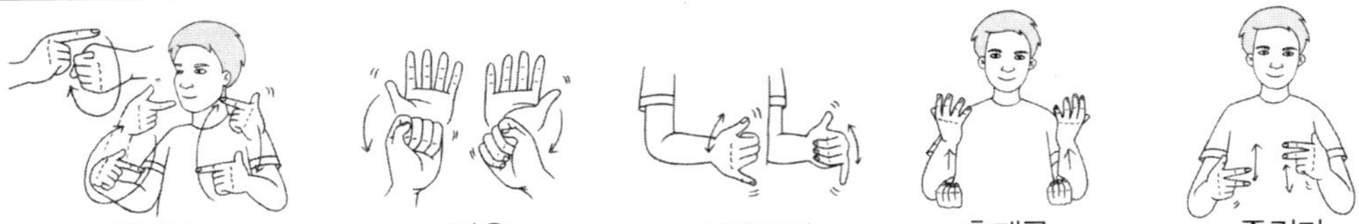

해마다 많은 사람들이 축제를 즐긴다

문장 3 담배를 끊기는 아주 어려운 일이다.

담배를 끊기는 아주 어려운 일이다

문장 4 나는 고향 발전이 가능하게 열심히 일하겠다.

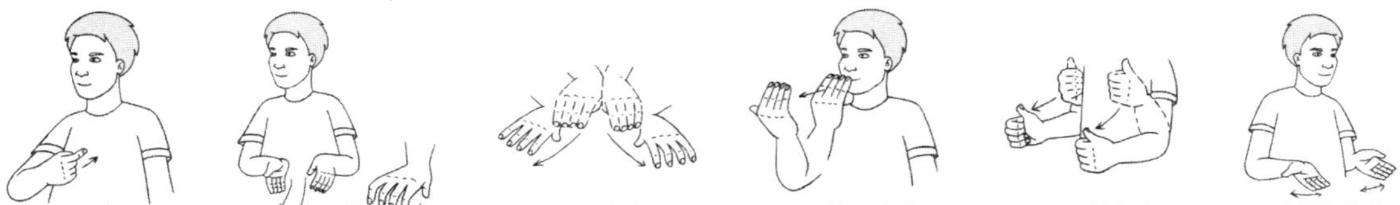

나는 고향 발전이 가능하게 열심히 일하겠다

문장 5 시골에서 후배가 서울로 놀러 왔다.

시골에서 후배가 서울로 놀러 왔다

문장 6 우리는 어려운 사람들을 돕고 싶다.

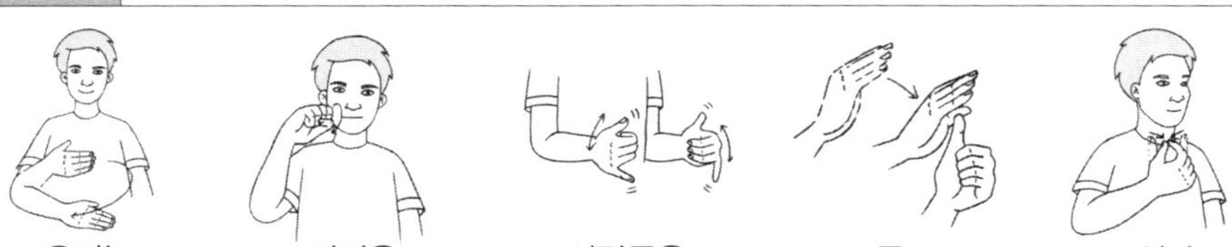

우리는 어려운 사람들을 돕고 싶다

문장 7 깨끗한 환경에서 생활하고 싶다.

문장 8 나쁜 습관은 아주 오래 간다.

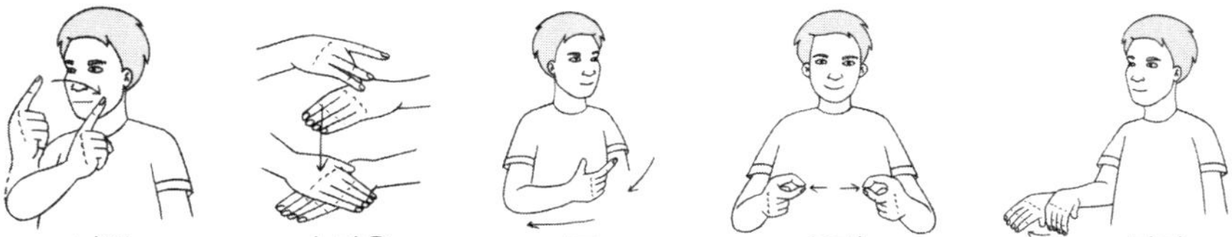

문장 9 손님이 오면 맛있는 것을 대접한다.

문장 10 너의 집 주소와 약도를 알려 주세요.

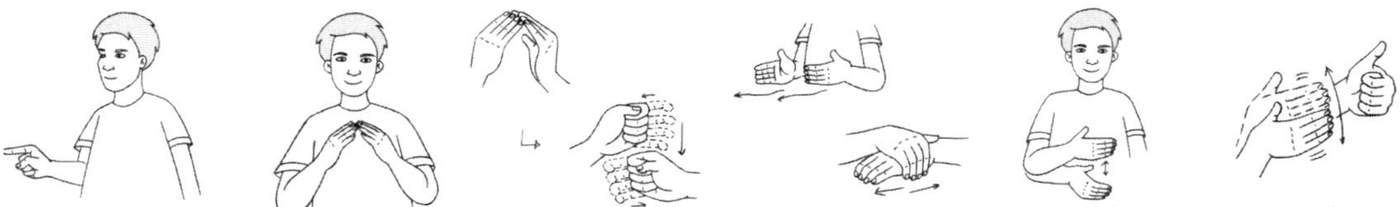

문장 11 우리는 형과 함께 시외에 살고 있다.

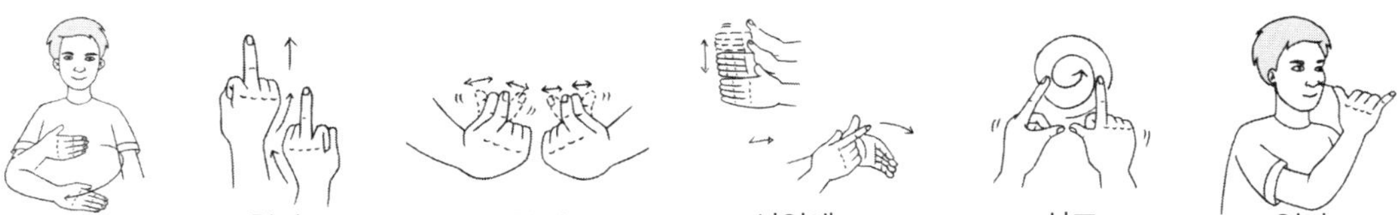

문장 12 가끔씩 고향에서 좋은 소식을 들을 수 있다.

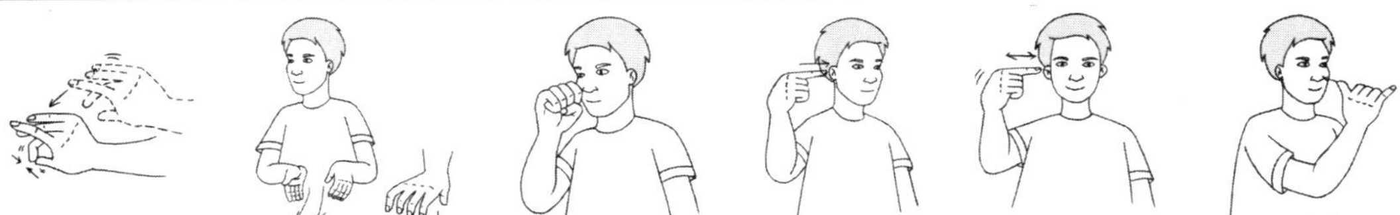

10 직업

어휘

근로

기술

사무

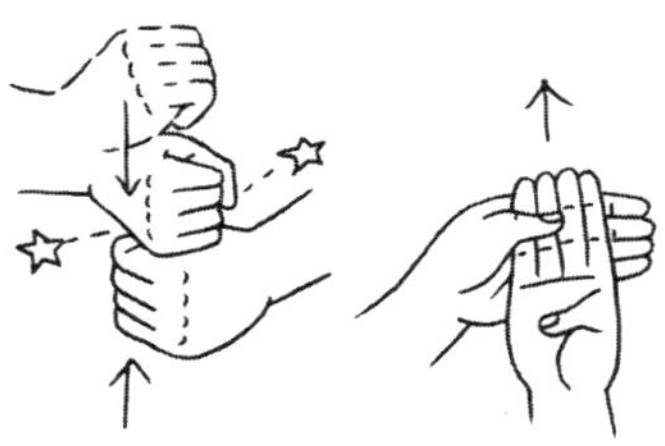

생산

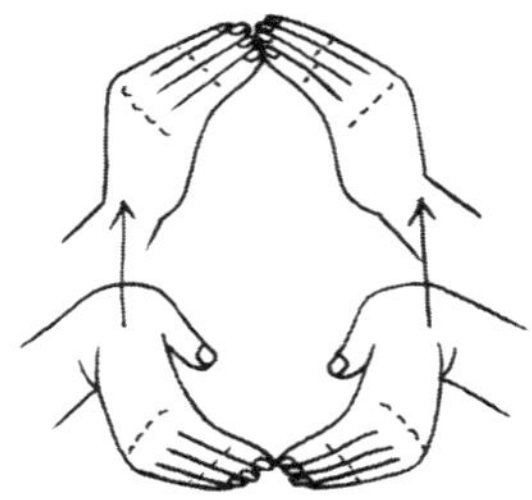

세우다

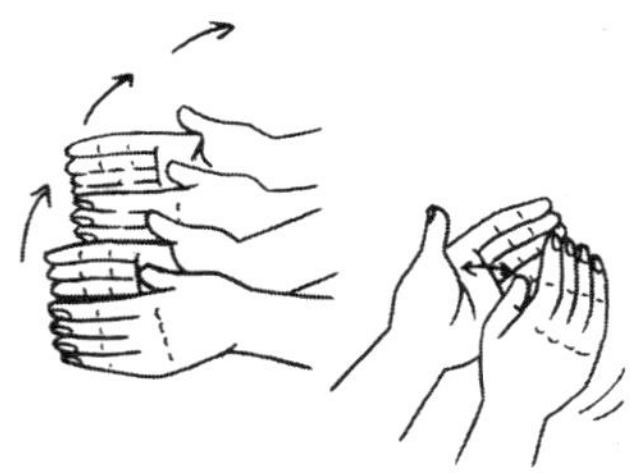

시설

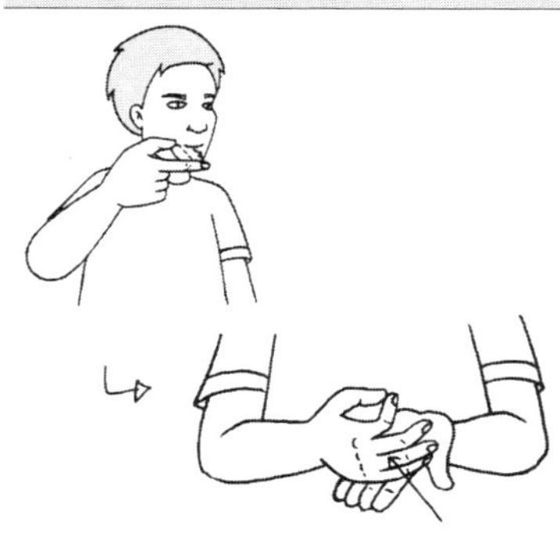

월급

일

작업

준비

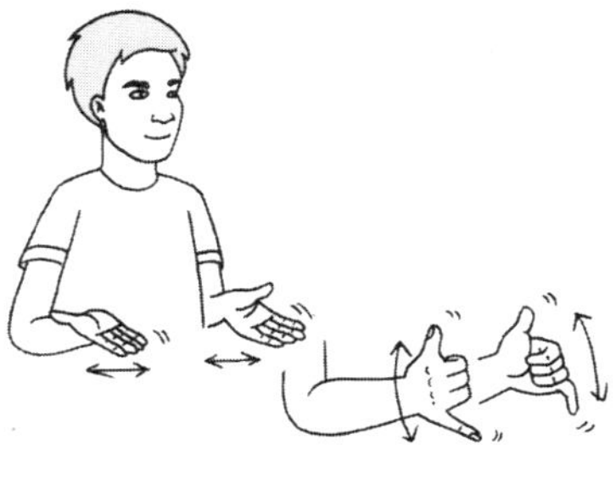

직원

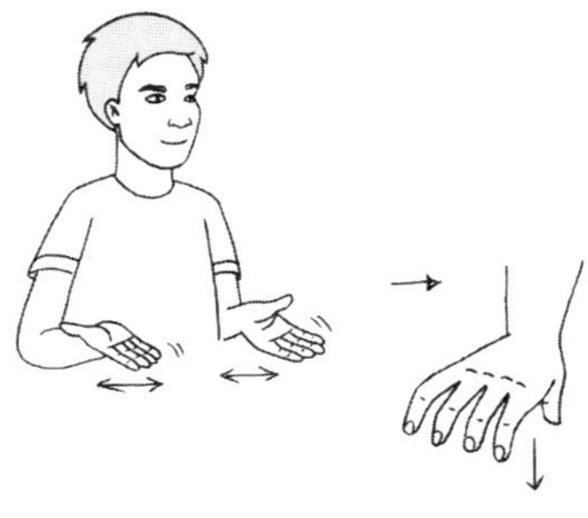

직장

출근

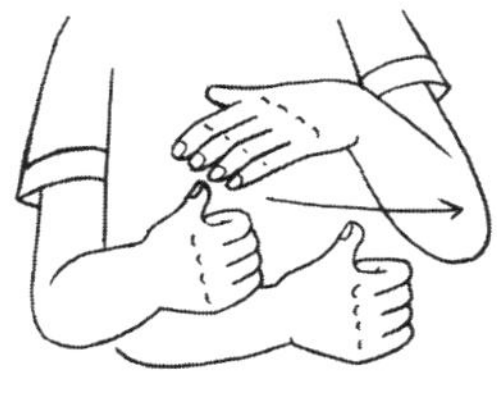

출장

취직

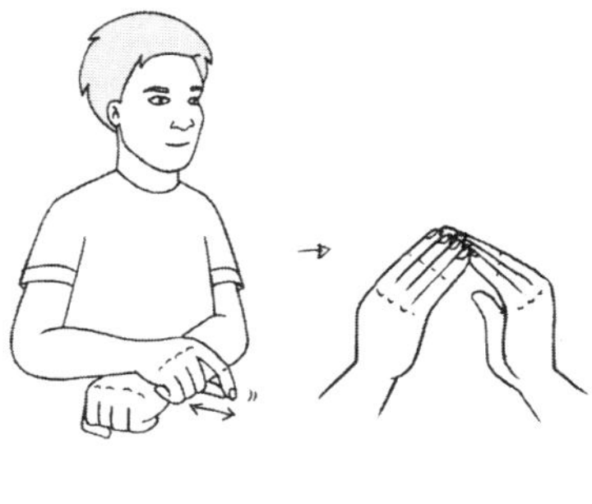

회사

권리

면접

신청

능력

돌

조사(검사)

전달

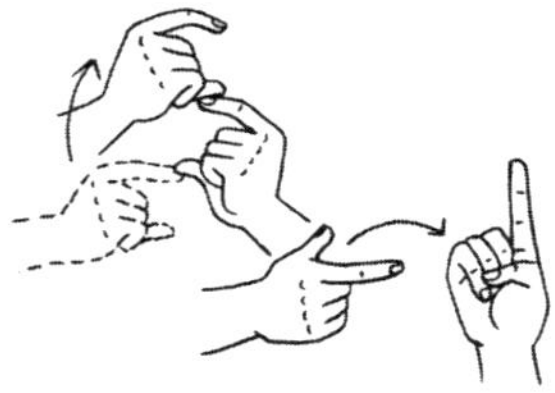

더구나

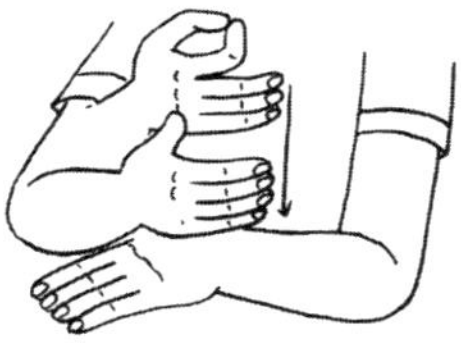

편(의)리

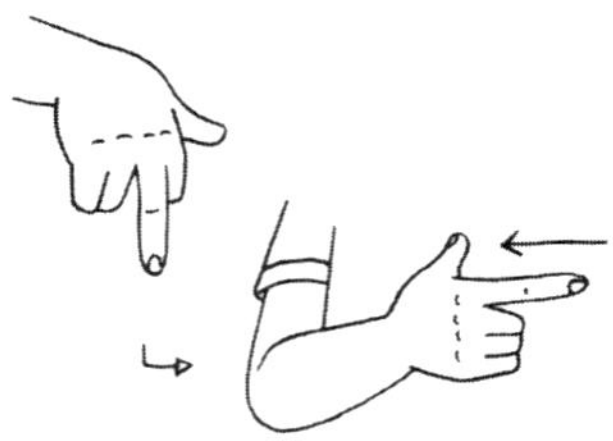

크다

차지

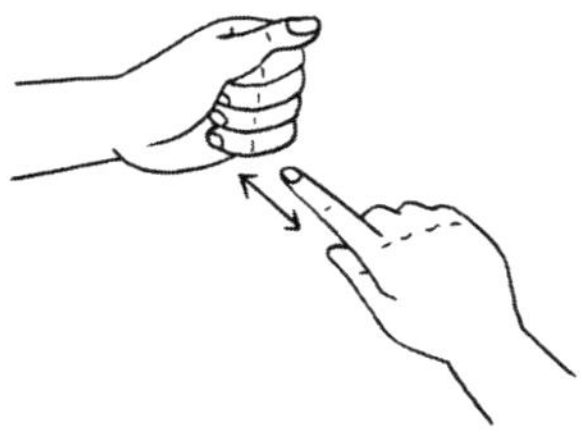

이유

안팎

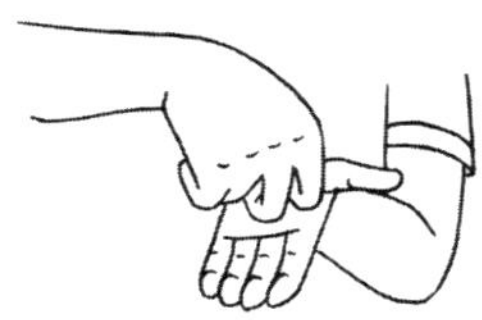

앉다

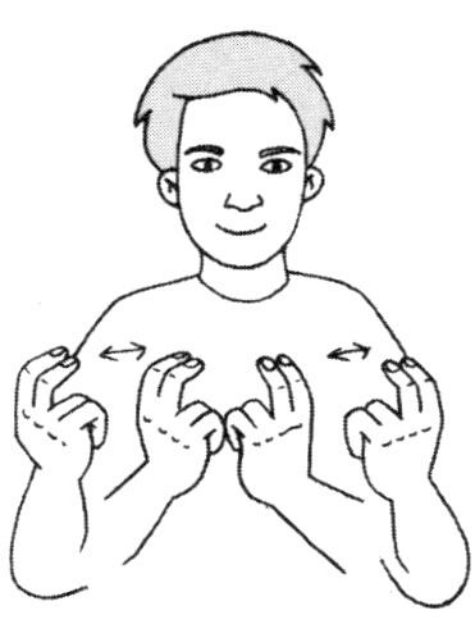

수(방법)

동안

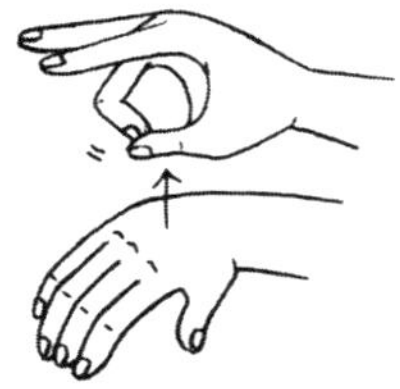

먼저

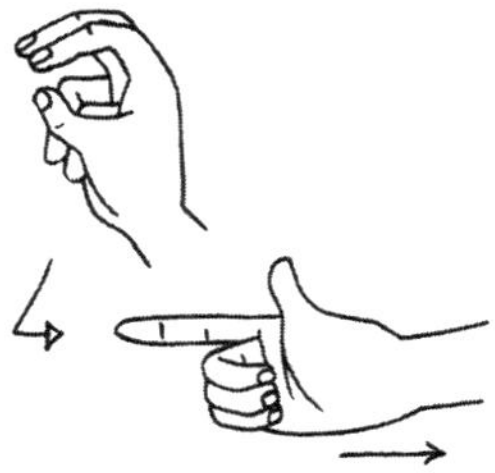

무척

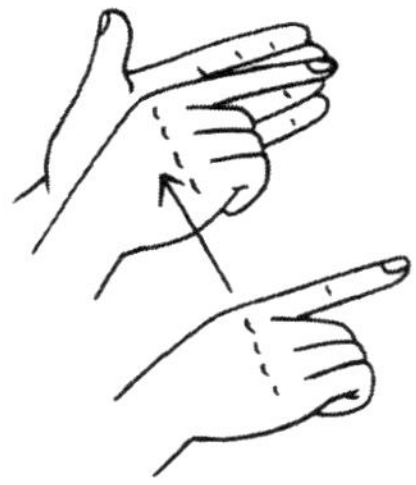

믿다

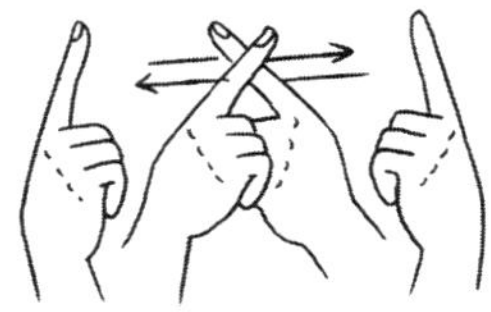

바꾸다

바라다

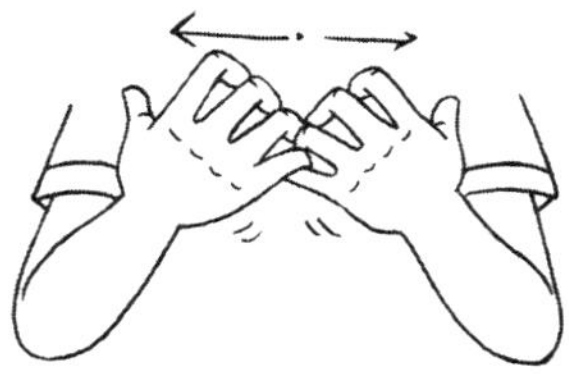

복잡

의논

문장

문장 1 일하고 싶어서 나는 취직 준비를 하고 있다.

문장 2 면접을 봤는데 무척 어려워서 걱정이다.

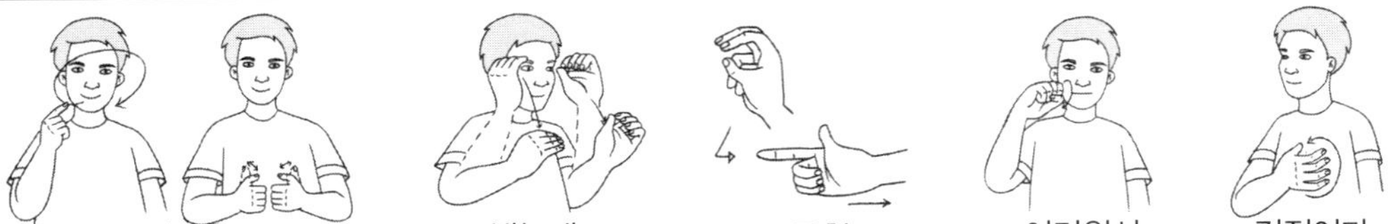

문장 3 월급을 받으면 컴퓨터를 바꾸고 싶다.

문장 4 직장은 작업 환경이 뛰어나서 기분이 좋다

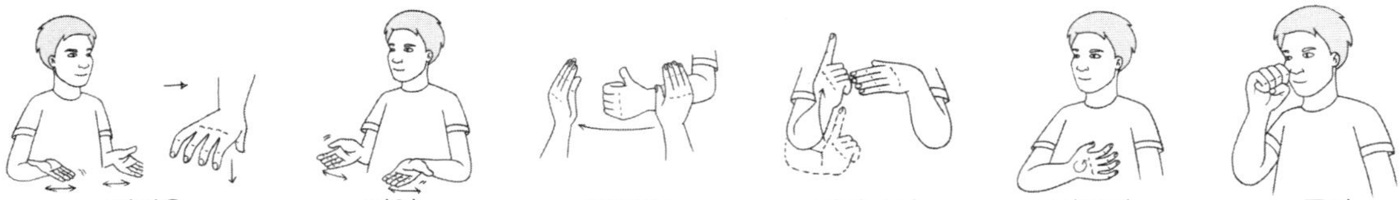

문장 5 생산하기 전에 준비를 잘해야 한다.

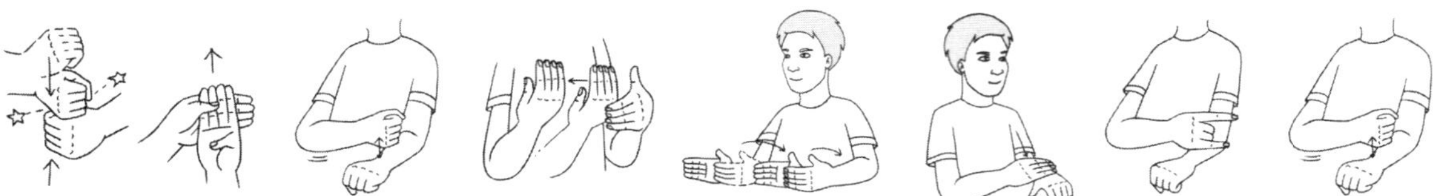

문장 6 회사에 직원들이 모두 없었다.

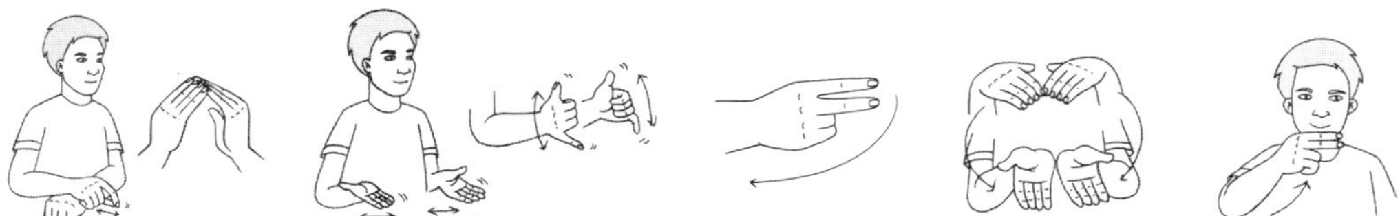

문장 7 여러 가지로 의논해도 방법이 없어 답답합니다.

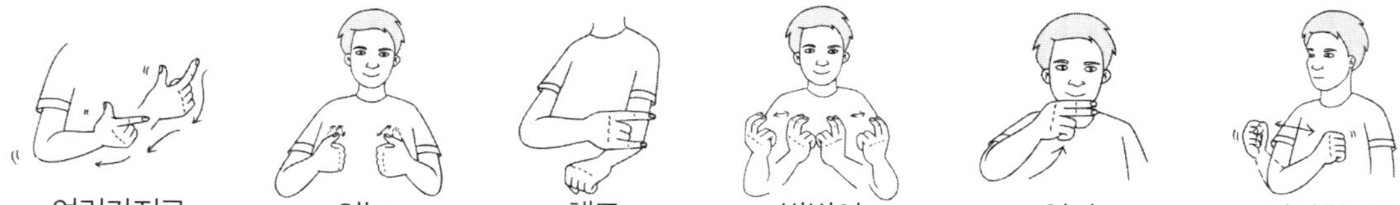

여러가지로 의논 해도 방법이 없어 답답합니다

문장 8 사용방법이 너무 복잡해서 불만이다.

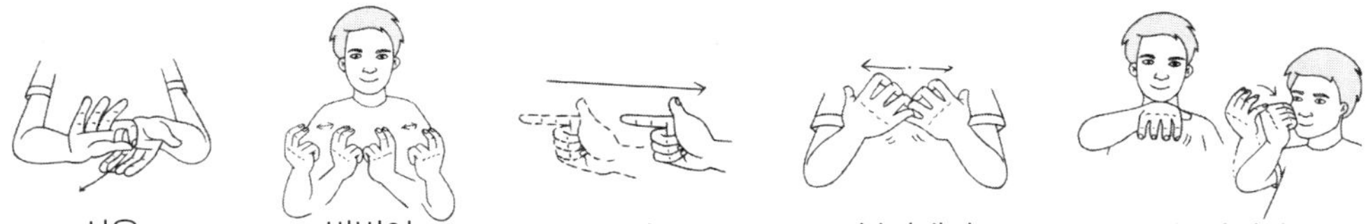

사용 방법이 너무 복잡해서 불만이다

문장 9 이 기술은 장애인에게 편리하여 무척 재미있다.

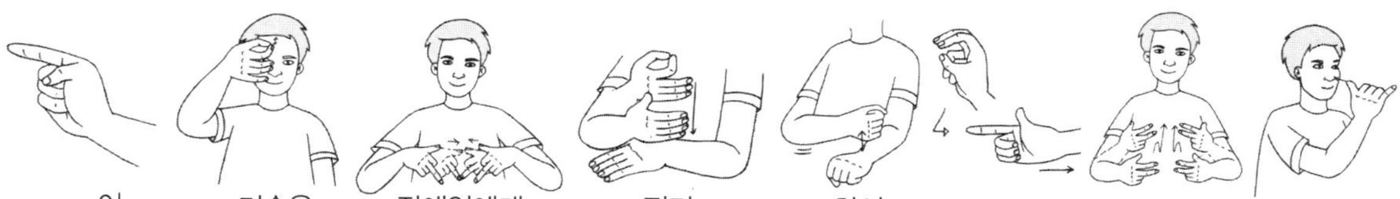

이 기술은 장애인에게 편리 하여 무척 재미 있다

문장 10 자격시험을 신청하고 열심히 공부한다.

자격 시험을 신청하고 열심히 공부 한다

문장 11 출장 가기 전에 일을 먼저 끝내야겠다.

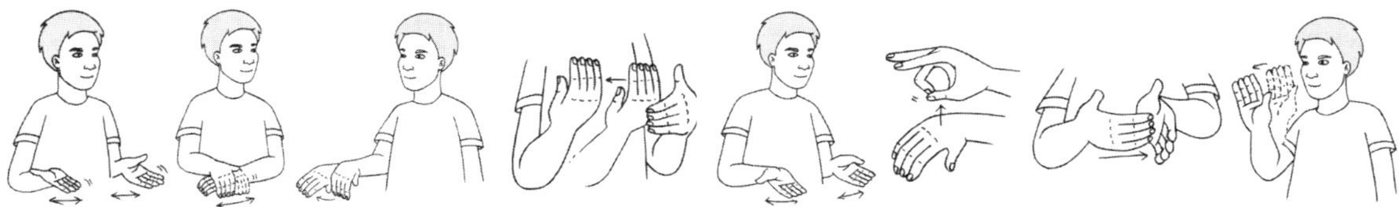

출장 가기 전에 일을 먼저 끝내야 겠다

문장 12 그는 내가 무척 믿는 사람이다.

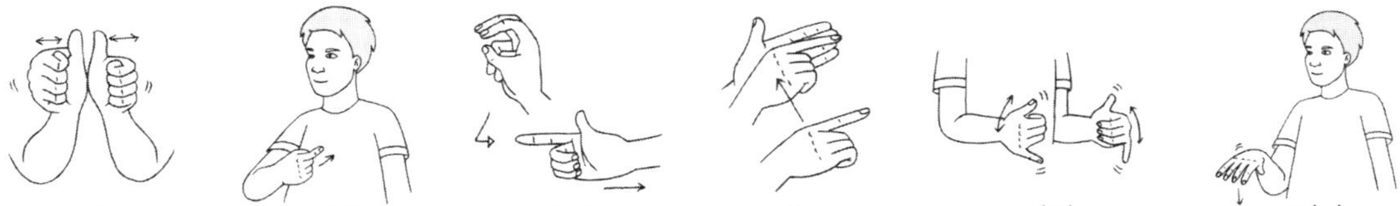

그는 내가 무척 믿는 사람 이다

11 감정

어휘

부끄럽다

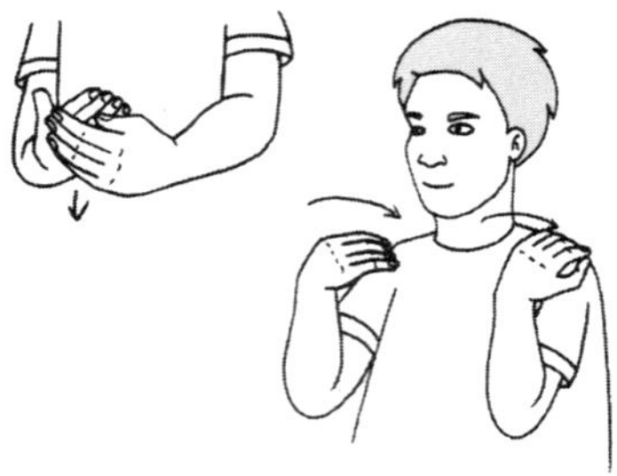

부담

부럽다

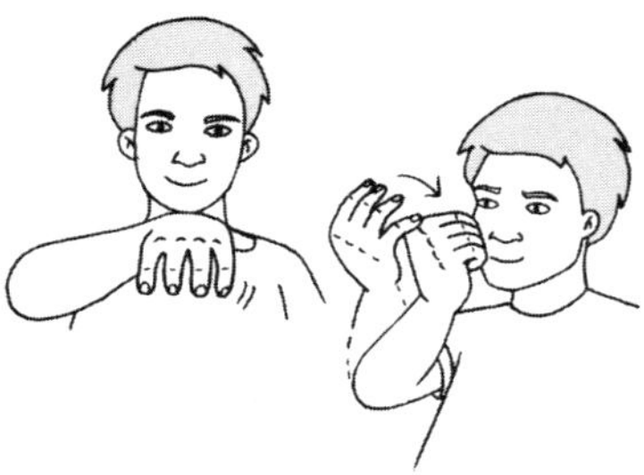

불만

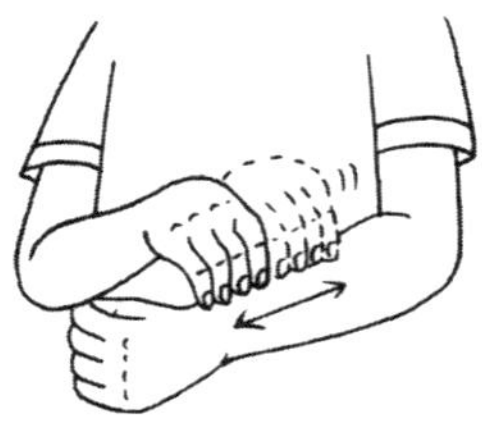

불편

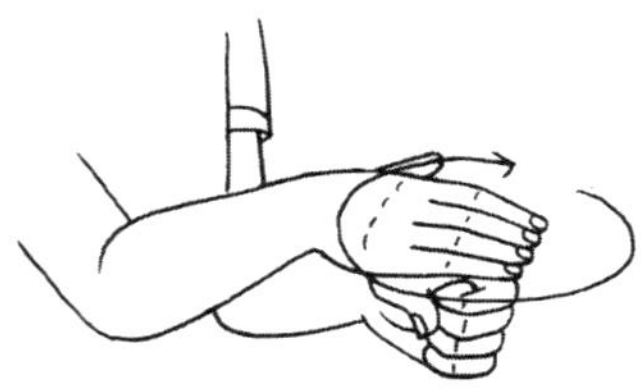

사랑

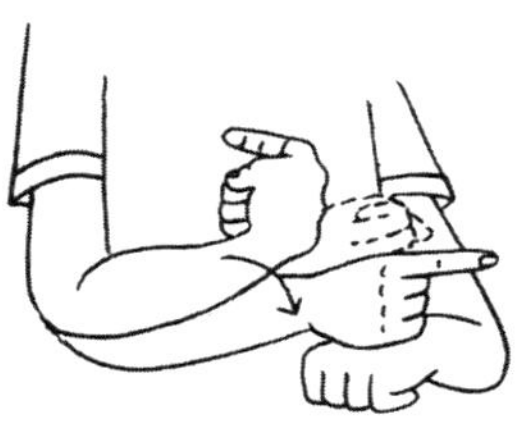

성질

~도다

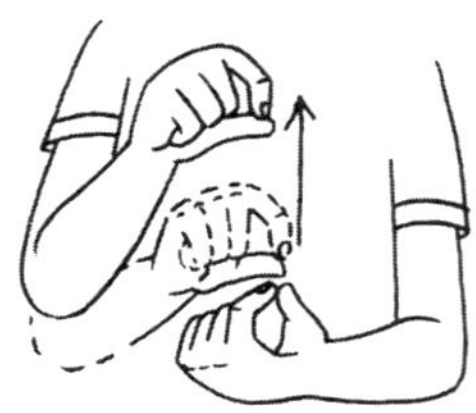

솔직

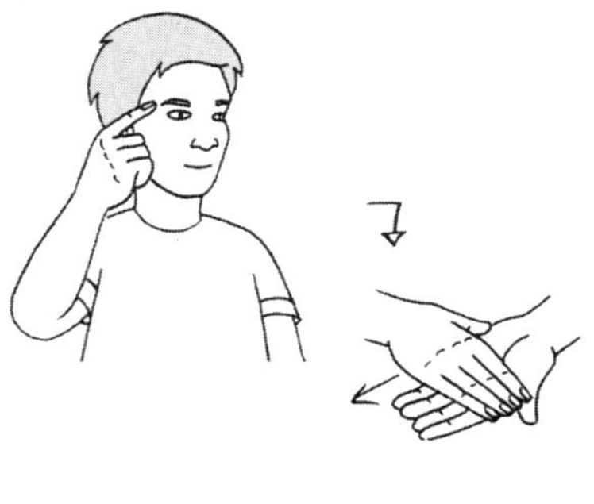

시원하다

싫다

심심하다

안된다

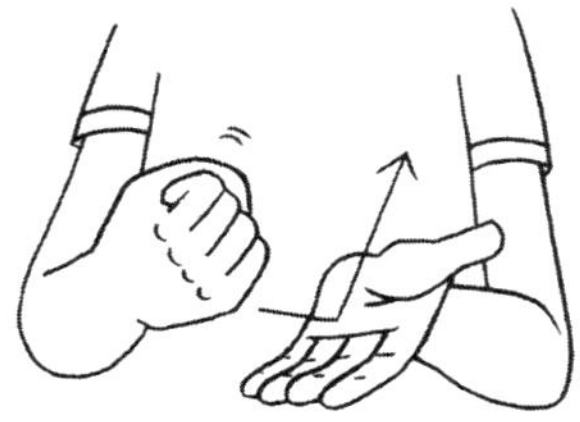

아이고

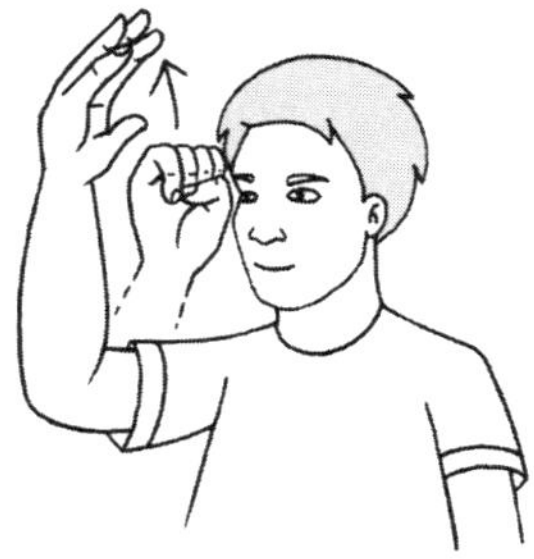

잊다

표정

행복

흥

섭섭하다

헤어지다

왜

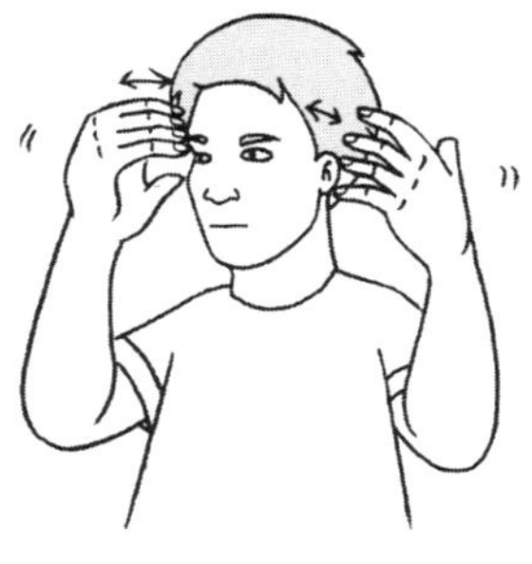

고생

귀엽다

깨끗하다

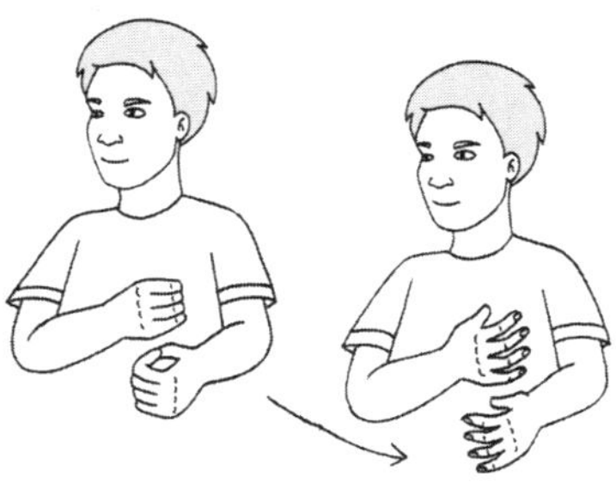

깜짝

나쁘다

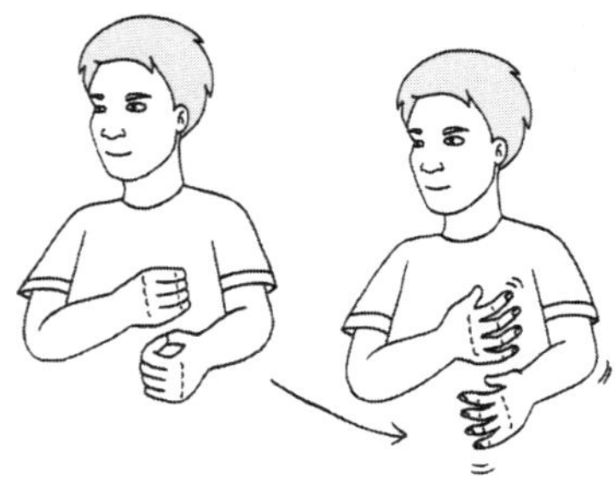

놀라다

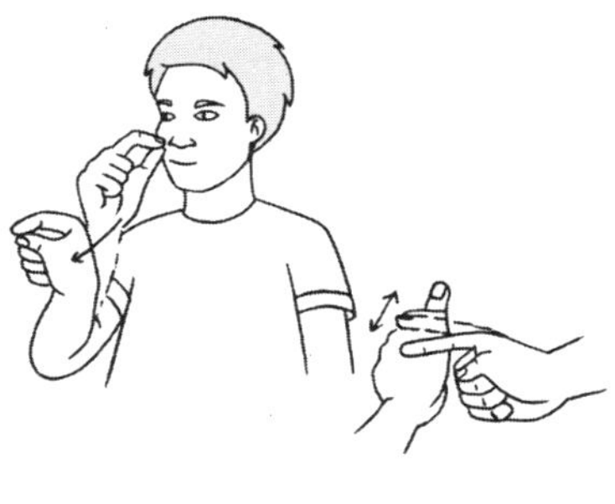

놀리다

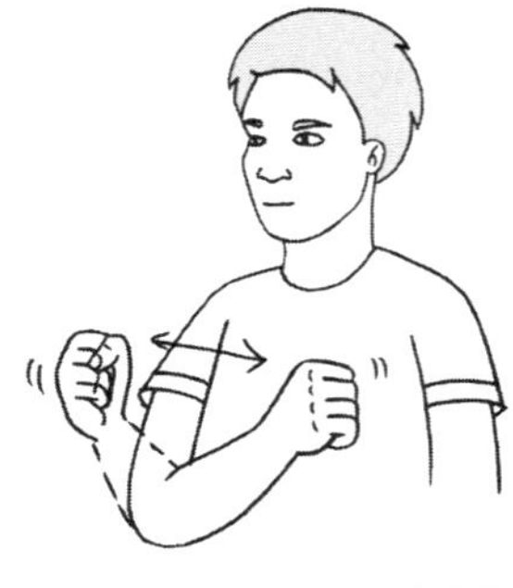

답답하다

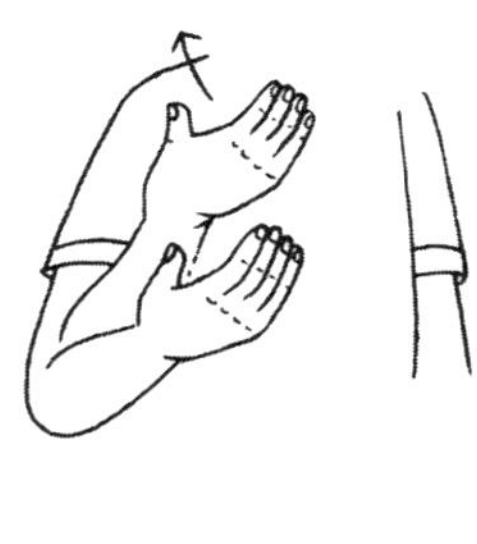

모르다

걱정

느끼다

만약

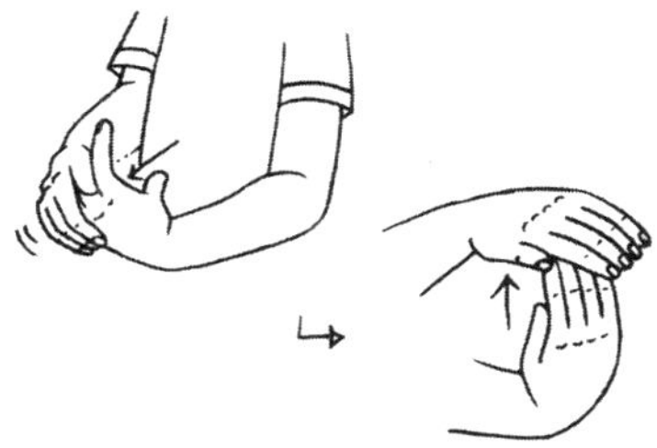

만족

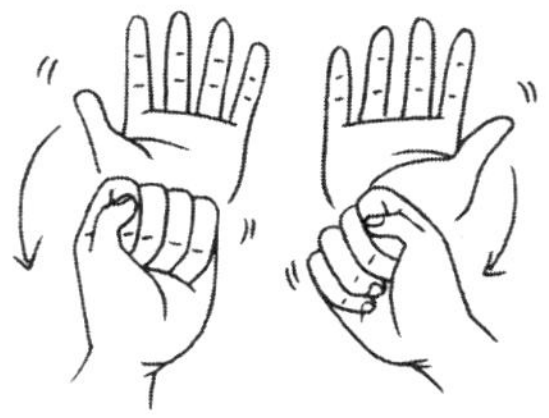

많다

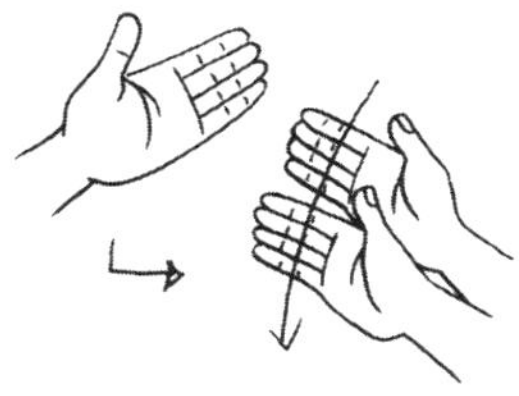

미쳐

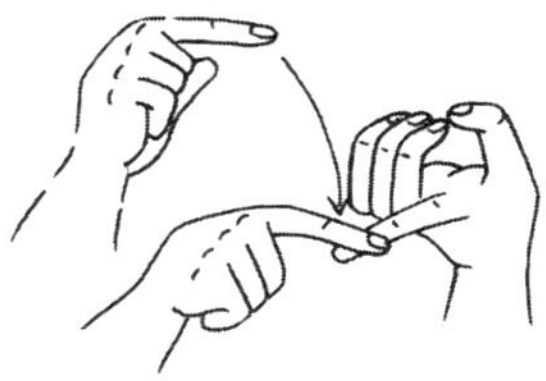

그냥

아

문장

문장 1	요즘 날씨는 아주 시원할 때도 있다.

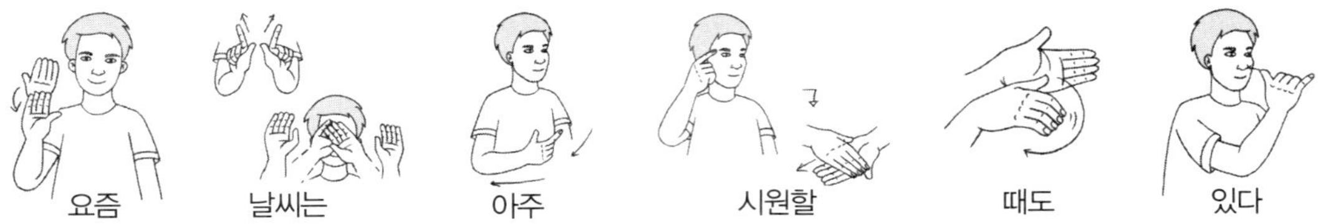

문장 2	여자 친구와 헤어져서 아주 섭섭하다.

문장 3	행복은 노력하는 사람에게 찾아온다.

문장 4	아이고! 깜짝 놀랐습니다.

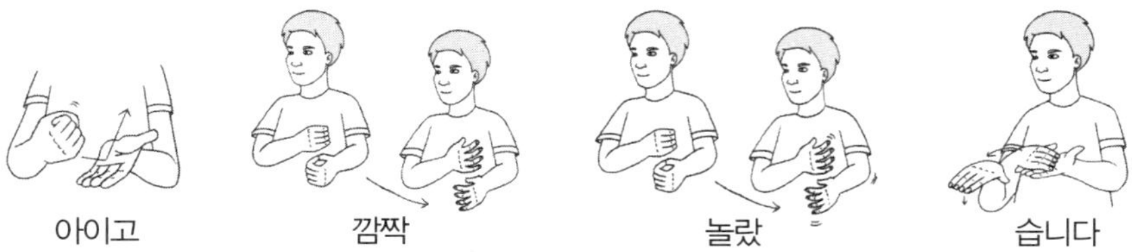

문장 5	친구들이 나를 싫다고 많이 놀렸습니다.

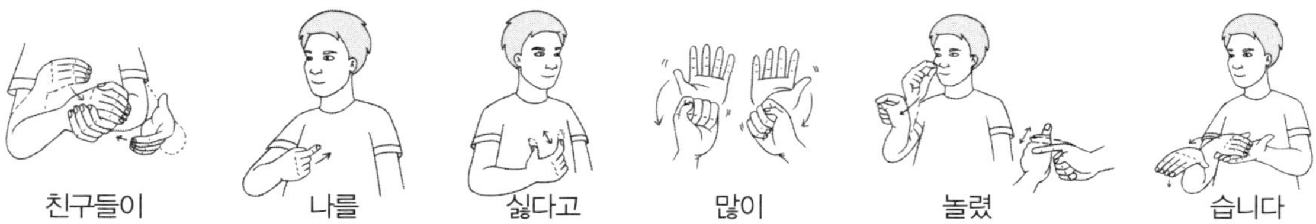

문장 6	세상에서 가장 나쁜 것은 무엇입니까?

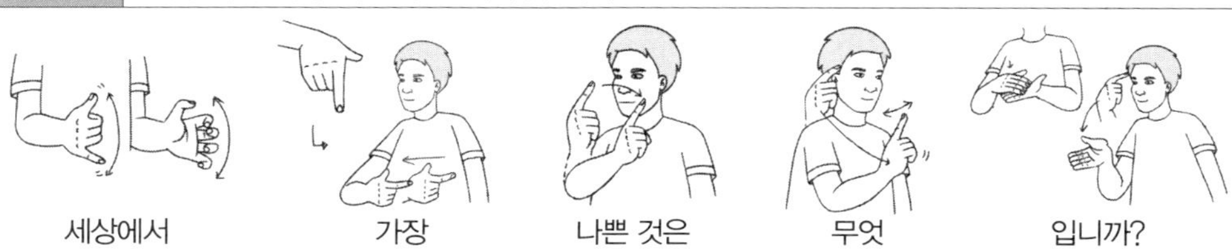

문장 7 부모님들을 놀라게 한 나는 부끄럽다.

문장 8 수화를 잘 못하니 아주 부끄럽습니다.

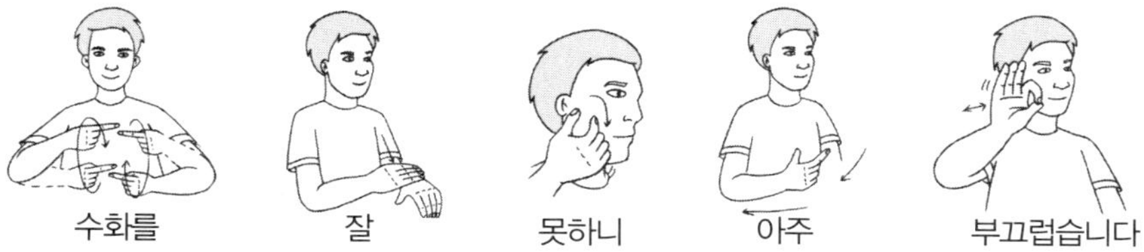

문장 9 친구의 마음을 잘 알지 못해서 답답하다.

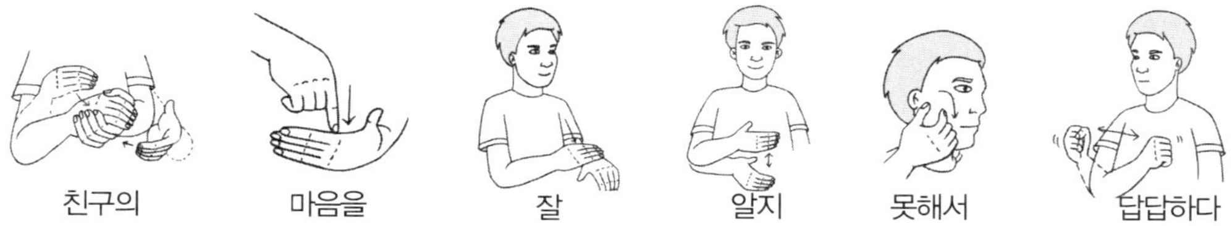

문장 10 여동생의 얼굴 표정이 아주 재미있다.

문장 11 우리 대학이 아주 깨끗해서 만족한다.

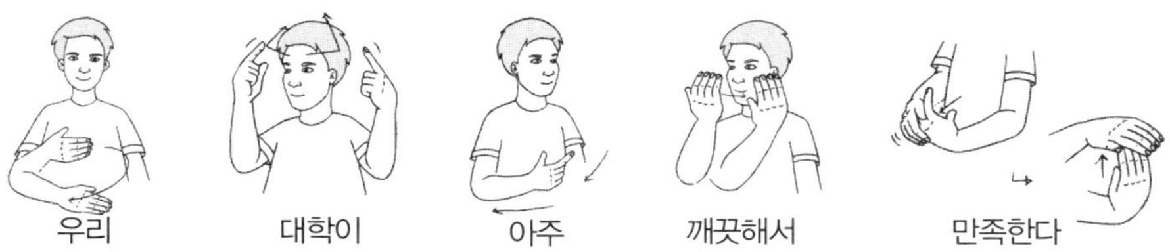

문장 12 바빠서 부끄러운 것을 미처 느끼지 못하였다.

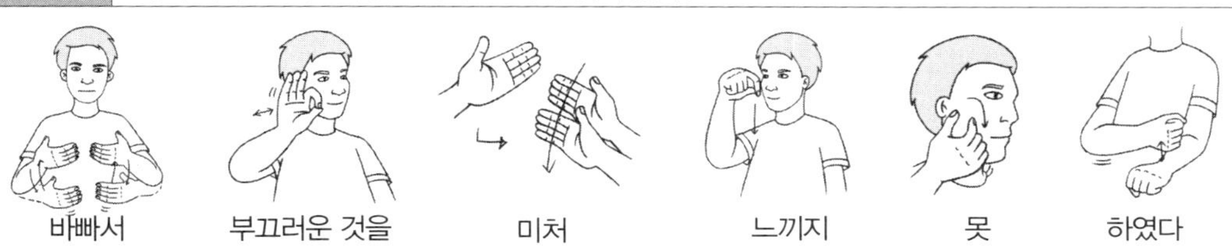

12 교통

어휘

교통

고속

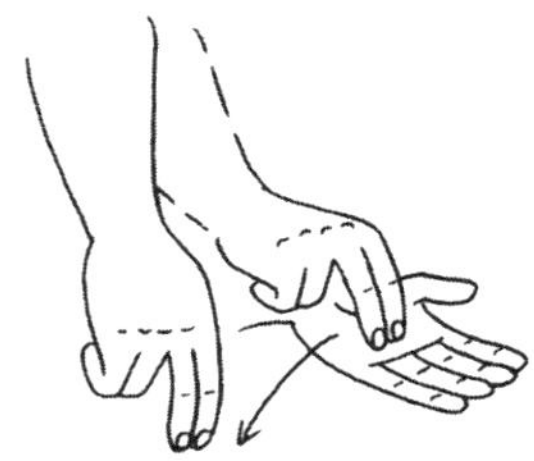

내리다

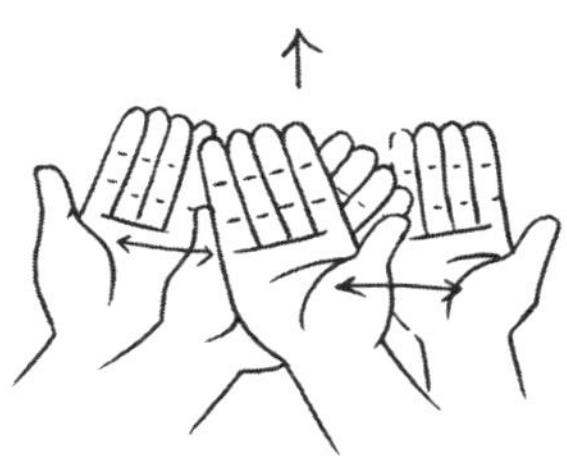

발달

버스

도착

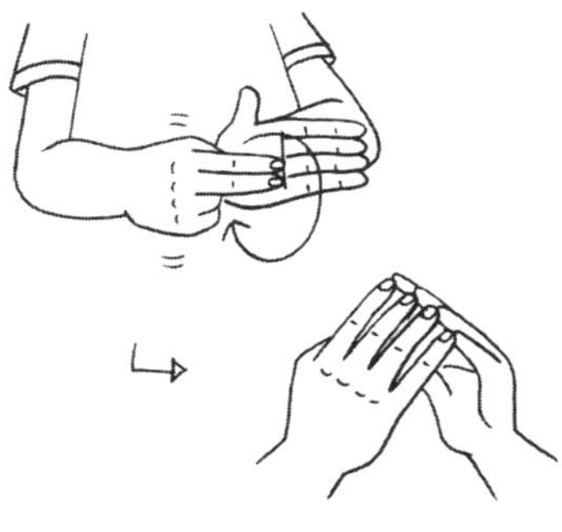

역

택시

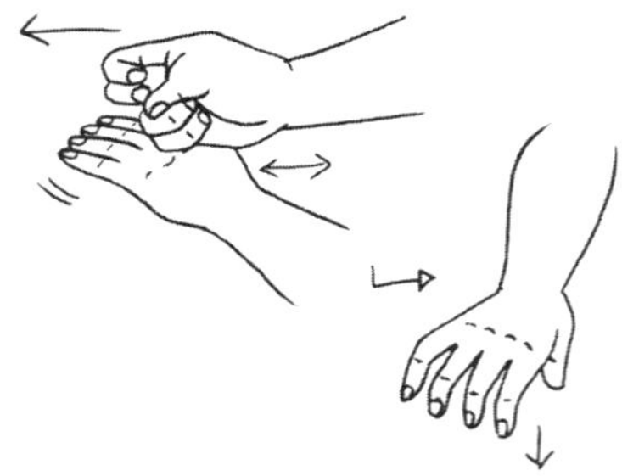

정류장

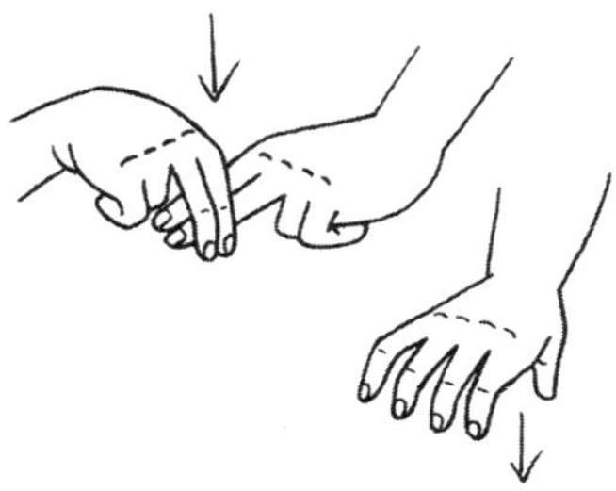

자리

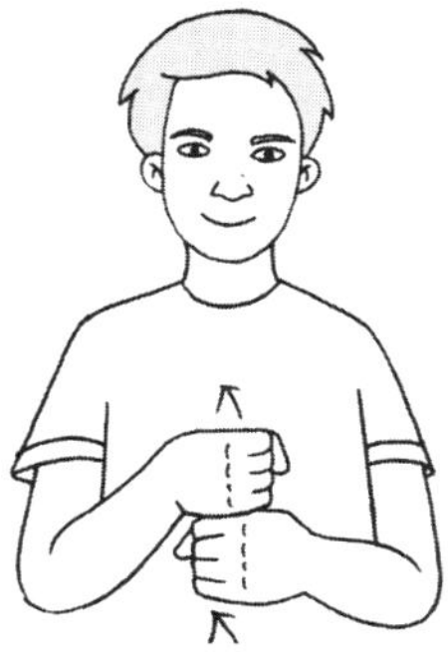

조심

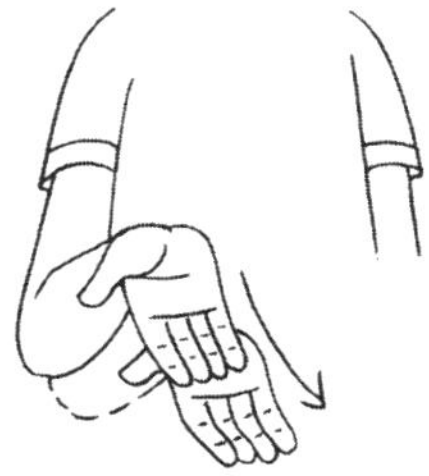

주다

택배

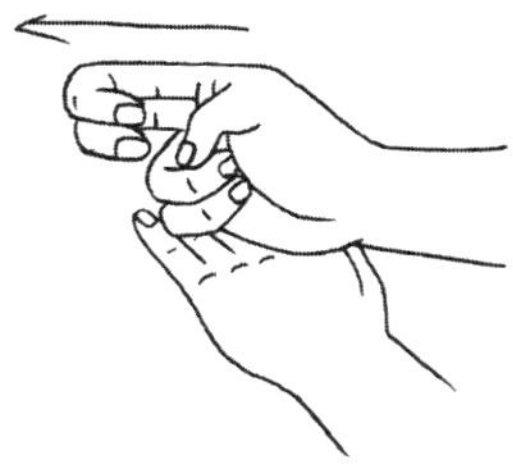

차(車)

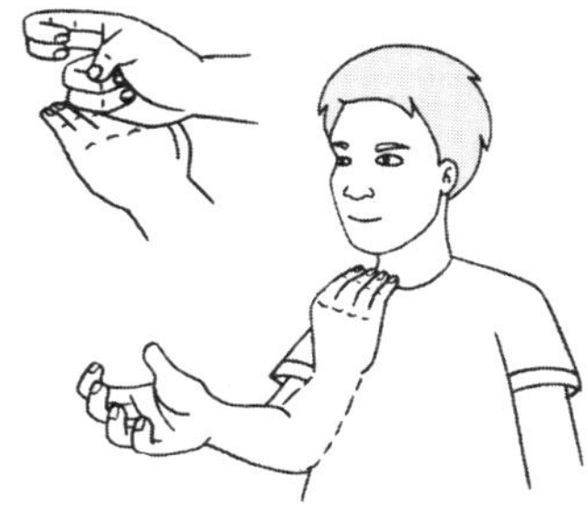

차멀미

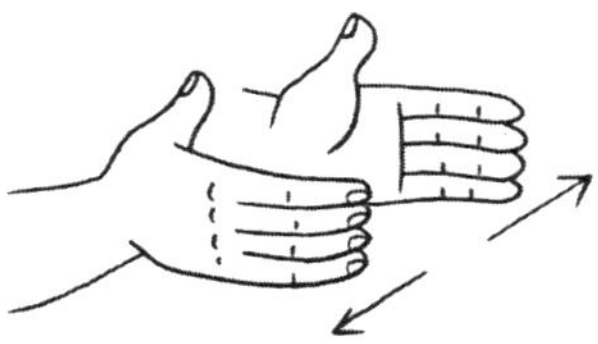

출발

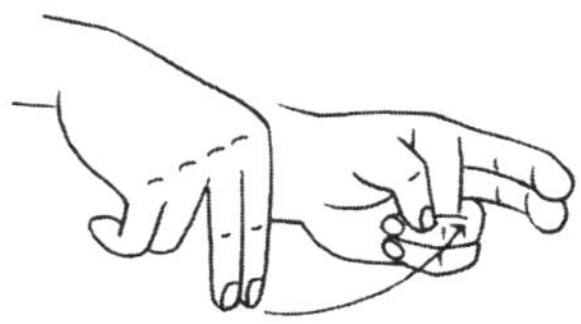

타다

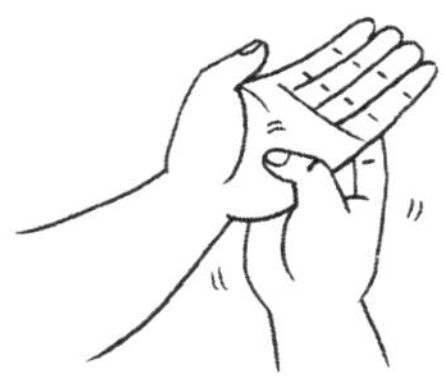

표

검사

숨

배(이동수단)

비행기

엘리베이터

운전

오토바이

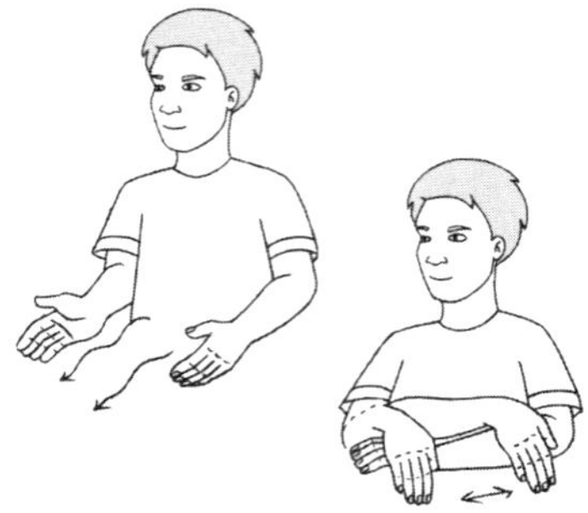
약도

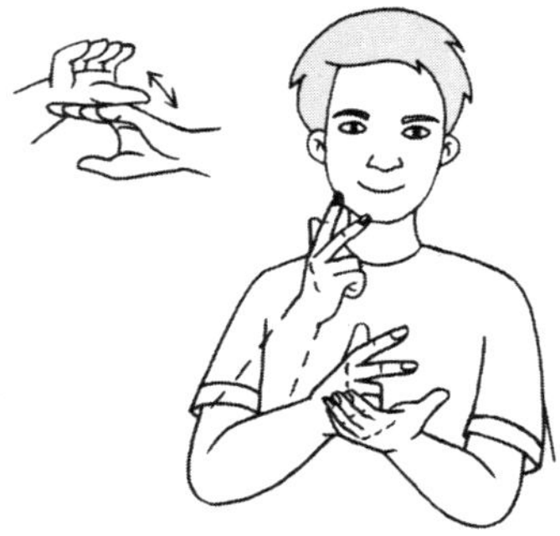
주차

지하철

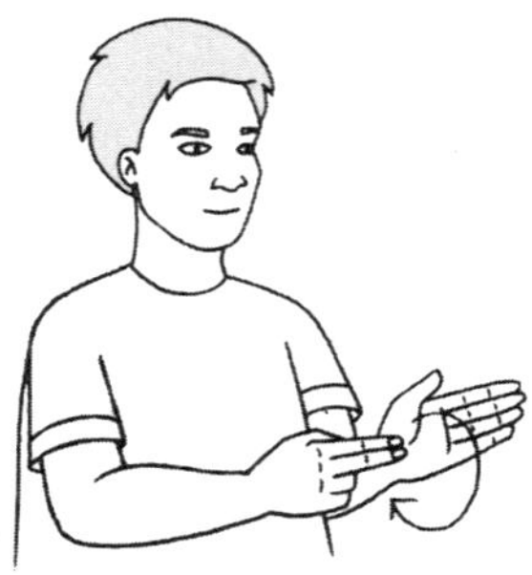
기차

자동차

자전거

문장

문장 1 이곳은 교통이 아주 발달되었다.

이곳은 교통이 아주 발달 되었다

문장 2 대구에서 고속 열차를 타고 왔어요.

대구에서 고속 열차를 타고 왔어요

문장 3 동생과 함께 가는 기차 여행은 참 즐겁다.

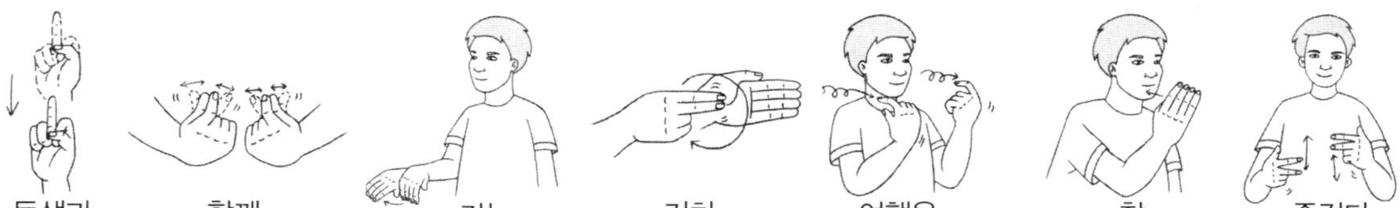

동생과 함께 가는 기차 여행은 참 즐겁다

문장 4 서울가는 버스가 사람들로 복잡하다.

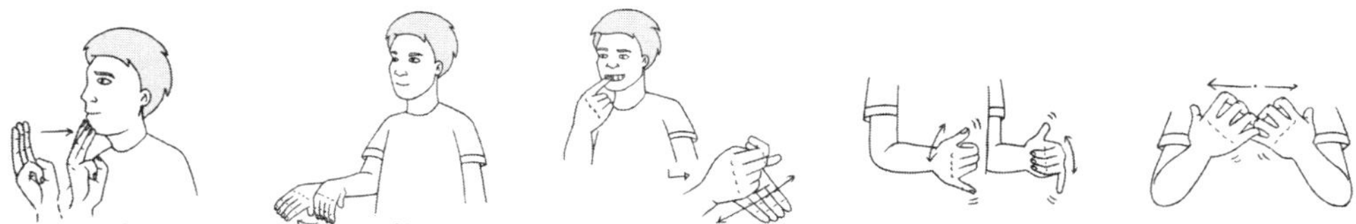

서울 가는 버스가 사람들로 복잡하다

문장 5 정류장에 도착했으니 표를 주세요.

정류장에 도착 했으니 표를 주세요.

문장 6 빨리 차를 탔더니 차멀미가 난다.

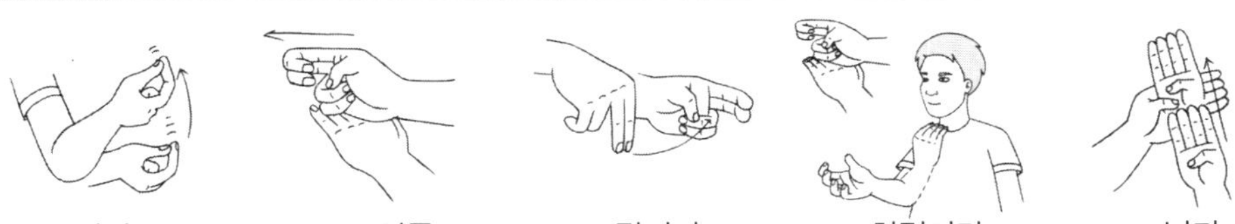

빨리 차를 탔더니 차멀미가 난다

문장 7 약도를 보니 찾아 갈 수 있을 거 같다.

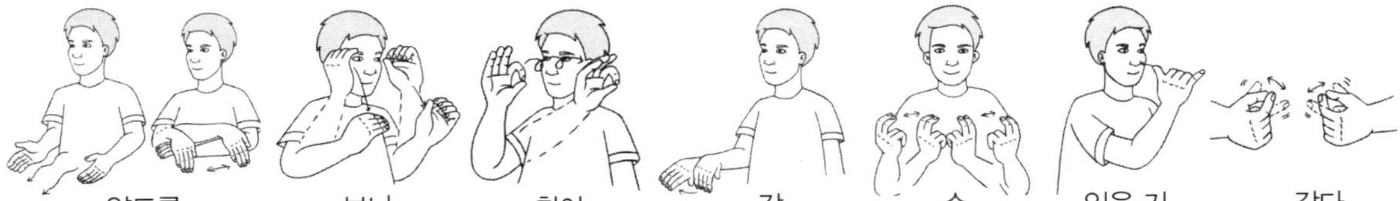

약도를 보니 찾아 갈 수 있을 거 같다

문장 8 자동차 보다 저전거를 타는 것이 더 좋다.

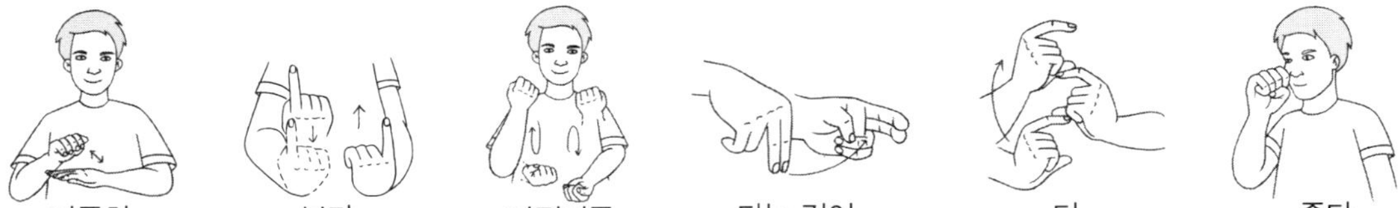

자동차 보다 자전거를 타는 것이 더 좋다

문장 9 택시에서 내려 지하철로 바꾸어 탔다.

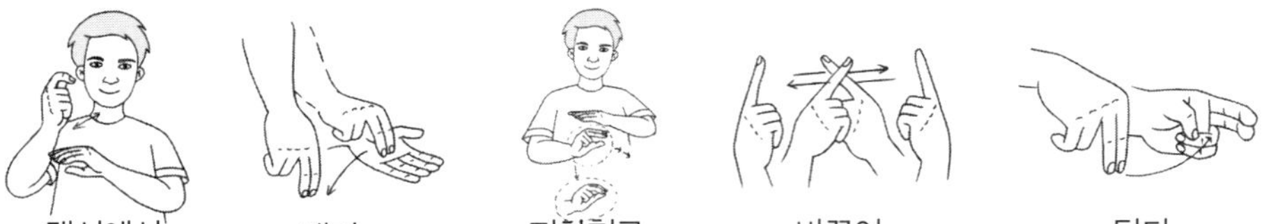

택시에서 내려 지하철로 바꾸어 탔다

문장 10 할아버지와 나는 서울역에서 내립니다.

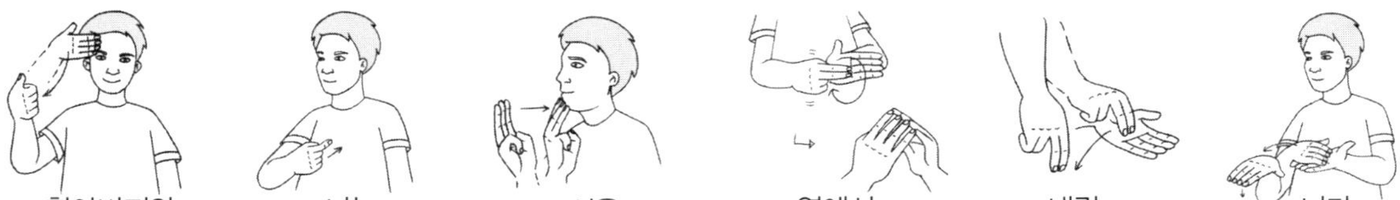

할아버지와 나는 서울 역에서 내립 니다

문장 11 휴식을 하고 차가 출발하려고 한다.

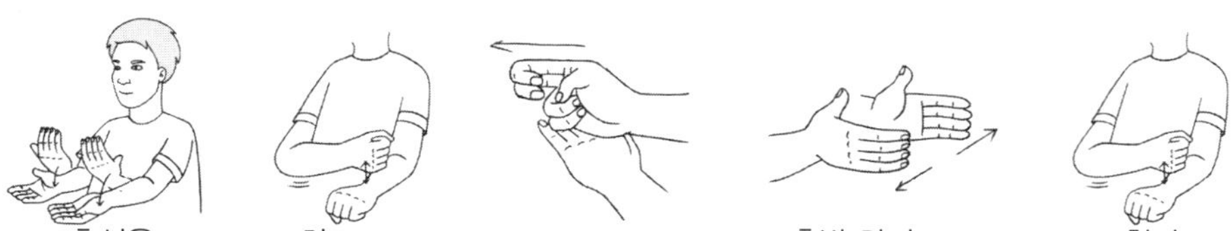

휴식을 하고 차가 출발 하려고 한다

문장 12 오토바이를 탈 때는 반드시 조심해야 한다.

오토바이를 탈 때는 반드시 조심해야 한다

문장 13 차는 사람들의 생활을 아주 편리하게 하여 준다.

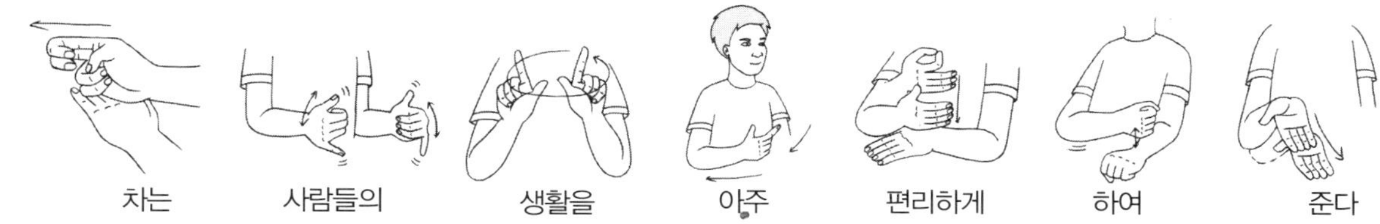

문장 14 고속버스를 타고 부산에서 서울로 왔다.

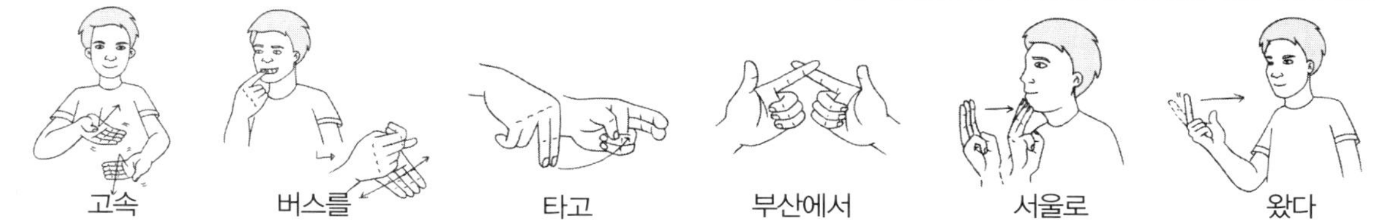

문장 15 정류장에서 많은 사람들이 버스를 기다리고 있다.

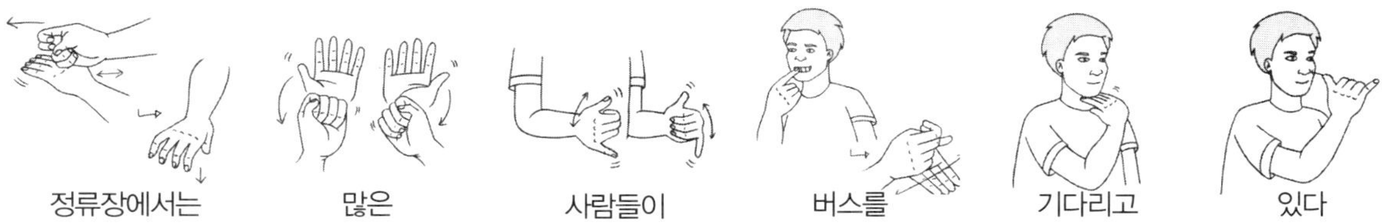

문장 16 차를 탈 때는 항상 조심해서 타야 한다.

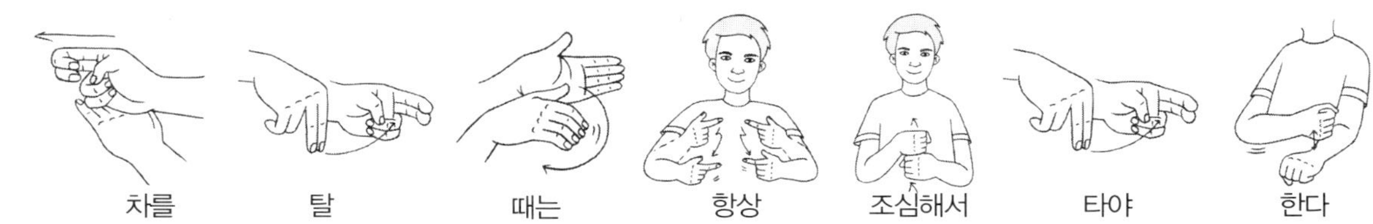

문장 17 비행기는 아주 먼 곳도 빨리 간다.

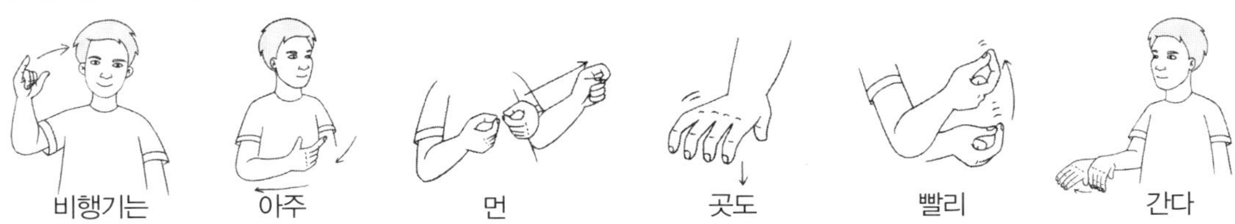

문장 18 차를 운전할 때는 항상 조심하여야 한다.

13 금융거래

어휘

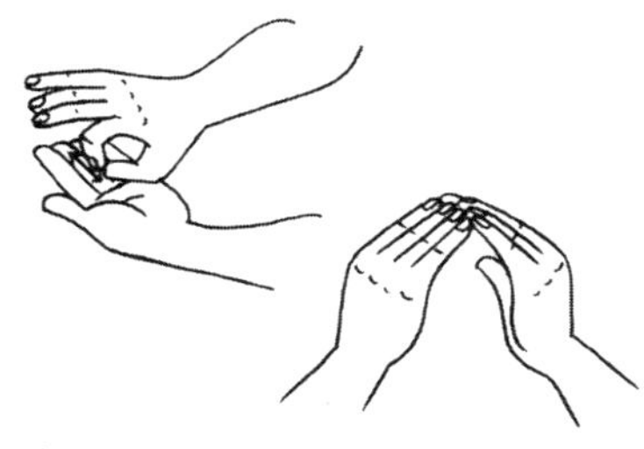

가게

값

값싸다

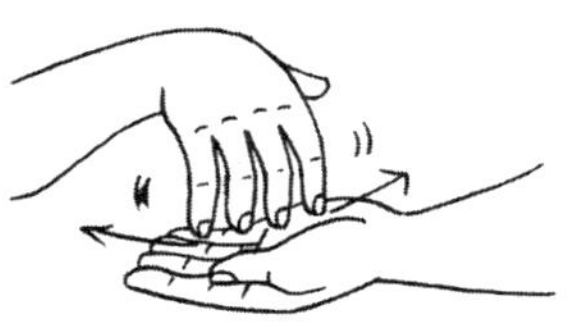

계산

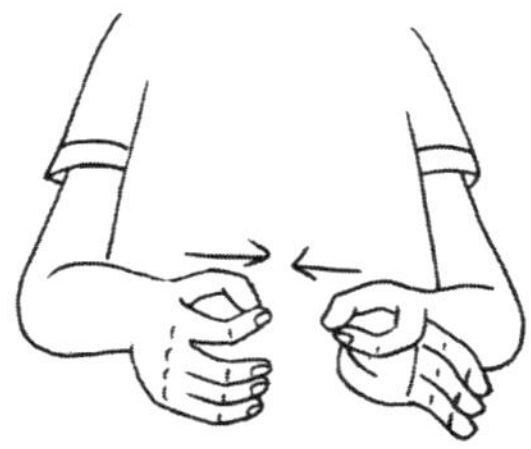

내기

돈

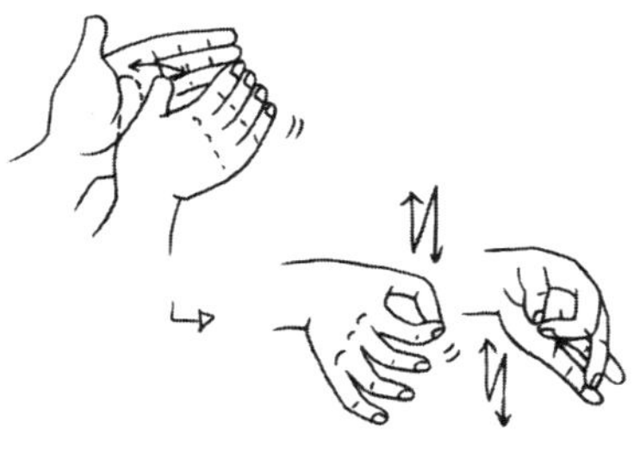

물가

물건

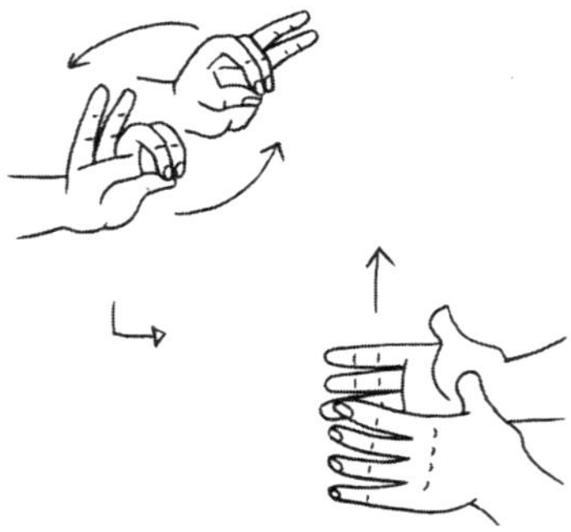

백화점

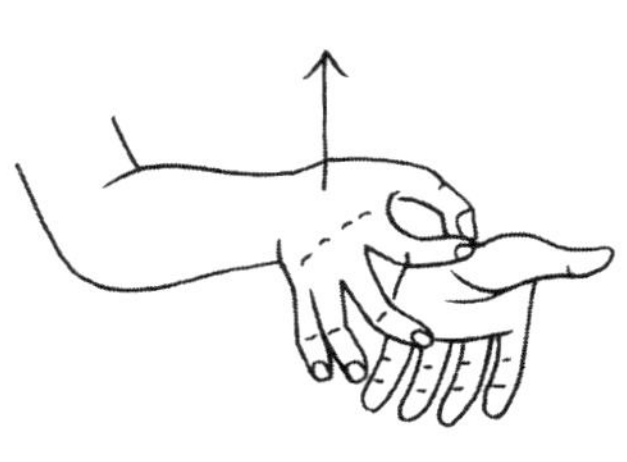

비싸다

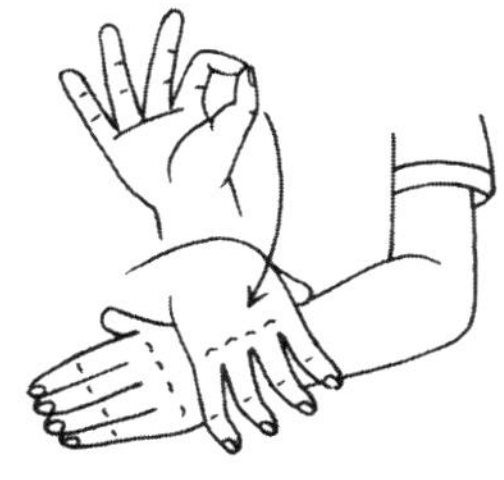

사다

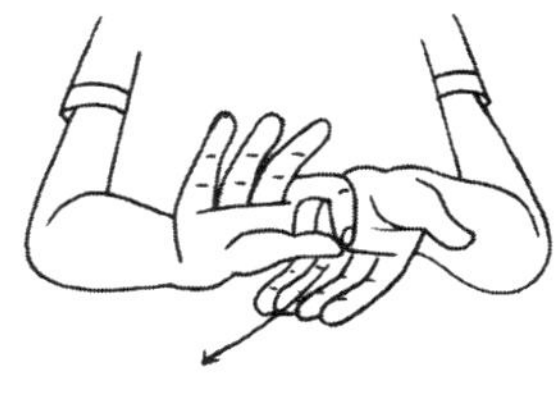

사용

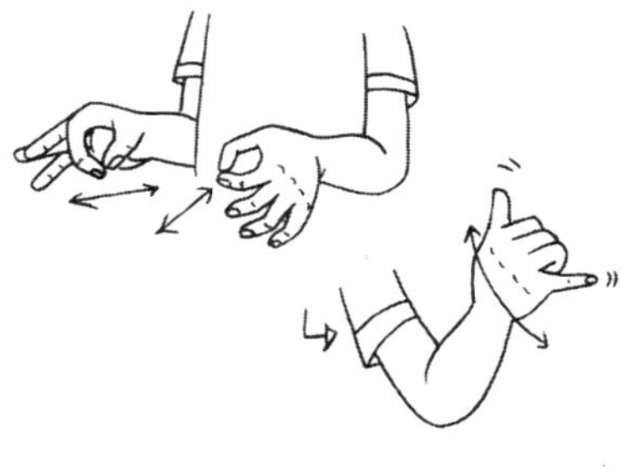

상인

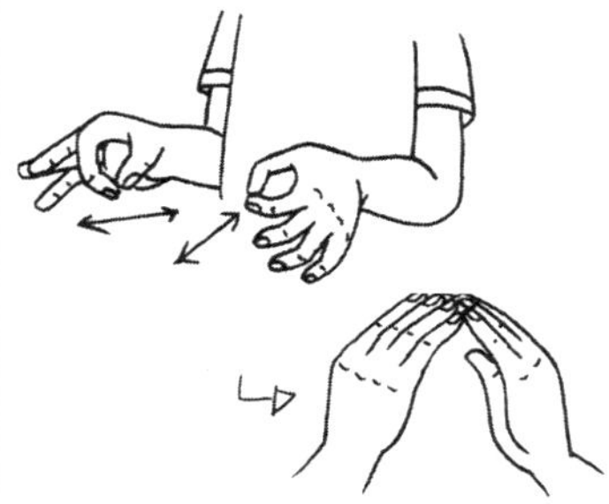

상점

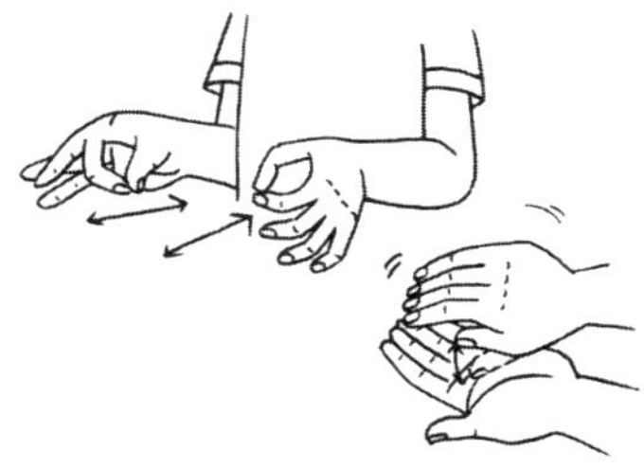

상품

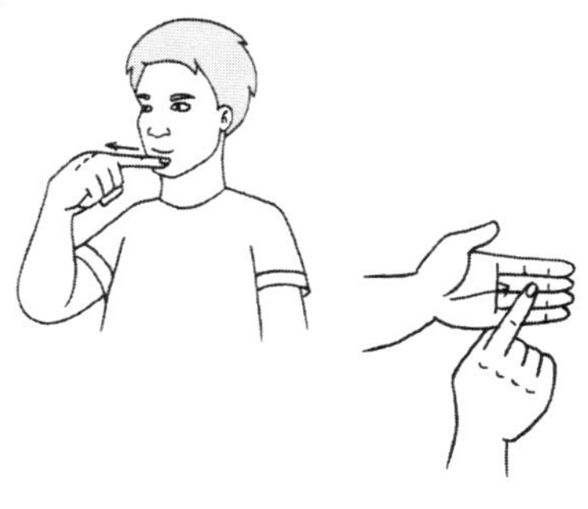

손해

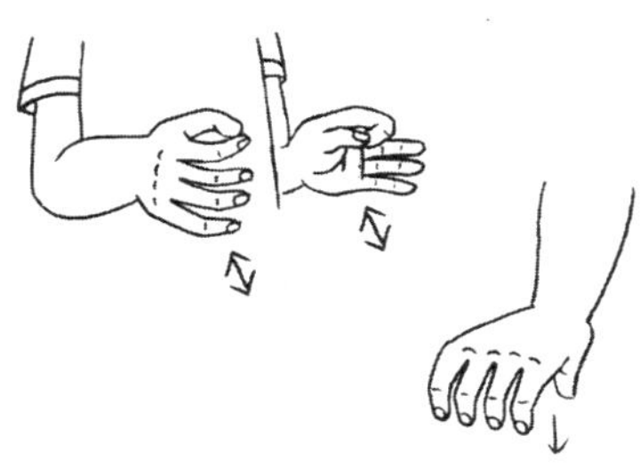

시장

은행

경제

이용

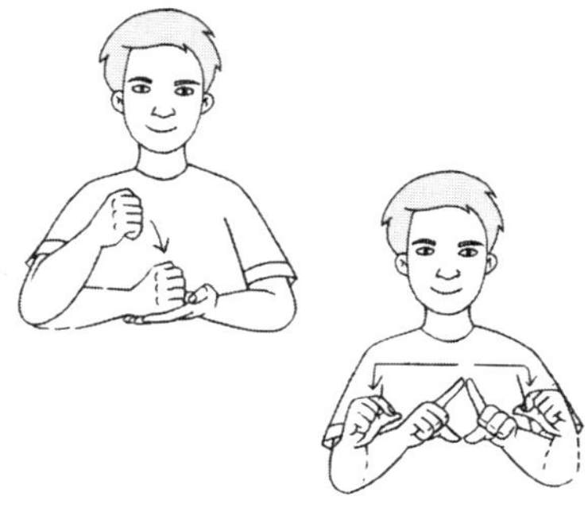

통장

할인

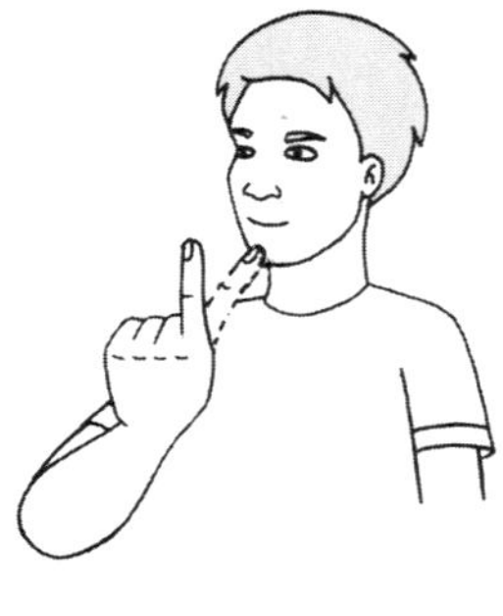

괜찮다

굉장

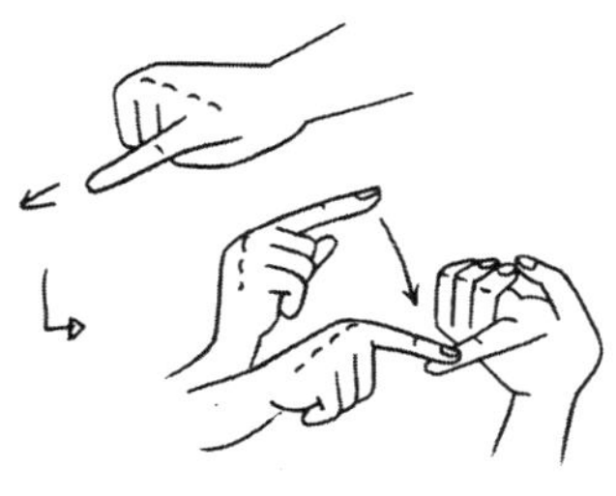

그대로

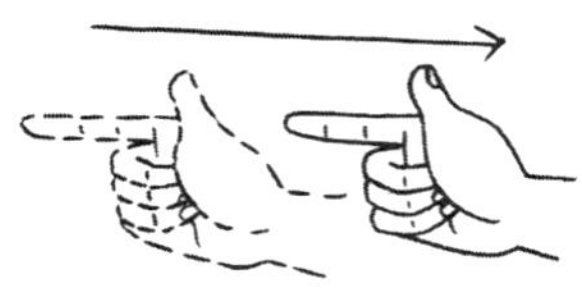

너무

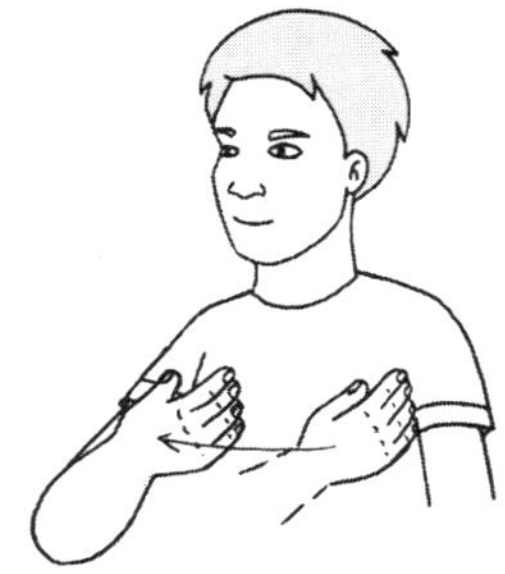

넉넉하다

실천

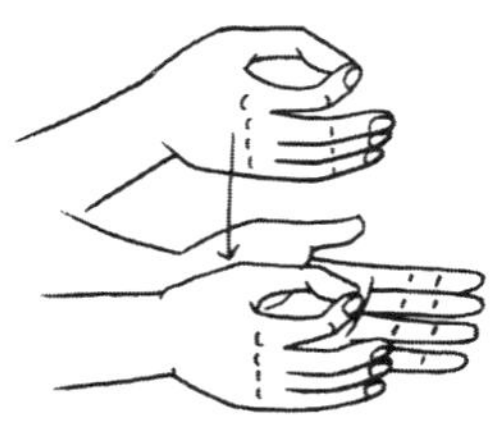

싸다(값)

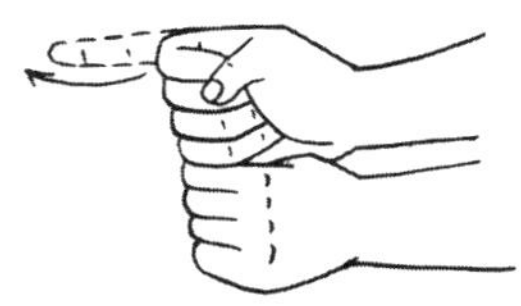

벌써

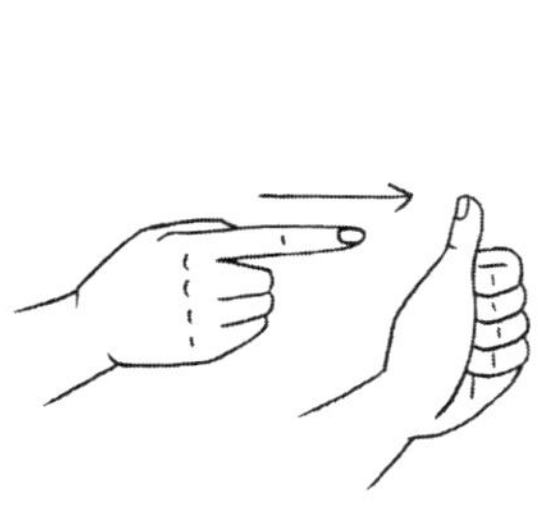

시키다

~뿐

~처럼

문장

문장 1 백화점에는 물건이 많이 있습니다.

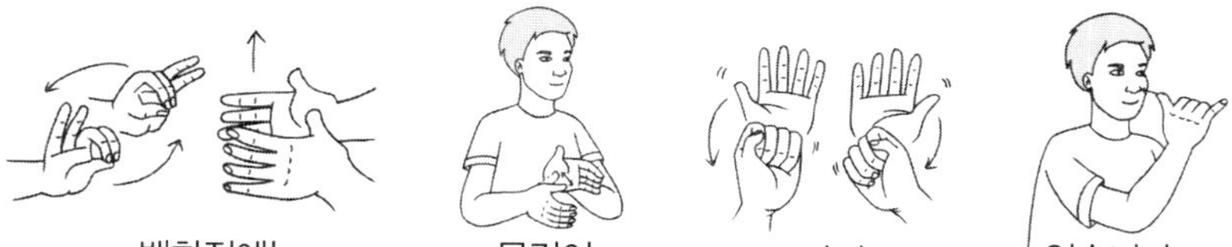

백화점에는 물건이 많이 있습니다

문장 2 시장에서 물건을 너무 비싸게 샀습니다.

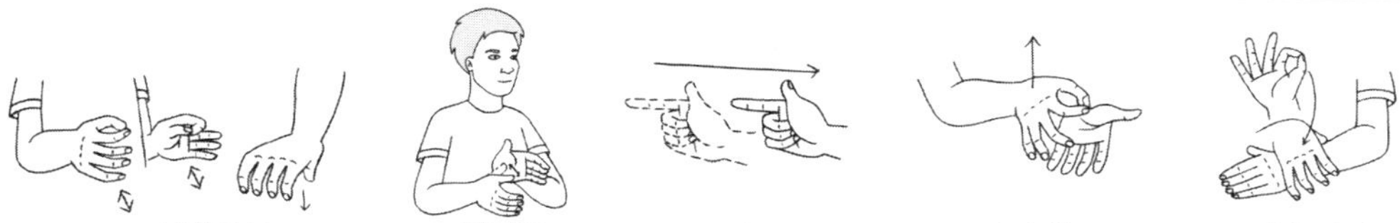

시장에서 물건을 너무 비싸게 샀습니다

문장 3 요즘 물가가 굉장히 비싸서 걱정이다.

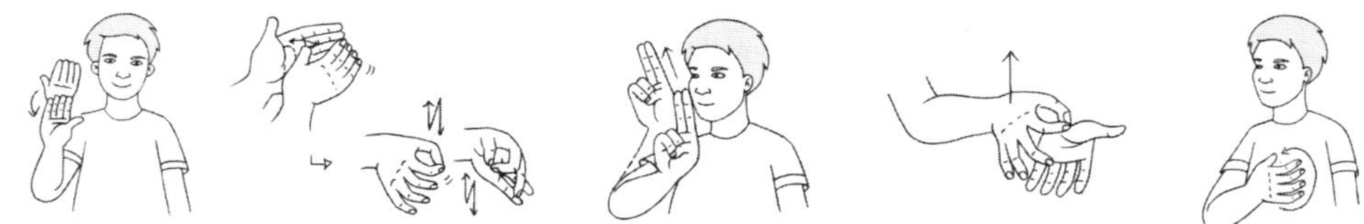

요즘 물가가 굉장히 비싸서 걱정이다

문장 4 백화점에서 비싼 물건을 할인하고 있습니다.

백화점에는 비싼 물건을 할인 하고 있습니다

문장 5 은행에는 사람들이 통장을 가지고 기다립니다.

은행에는 사람들이 통장을 가지고 기다립니다

문장 6 친구들과 시장에서 내기를 합니다.

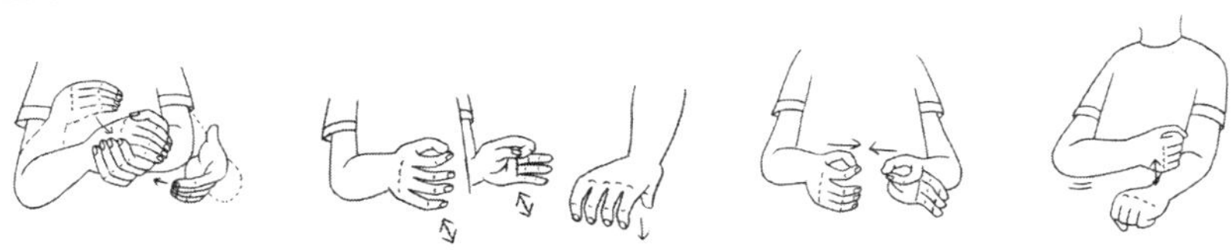

친구들과 시장에서 내기를 합니다

문장 7 나는 가게에서 물건을 사고 손해를 보았습니다.

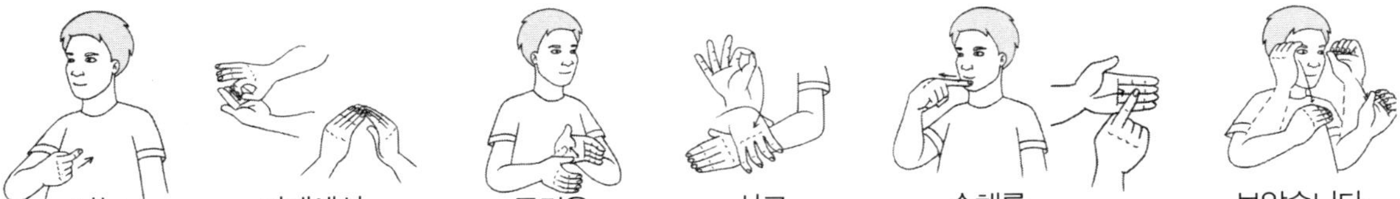

나는 가게에서 물건을 사고 손해를 보았습니다

문장 8 상점에는 싼 상품들이 그대로 있습니다.

상점에는 싼 상품들이 그대로 있습니다

문장 9 시장에서 일하는 상인들은 돈이 많다.

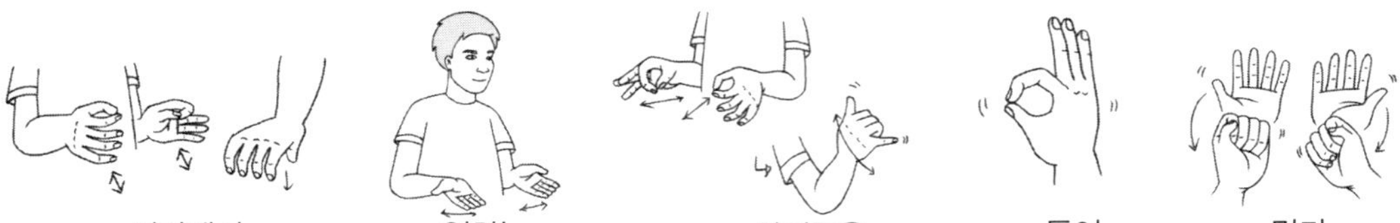

시장에서 일하는 상인들은 돈이 많다

문장 10 너무 많은 물건을 사는 것은 좋지 않습니다.

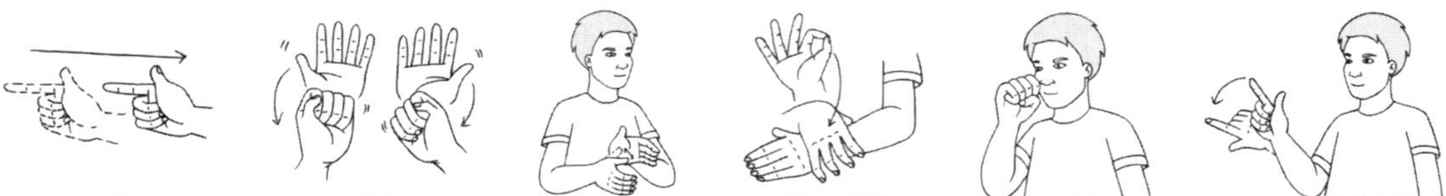

너무 많은 물건을 사는 것은 좋지 않습니다

문장 11 용돈을 계획있게 사용하는 실천이 필요하다.

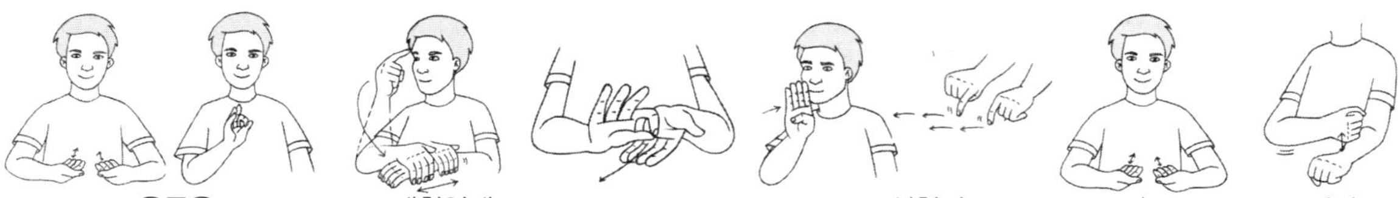

용돈을 계획있게 사용하는 실천이 필요 하다

문장 12 오늘 백화점에서 산 물건은 괜찮습니다.

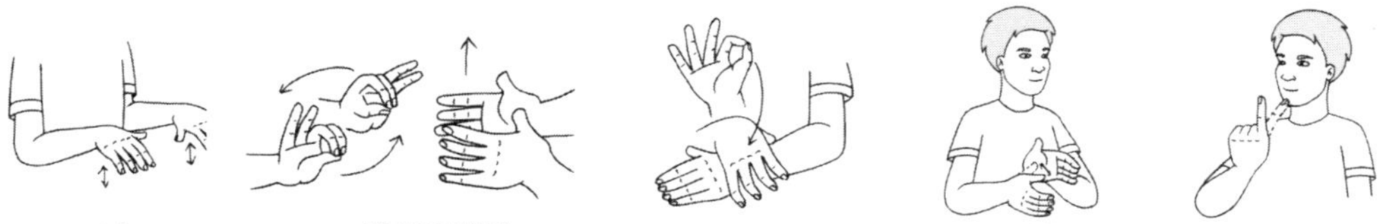

오늘 백화점에서 산 물건은 괜찮습니다

문장 13 한국 백화점에는 상품이 아주 많다.

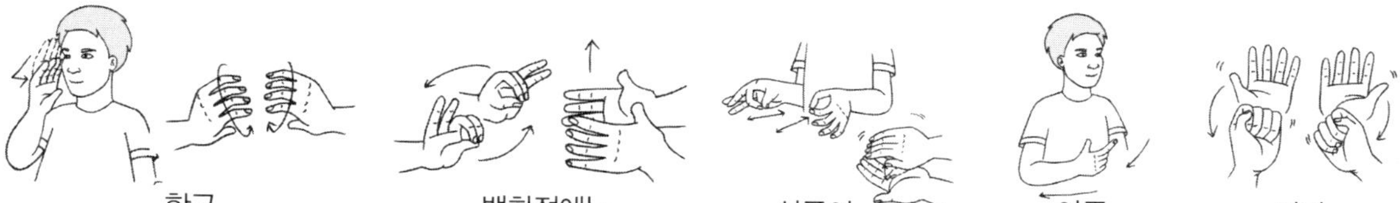

한국 백화점에는 상품이 아주 많다

문장 14 시장 물건이 너무 비싸서 사지 못한다.

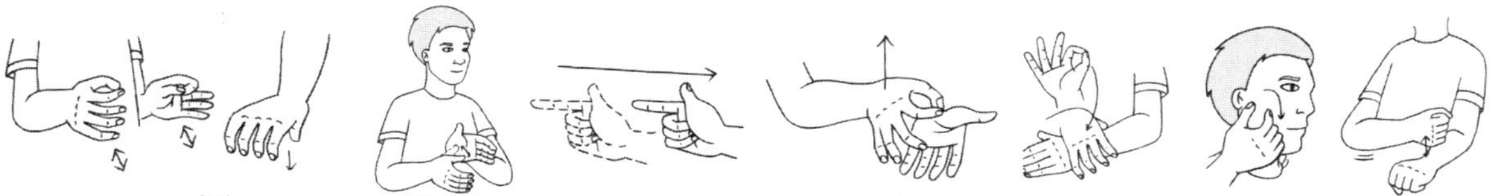

시장 물건이 너무 비싸서 사지 못 한다

문장 15 상인들은 너무 비싼 물건만 이용한다.

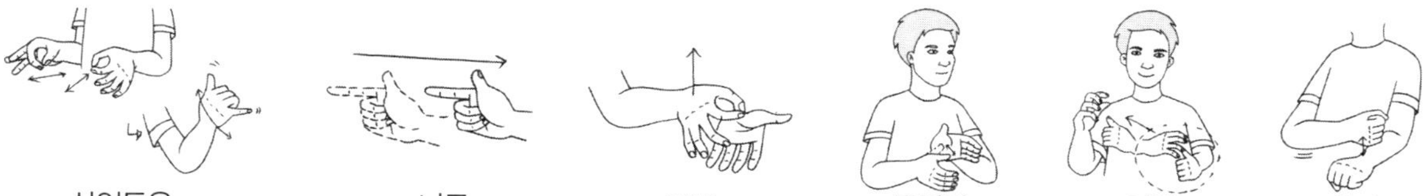

상인들은 너무 비싼 물건만 이용 한다

문장 16 은행을 잘 이용하면 많은 손해가 없다.

은행을 잘 이용하면 많은 손해가 없다

문장 17 아버지는 시장에서 아주 손해를 많이 봤다.

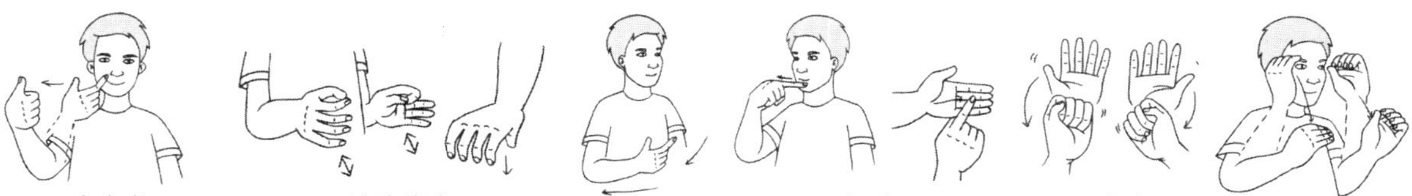

아버지는 시장에서 아주 손해를 많이 봤다

문장 18 벌써 시장에 있는 물건들을 모두 사 왔다.

벌써 시장에 있는 물건들을 모두 사 왔다

14 병원

어휘

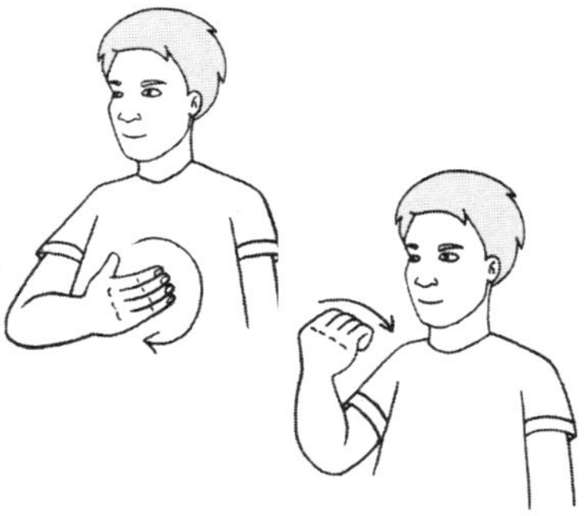

건강

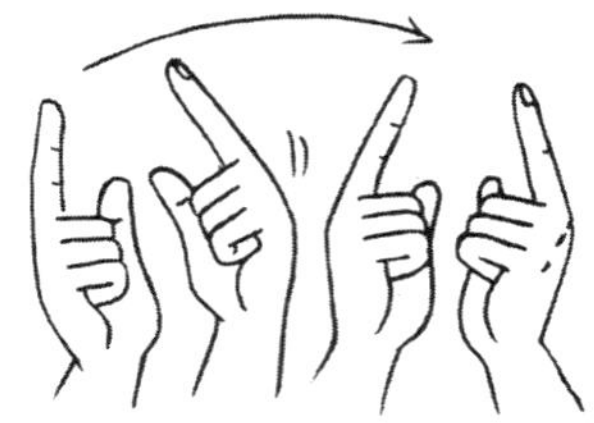

낫다

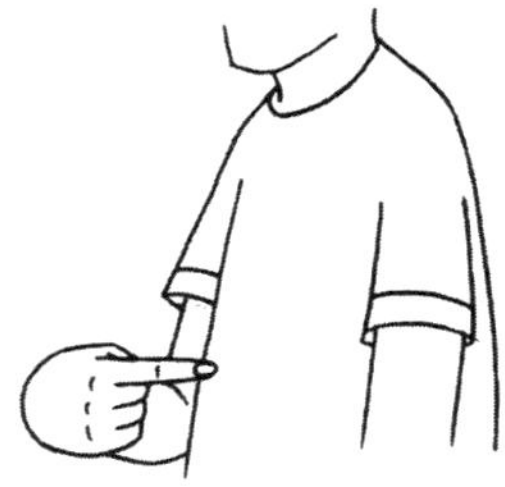

배

병

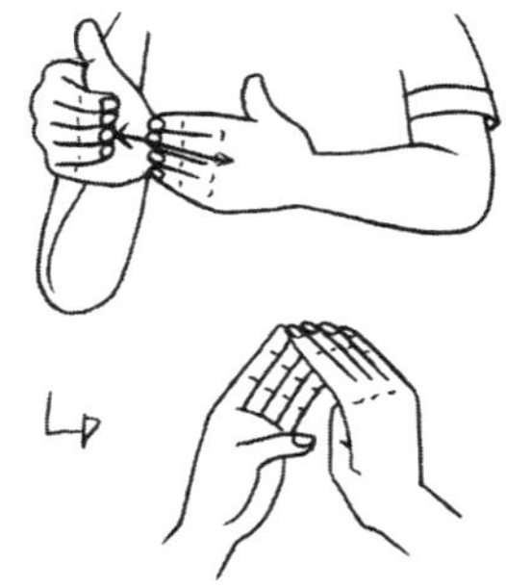

병원

아프다

약

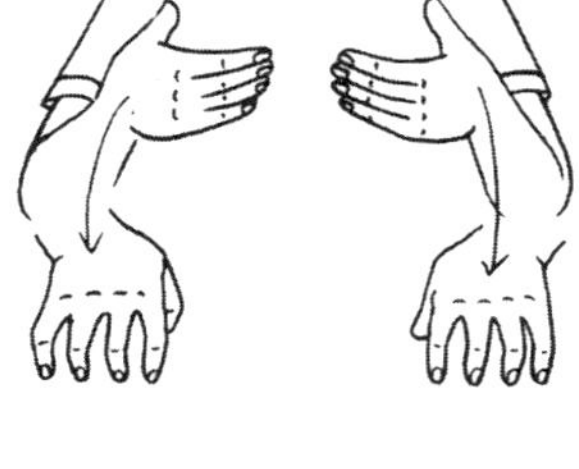

약하다

자세하다

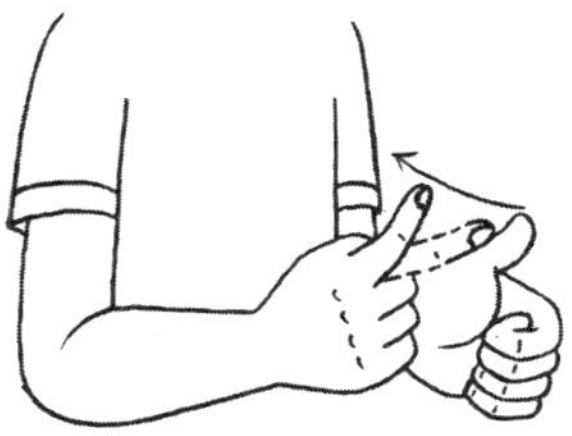

저절로

전염

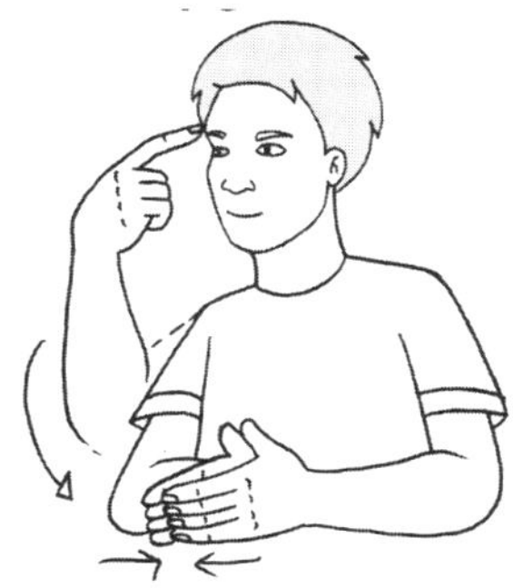

정신

침

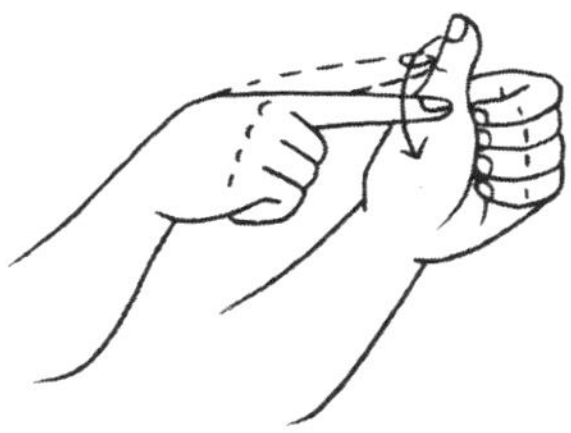

해치다

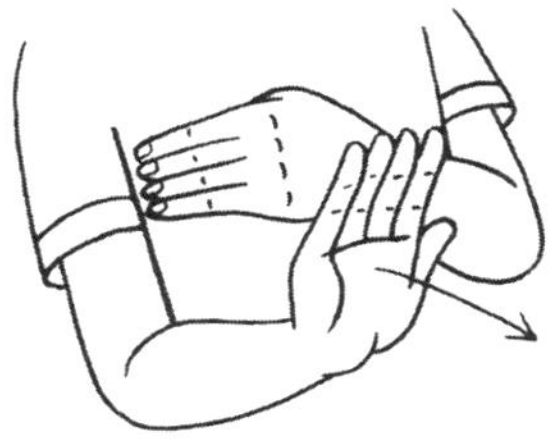

후

무겁다

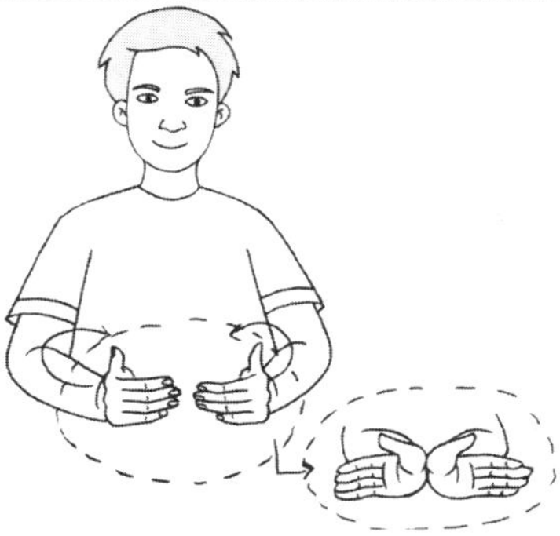

부분

살다

앰블런스

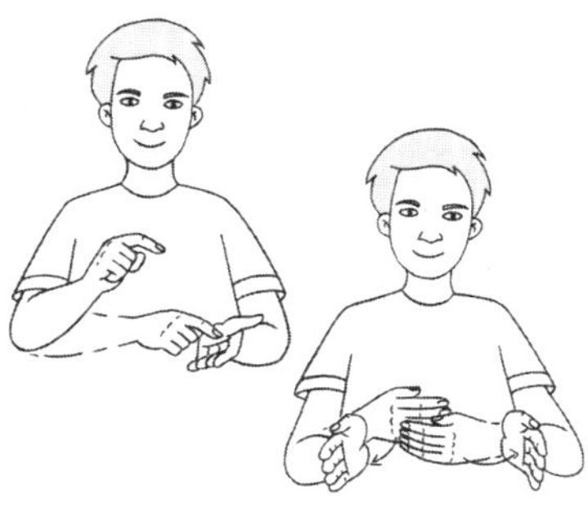

응급실

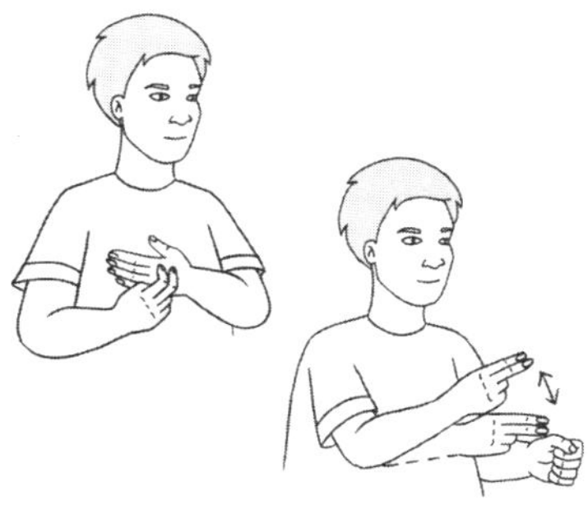

의사

진찰

치과

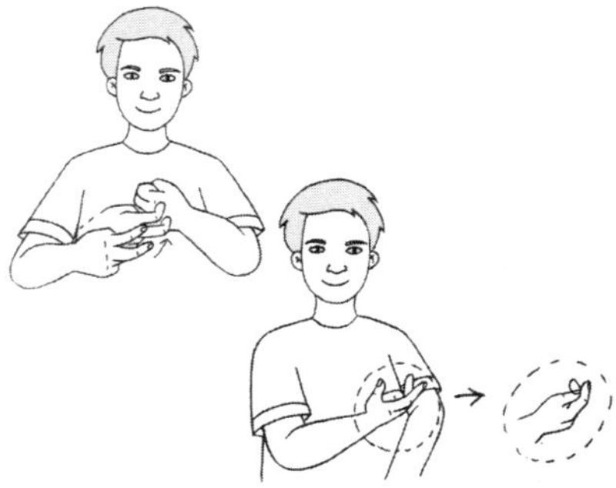

치료

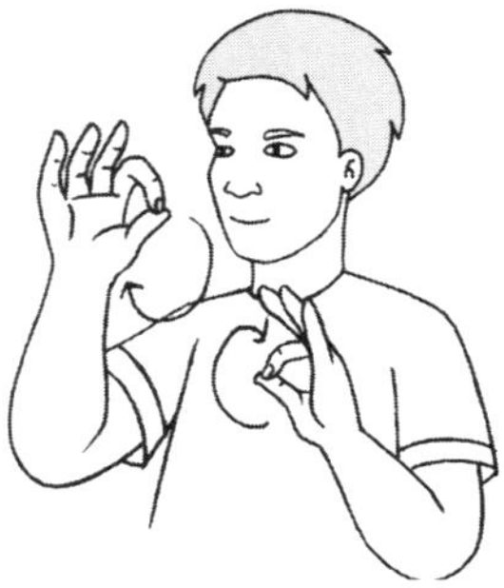

찾다

환자

돕다

이치

위험

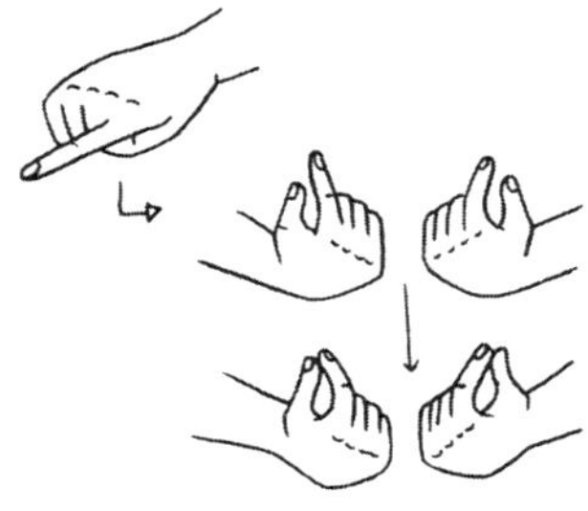

이렇게

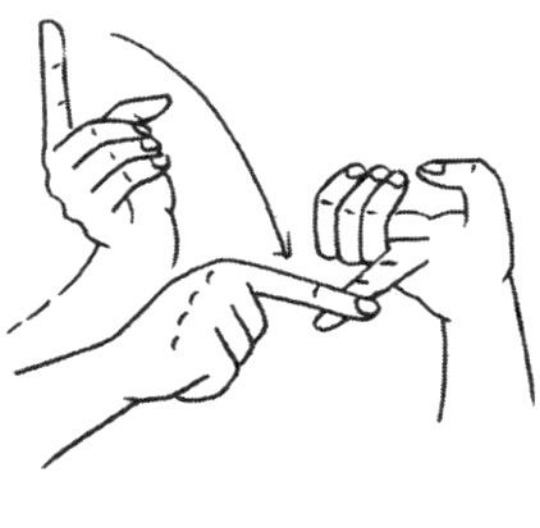

~적

즉

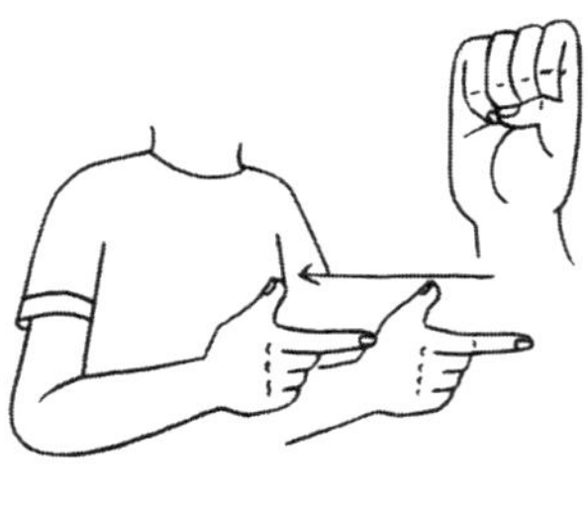

퍽

문장

문장 1 학교에 온 그는 퍽 건강해 보인다.

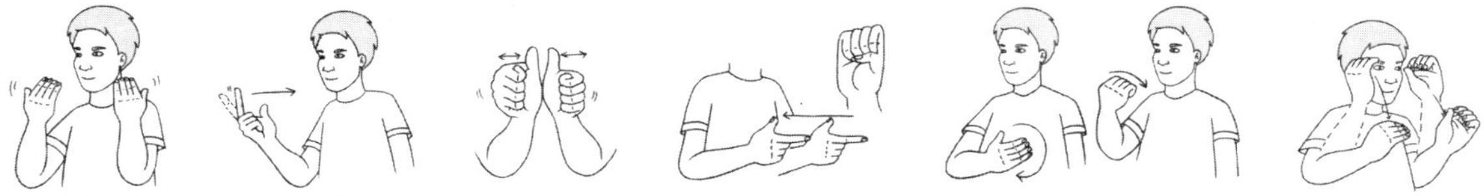

학교에 온 그는 퍽 건강해 보인다

문장 2 즐겁게 살면서 병이 저절로 나았다.

즐겁게 살면서 병이 저절로 나았다

문장 3 저녁에 배가 아파 응급실에 갔다.

저녁에 배가 아파 응급실에 갔다

문장 4 앰블런스를 타고 응급실로 와서 의사를 찾았다.

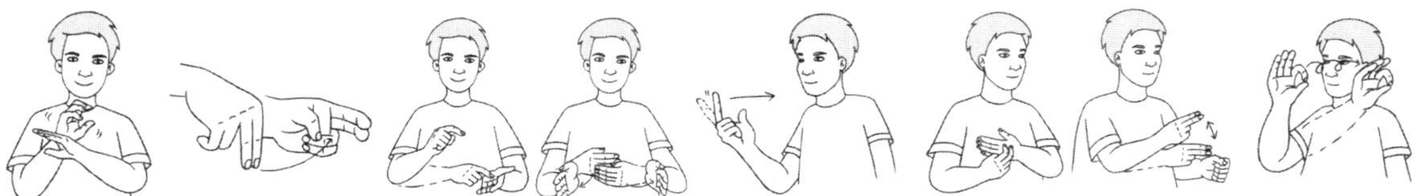

앰블런스를 타고 응급실로 와서 의사를 찾았다

문장 5 아프면 병원에 가서 진찰을 받아 보아야 한다.

아프면 병원에 가서 진찰을 받아 보아야 한다

문장 6 치료를 하고 약을 먹으니 괜찮다.

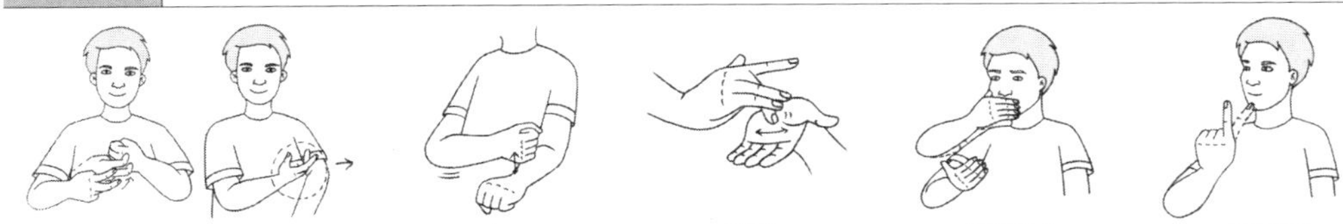

치료를 하고 약을 먹으니 괜찮다

문장 7 사람은 병이 생기면 마음이 약해진다.

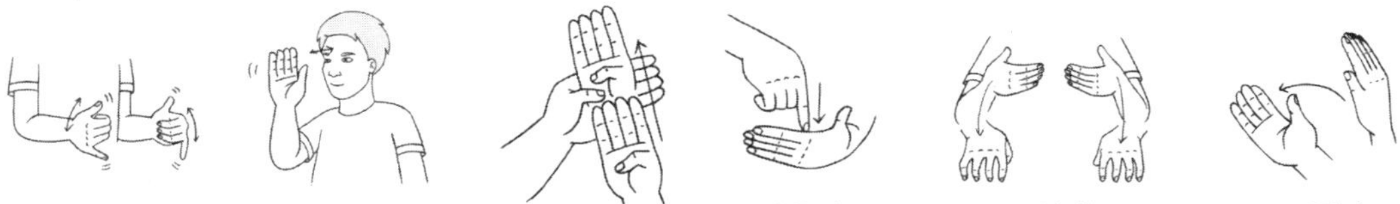

사람은 병이 생기면 마음이 약해 진다

문장 8 이 병은 전염이 되니 위험합니다.

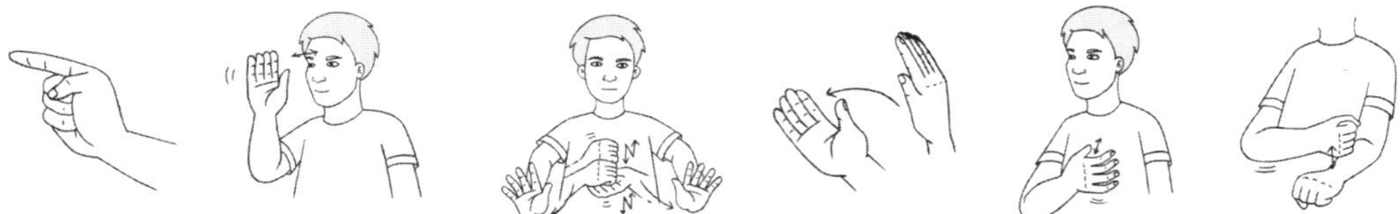

이 병은 전염이 되니 위험 합니다

문장 9 환자에게는 도움이 될 것 같다.

환자 에게는 도움이 될 것 같다

문장 10 힘들었지만 건강을 해친 적은 없었다.

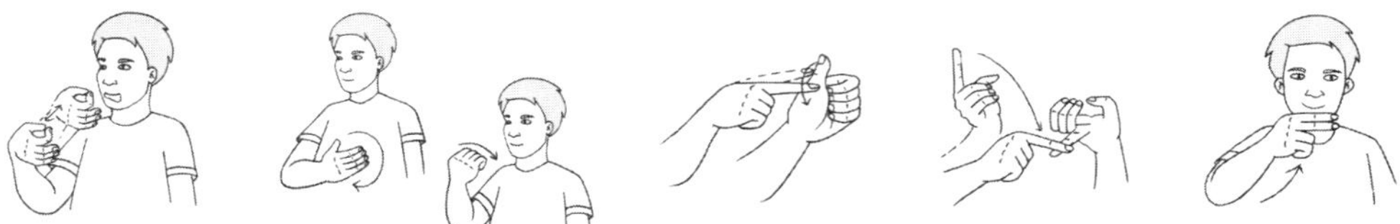

힘들었지만 건강을 해친 적은 없었다

문장 11 환자들이 병원에 가서 약을 먹고 병이 나았다.

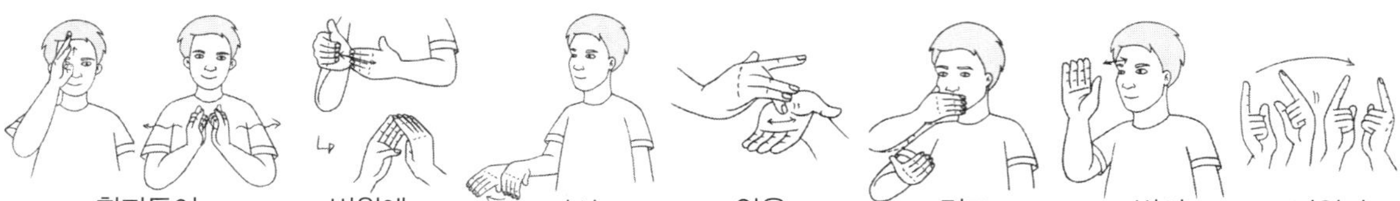

환자들이 병원에 가서 약을 먹고 병이 나았다

문장 12 의사로부터 자세히 설명을 들었다.

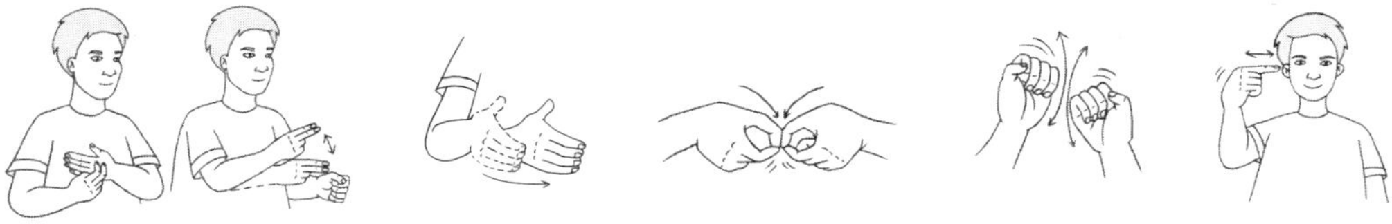

의사로 부터 자세히 설명을 들었다

문장 13	배가 아파서 병원에서 진찰을 받았다.

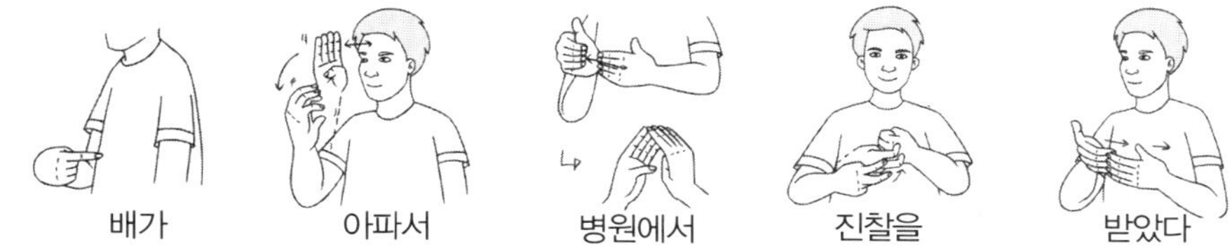

문장 14	환자들은 치료를 받으려고 병원에 많이 간다.

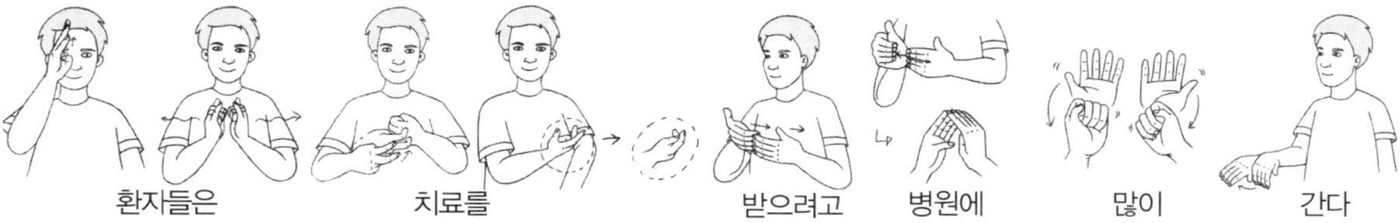

문장 15	이렇게 위험한 일은 하지 않아야 한다.

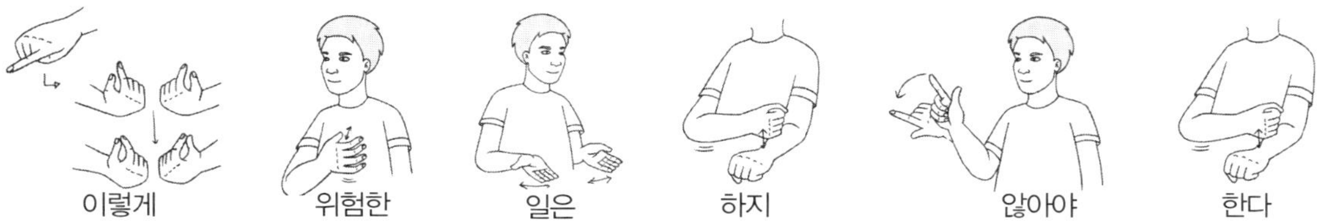

문장 16	나는 치과에는 정말로 자주 가기 싫다.

문장 17	응급실에는 항상 환자들이 많이 있다.

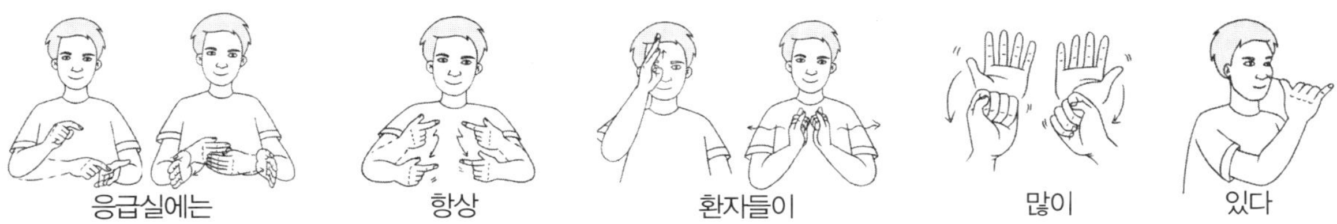

문장 18	건강한 사람이 되려고 항상 운동을 한다.

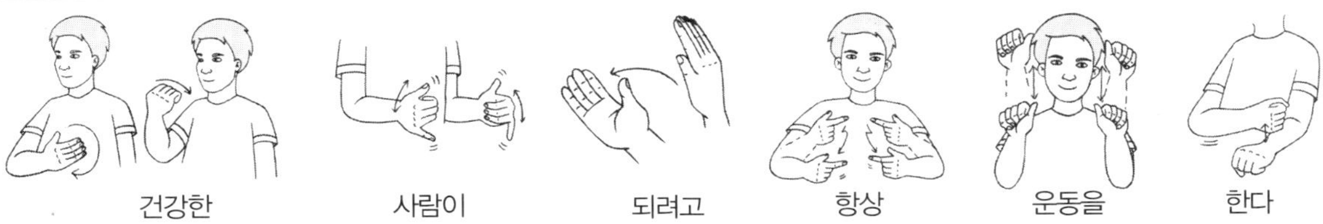

15 과일

어휘

과일

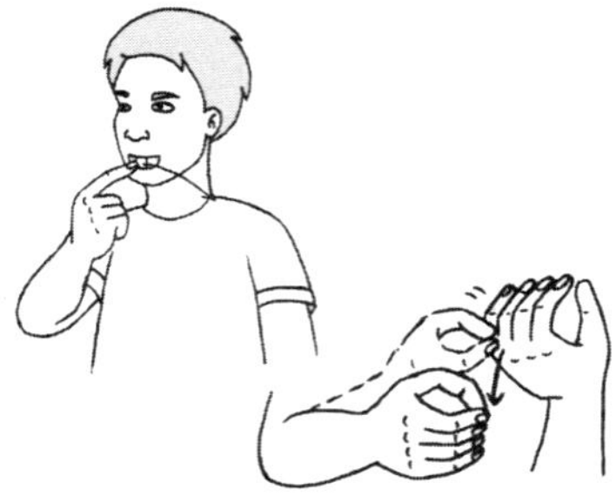

귤

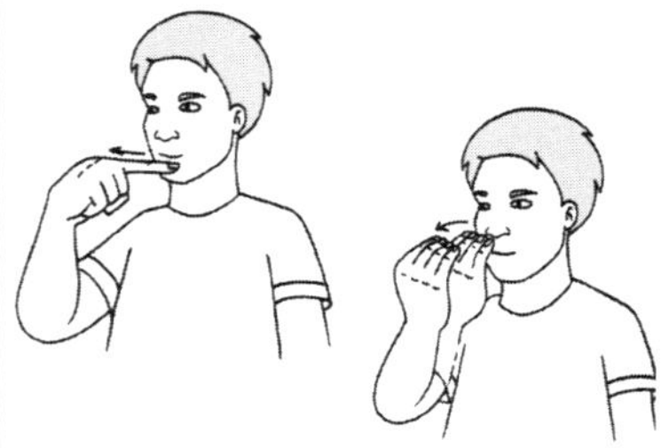

딸기

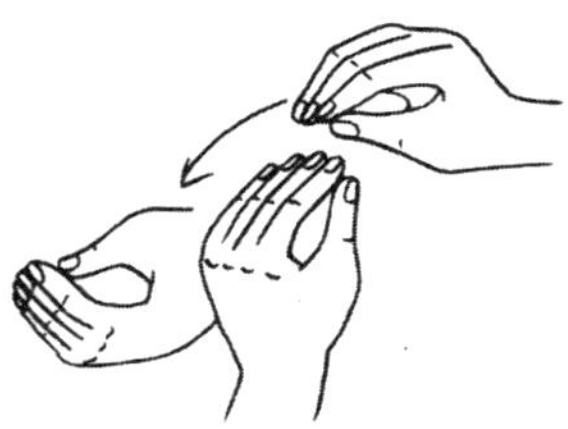

바나나

배

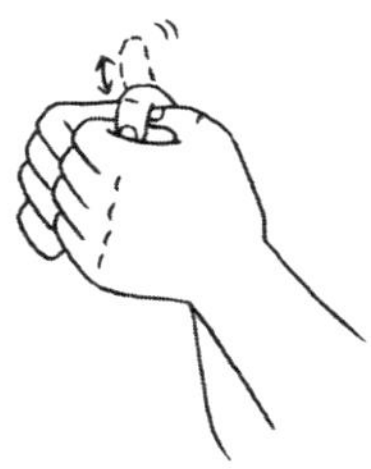

복숭아

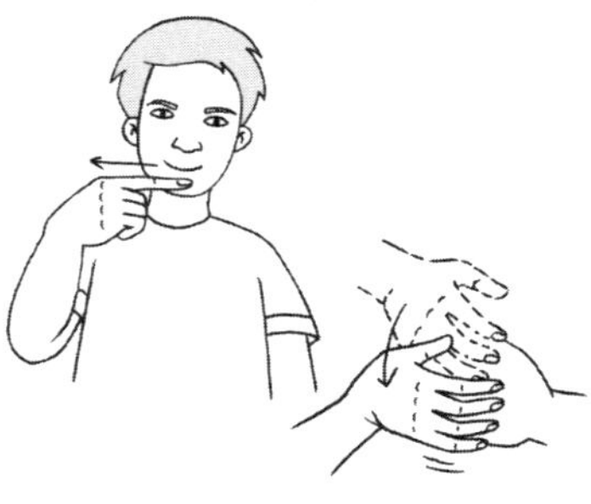

사과

수박

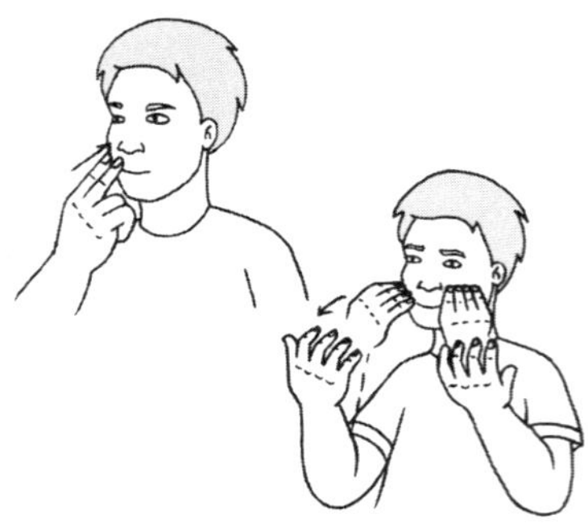

싱싱하다

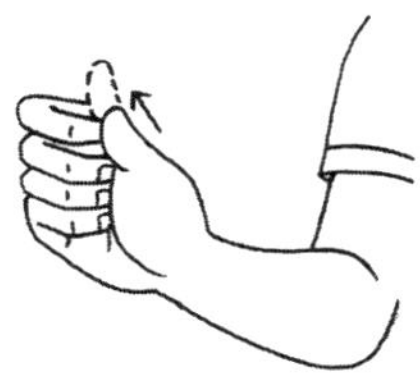

조금, 좀

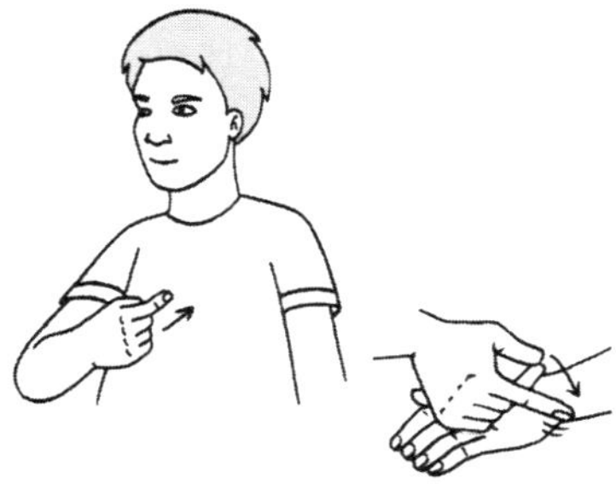

질

참외

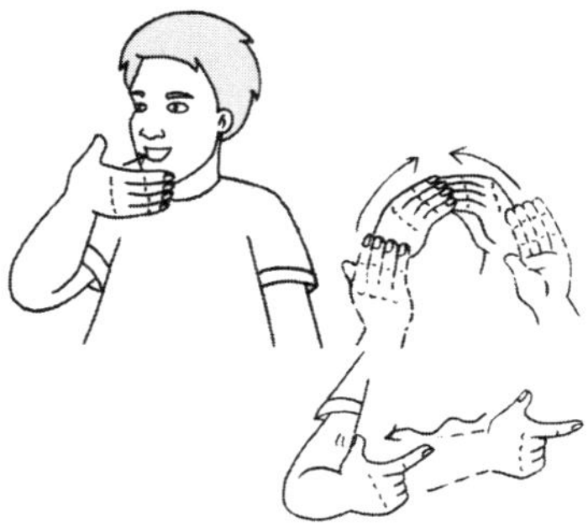

채소

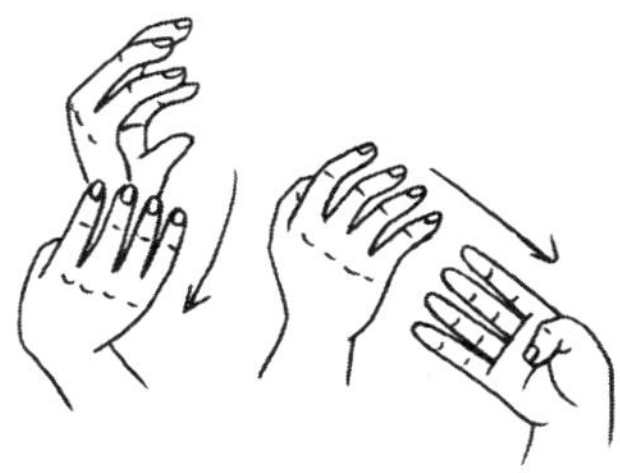

파인애플

포도

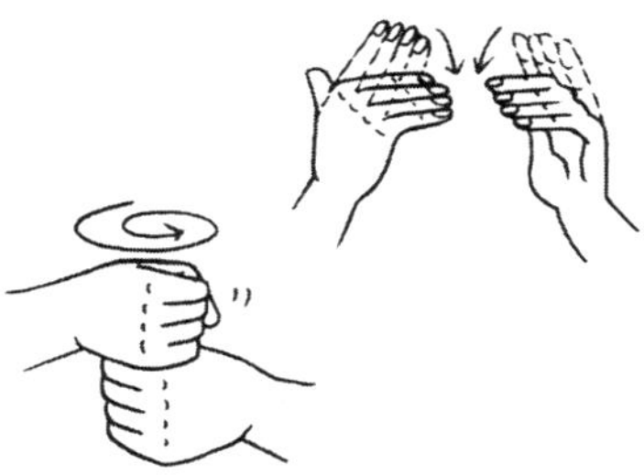

포장

달다

밤(a chestnut)

배달

시다

익다

감

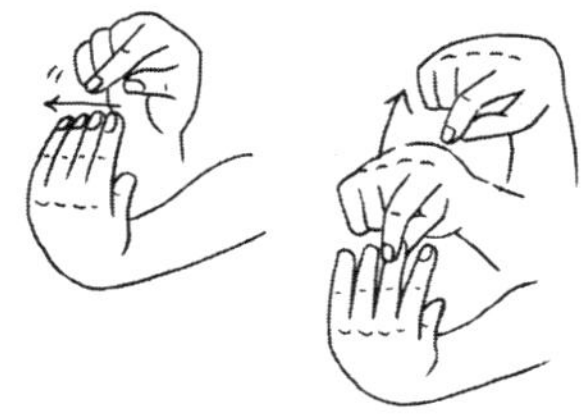

고르다

모자라다

알다

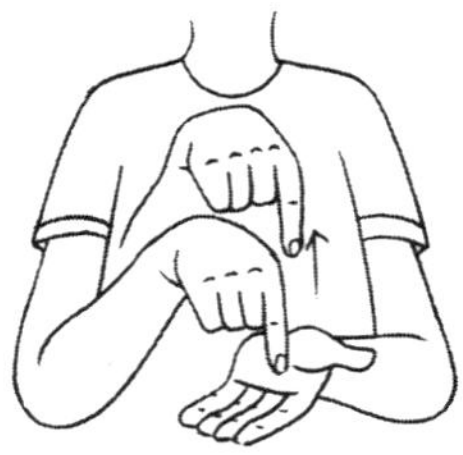

약(about)

어느

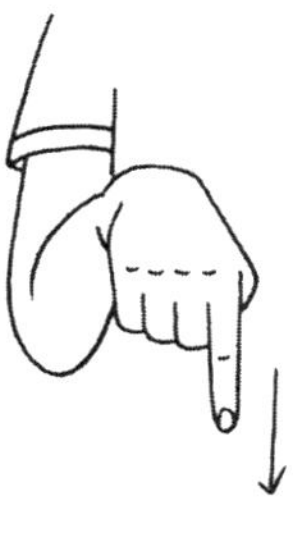

여기

이것

저것

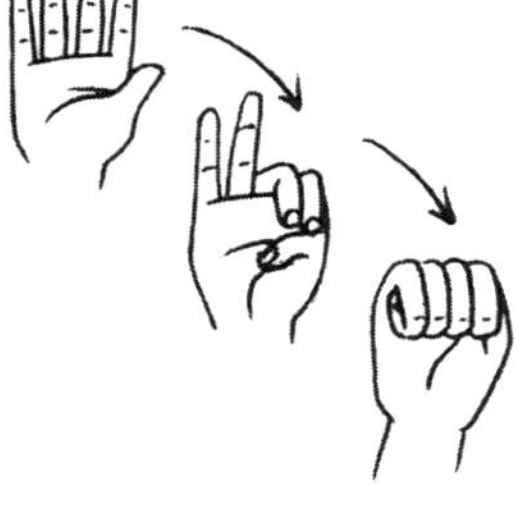

몇

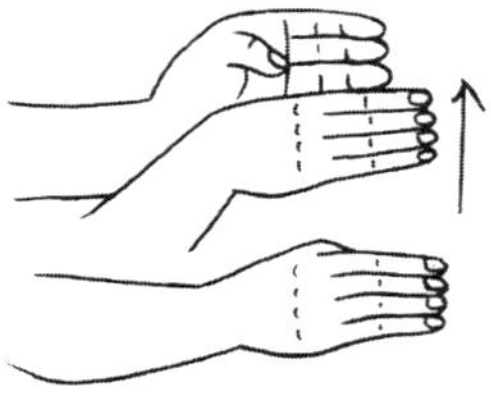

가득

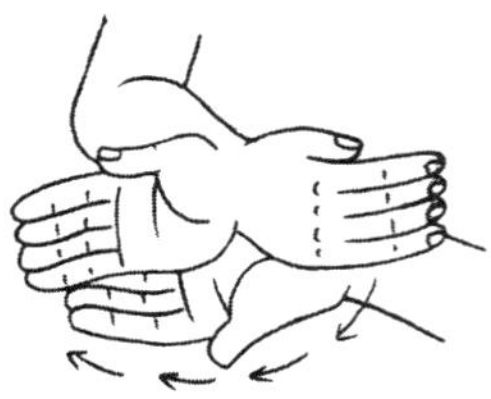

가지

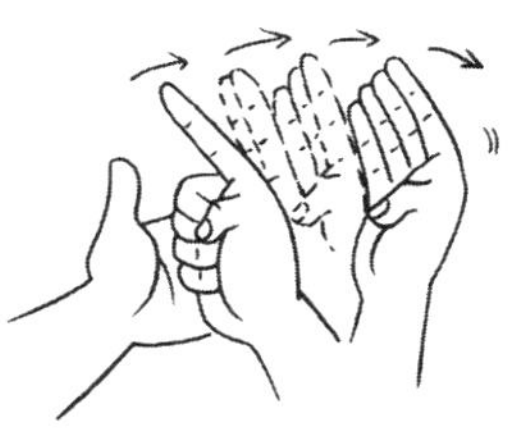

씩

맛없다

특히

갈색

검정

노랑

빨강

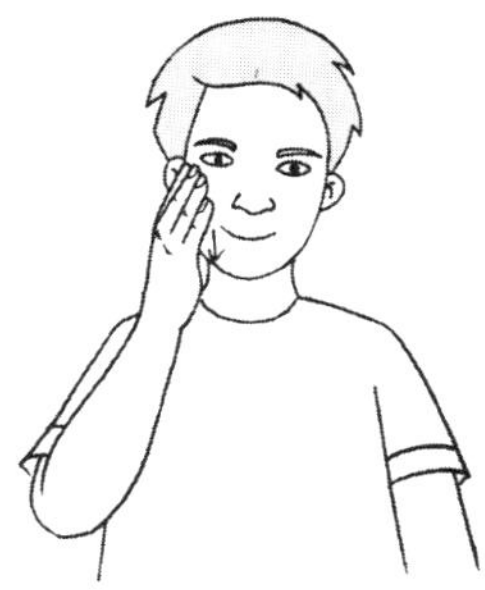

청색

흰색

문장

문장 1 나는 복숭아를 아주 좋아한다.

문장 2 사과를 아주 맛있게 먹었습니다.

문장 3 딸기가 아주 달고 싱싱하다.

문장 4 익지 않은 과일은 정말로 맛없습니다.

문장 5 채소는 항상 싱싱한 것이 좋다.

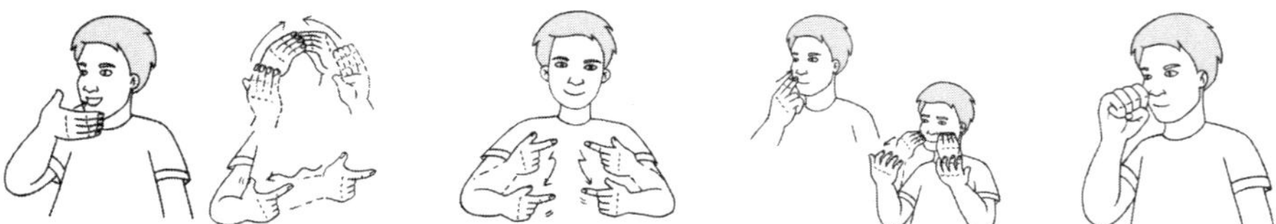

문장 6 사과를 잘못 사면 아주 신 것을 사게 됩니다.

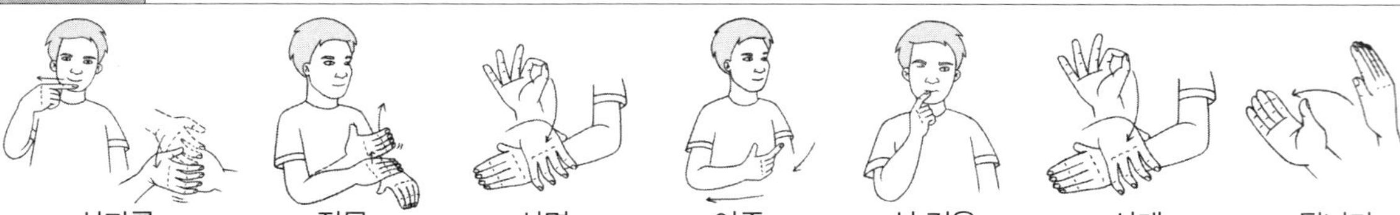

문장 7 귤을 살 돈이 많이 모지랍니다.

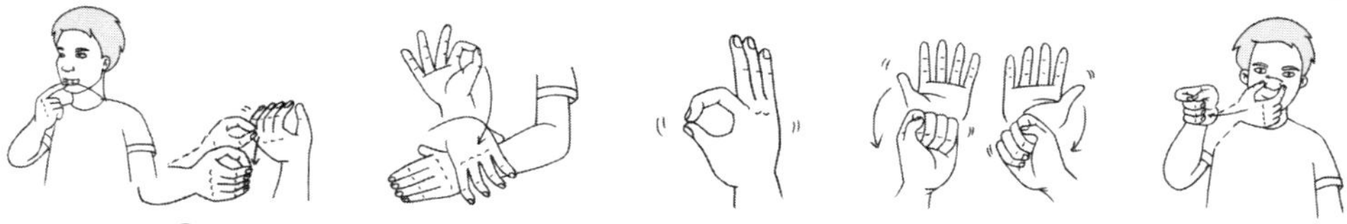

귤을 살 돈이 많이 모지랍니다

문장 8 과일을 어떤 것을 사야 될지 잘 모르겠습니다.

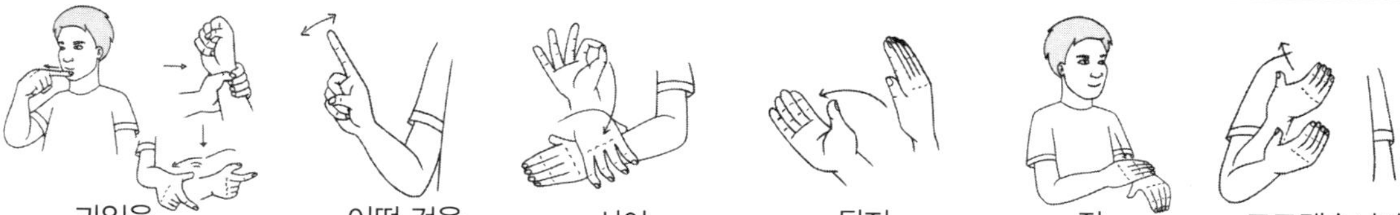

과일을 어떤 것을 사야 될지 잘 모르겠습니다

문장 9 맛있는 수박을 사려고 열심히 고르고 있습니다.

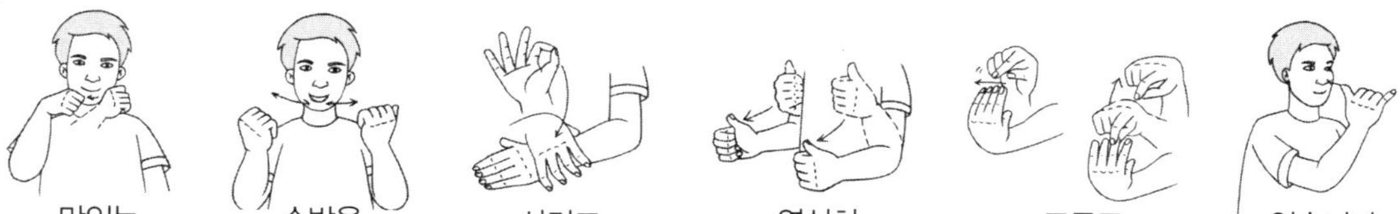

맛있는 수박을 사려고 열심히 고르고 있습니다

문장 10 배와 딸기를 잘 포장하여 배달을 해 주세요.

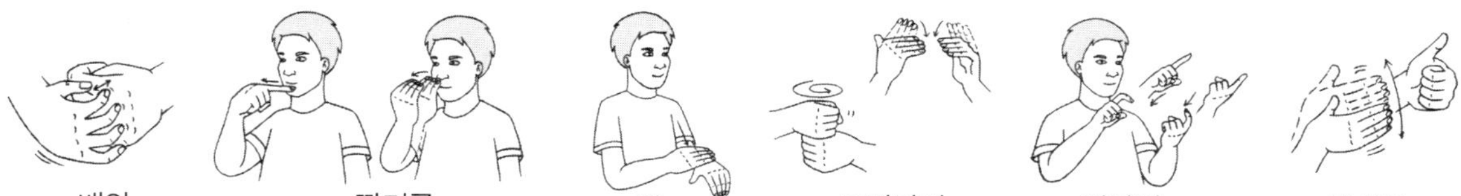

배와 딸기를 잘 포장하여 배달해 주세요

문장 11 저 과일들을 모두 계산 해 주세요

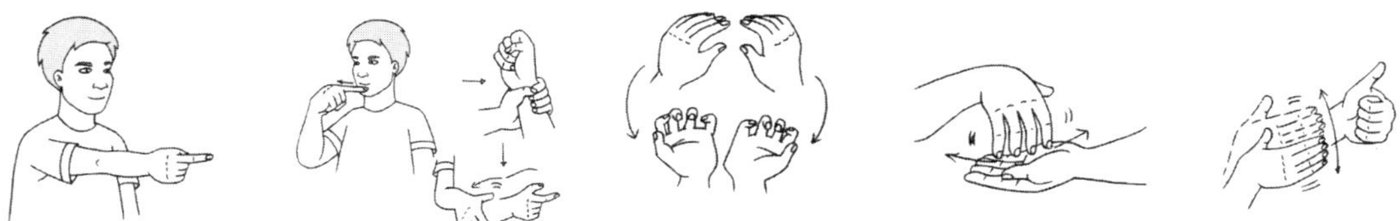

저 과일들을 모두 계산 해 주세요

문장 12 빨간 과일들이 아주 맛 있습니다.

빨간 과일들이 아주 맛 있습니다

16 계절

어휘

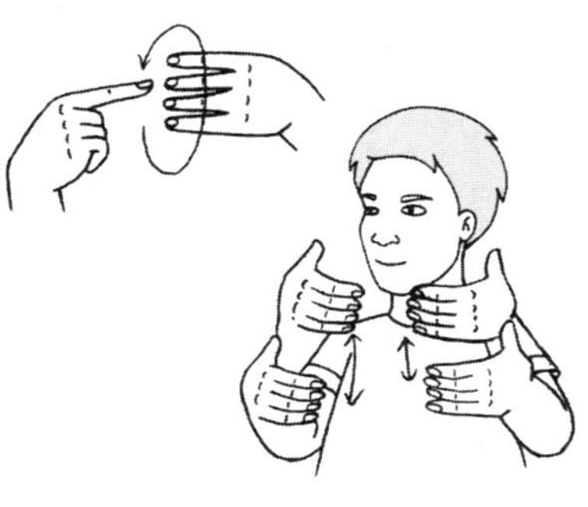

가을

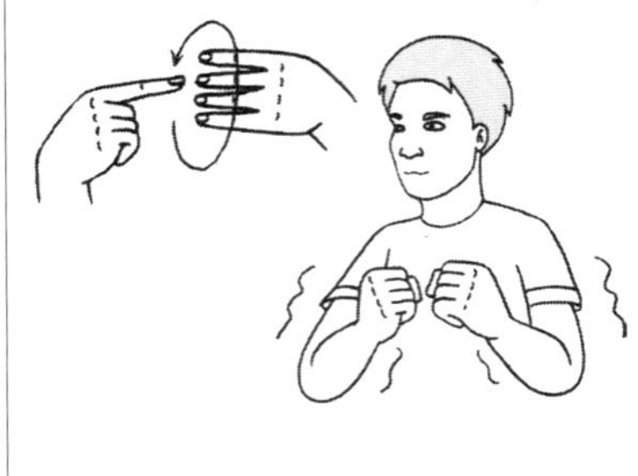

겨울

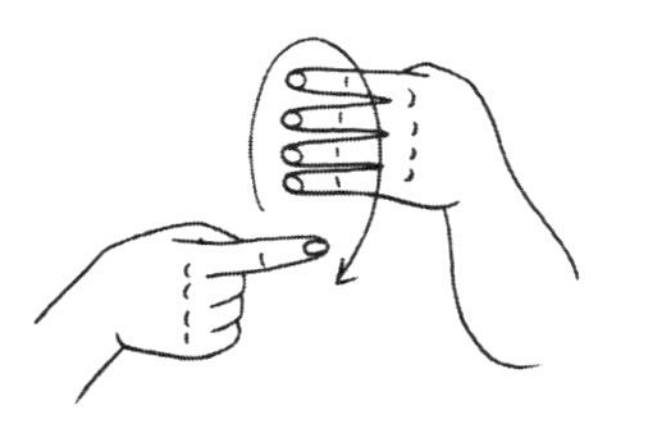

계절

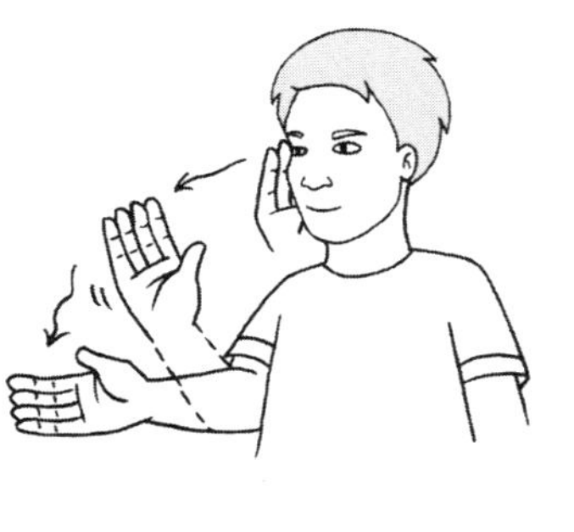

낙엽

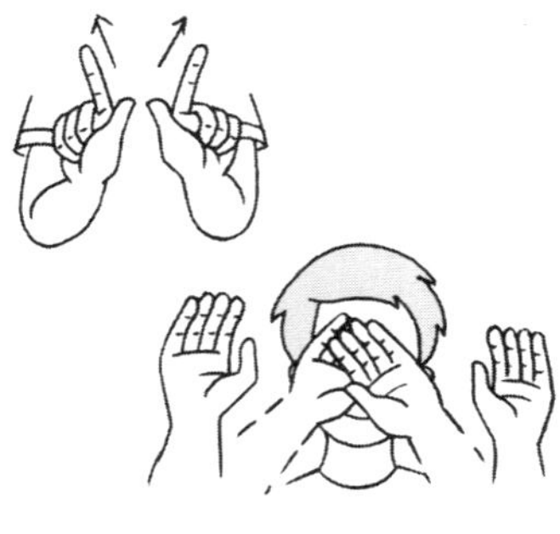

날씨

눈(snow)

덥다

따뜻하다

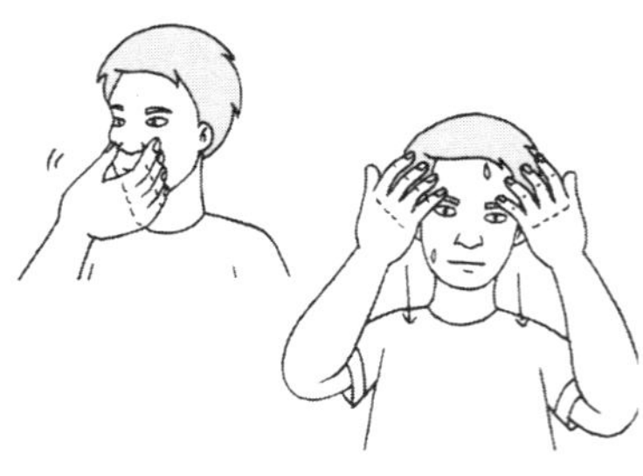

무덥다

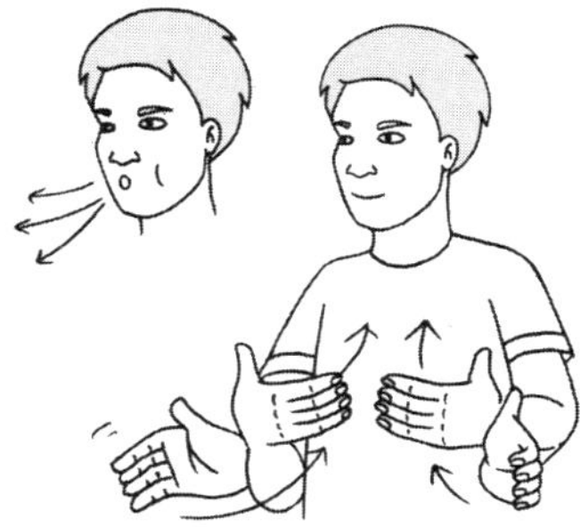

바람

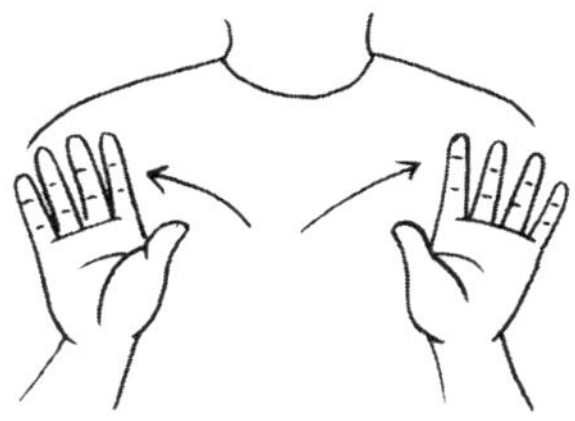

밝다

봄

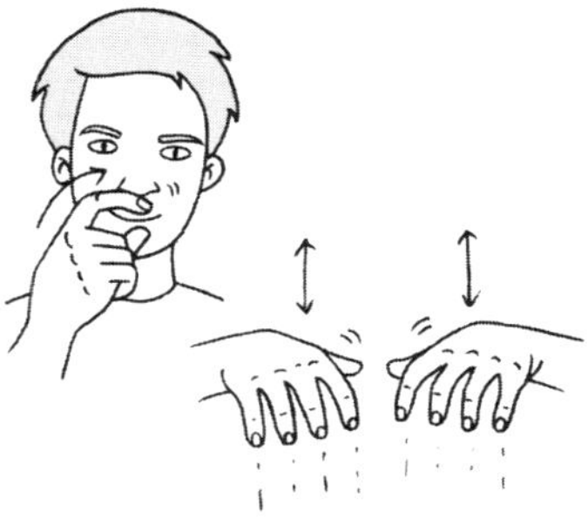

비

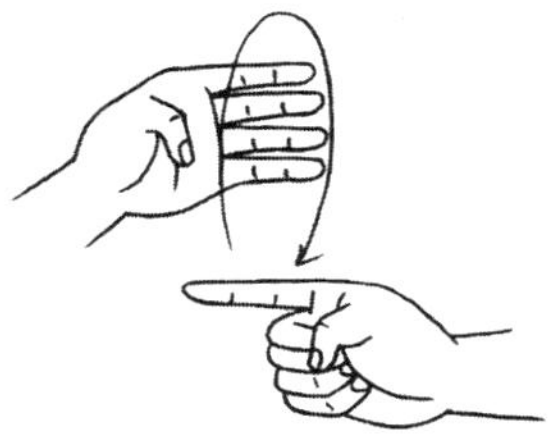

사철

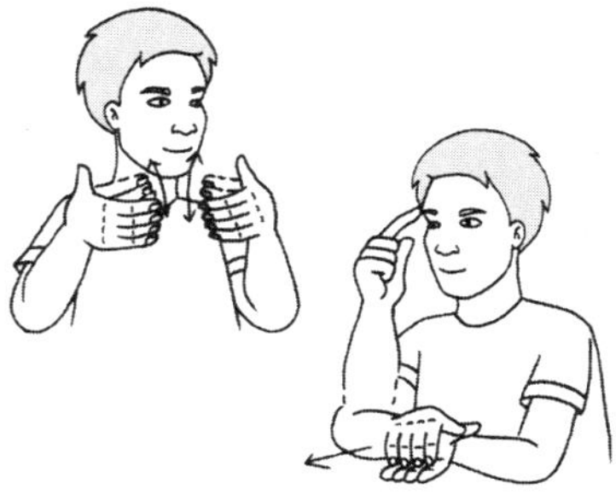

서늘하다

쌀쌀하다

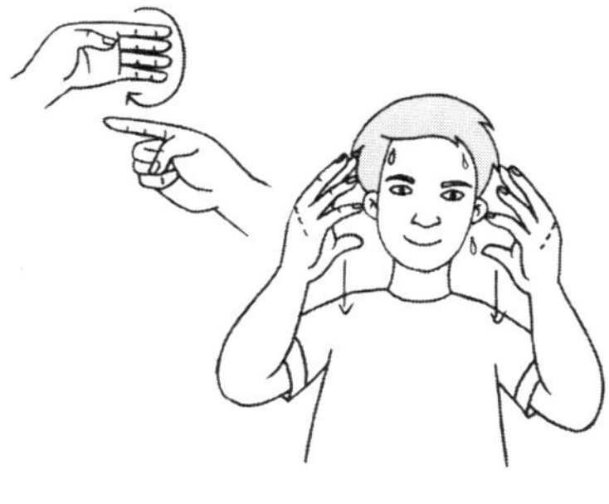

여름

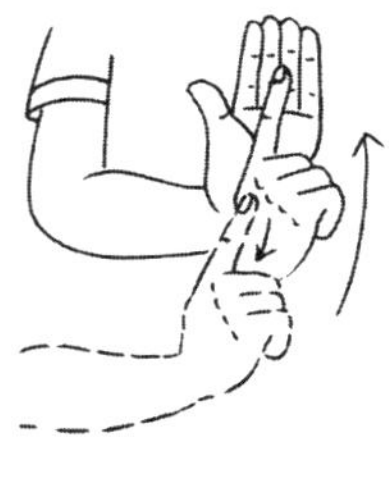

온도

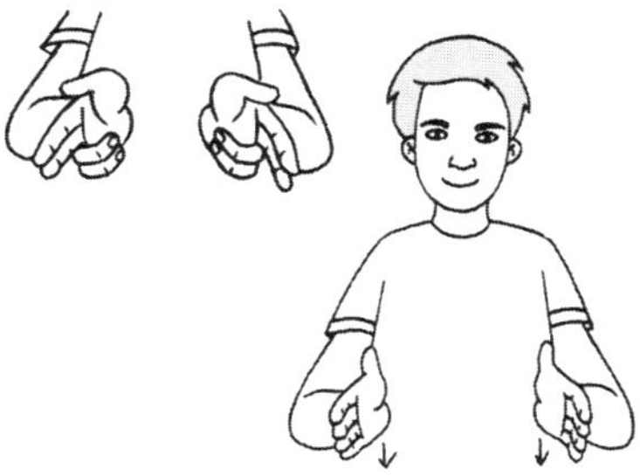

주간

춥다

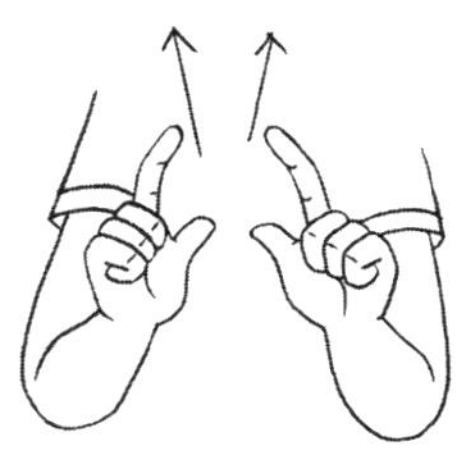

해(태양)

나다

돌다

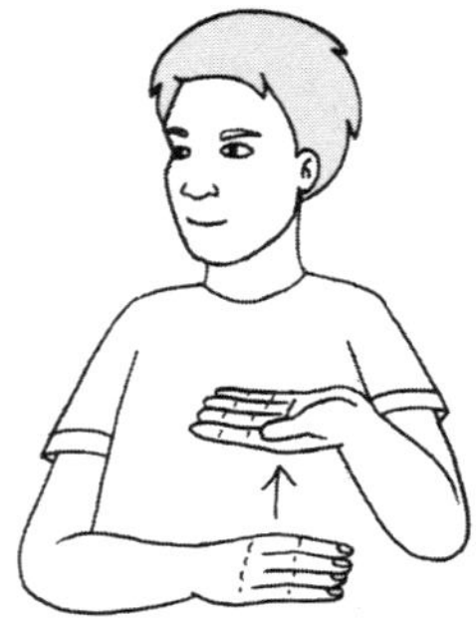

위

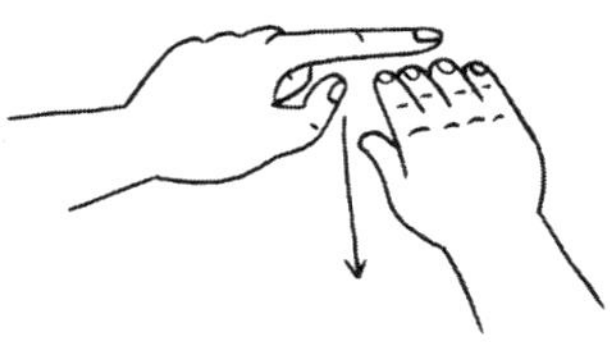

아래

아까

아주

아차

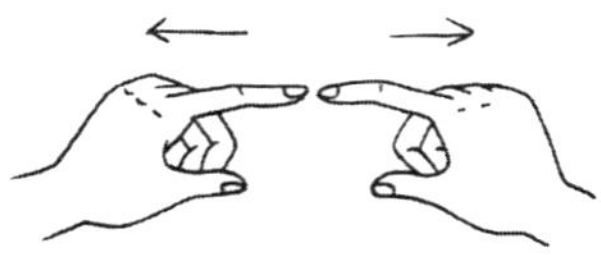

보통

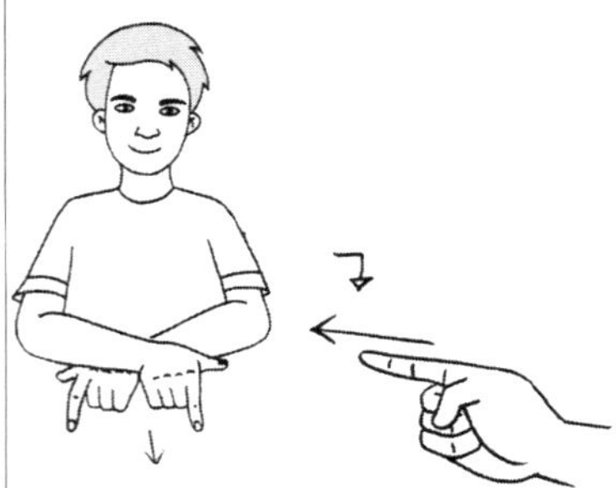

남쪽

문장

문장 1 가을은 내가 제일 좋아하는 계절이다.

문장 2 작년 겨울은 매우 춥고 눈이 많았다.

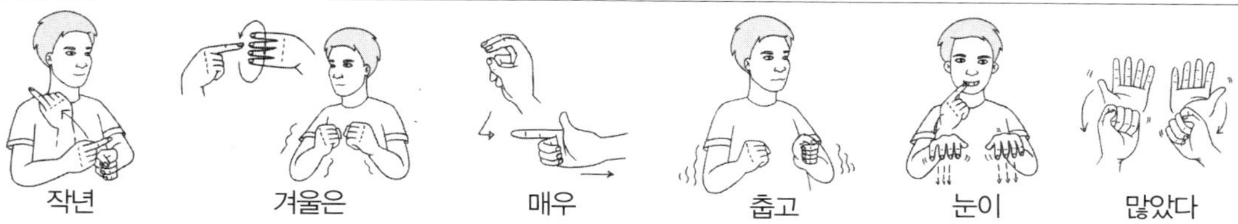

문장 3 우리나라 여름은 날씨가 너무 덥다.

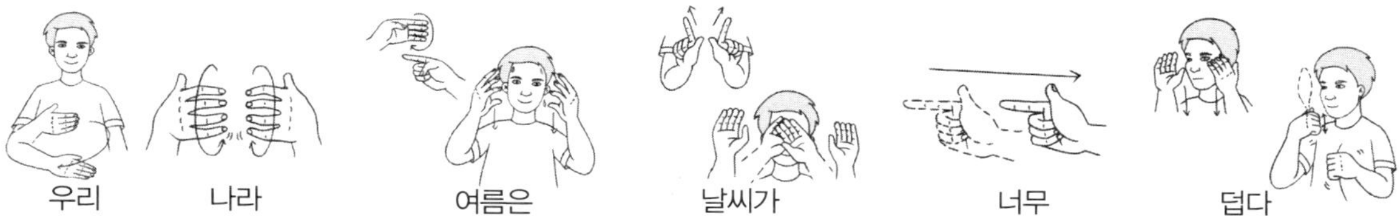

문장 4 봄비가 내려 날씨가 매우 쌀쌀하다.

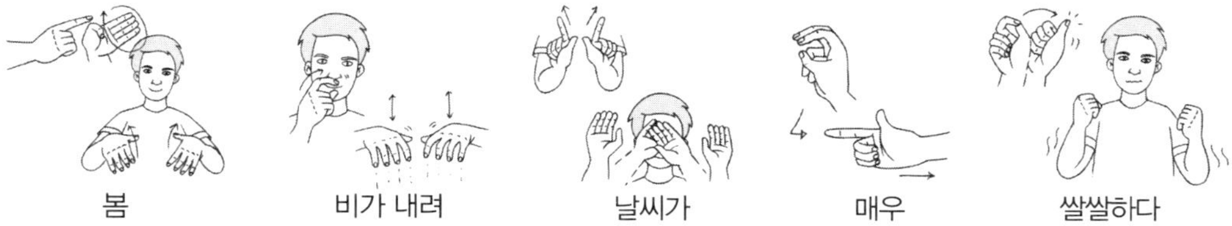

문장 5 밤에는 무덥지 않고 서늘하여 운동하기 좋다.

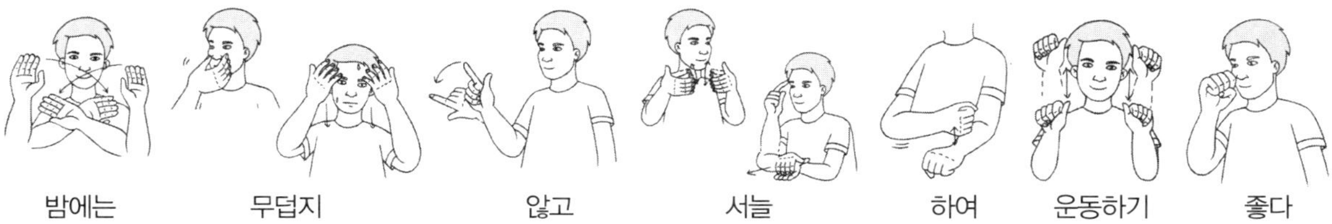

문장 6 오전에 바람이 많이 불어서 서늘한 날씨이다.

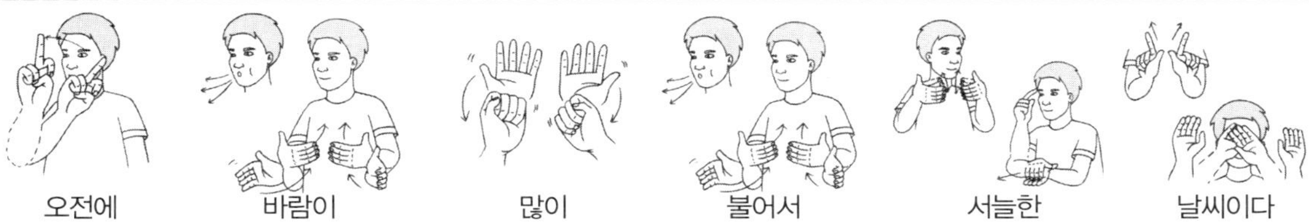

문장 7 겨울 같지 않게 날씨가 참 따뜻하다.

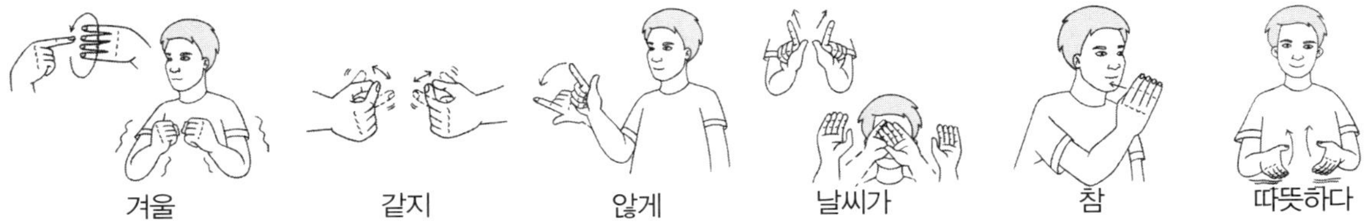

문장 8 덥지도 않고 춥지도 않은 날씨이다.

문장 9 해가 있으니 겨울에도 춥지 않아요.

문장 10 오전에는 더웠는데 아까 비가 와서 쌀쌀하다.

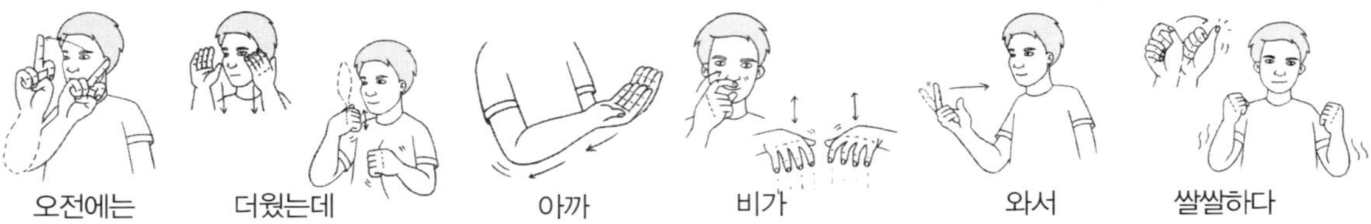

문장 11 강의실 위는 따뜻하지만 아래는 춥다.

문장 12 이번주에는 비가 오지 않는다고 합니다.

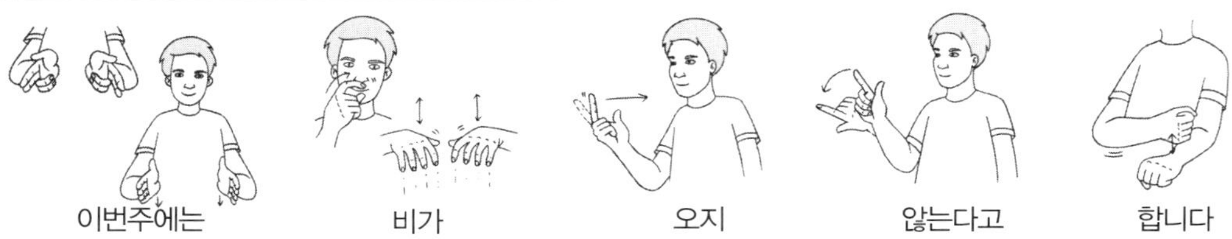

문장 13 가을이 되니 날씨가 서늘하고 춥다.

문장 14 사람들은 가을이 되면 책을 많이 읽는다.

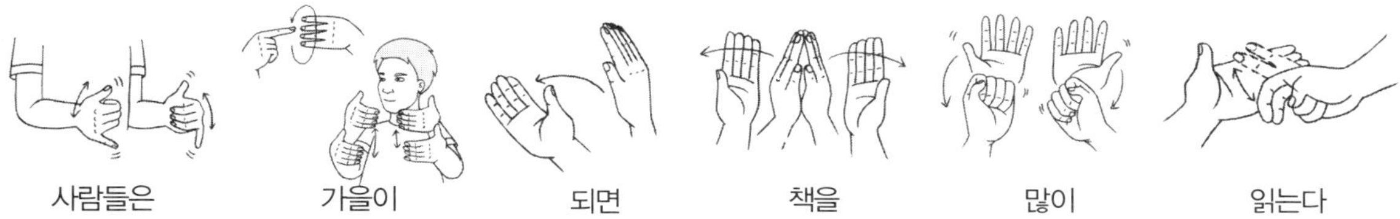

문장 15 여름에는 우리 가족이모두 여행을 갈 생각이다.

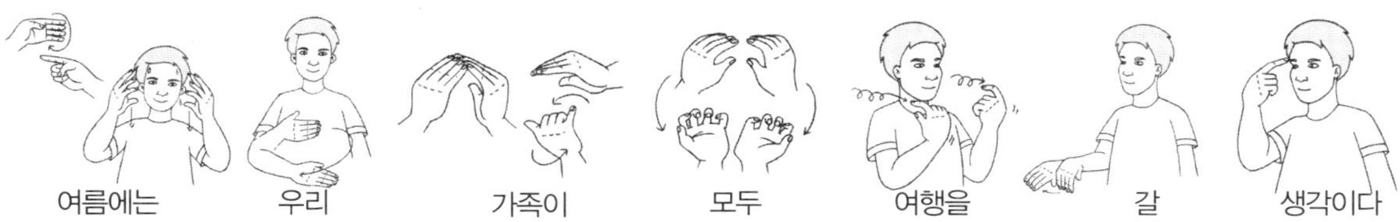

문장 16 우리나라 남쪽은 날씨가 아주 따뜻하다.

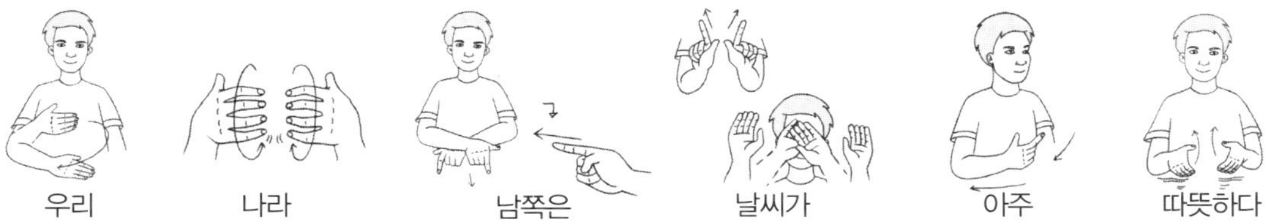

문장 17 겨울에는 추워서 대학이 방학을 한다.

문장 18 아주 추울 때는 집에서 생활한다.

17 스포츠

어휘

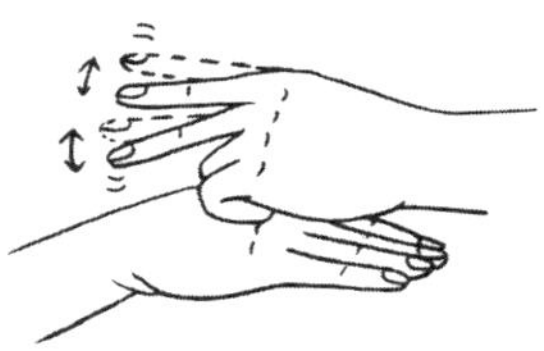

수영

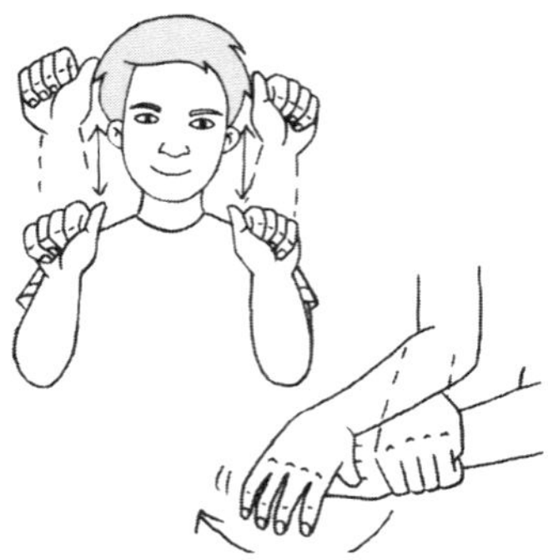

스포츠

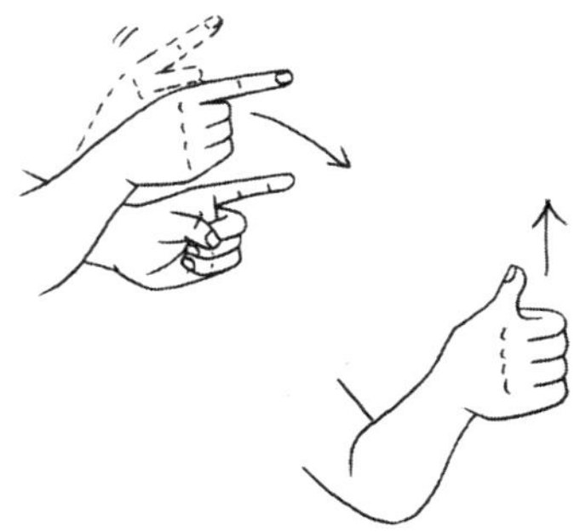

승리

승부

야구

운동

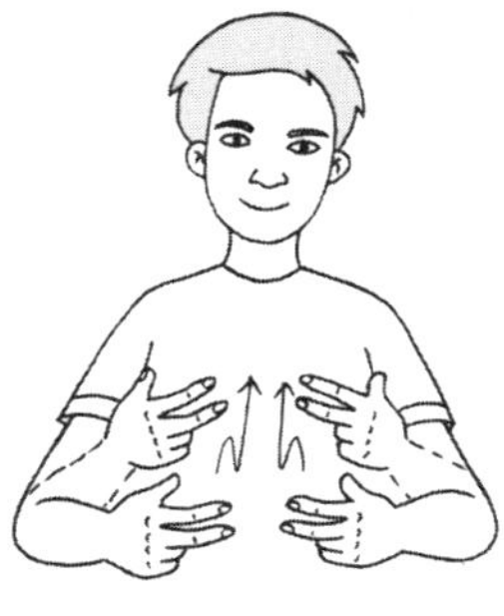

재미

제일

지다

지치다

최고

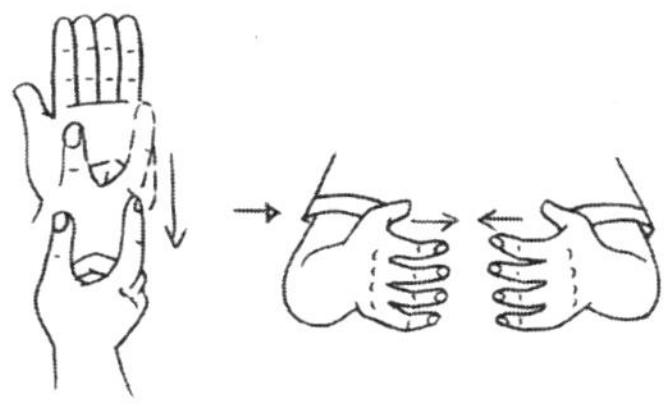

팀

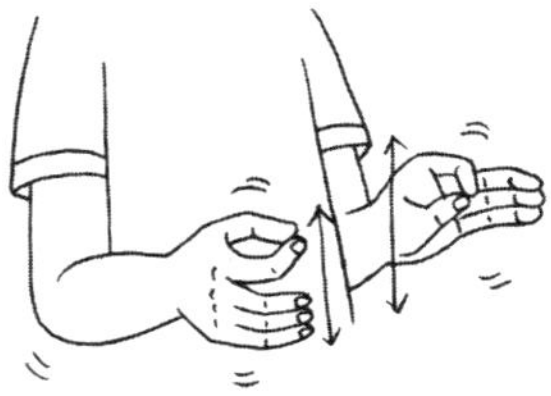

프로

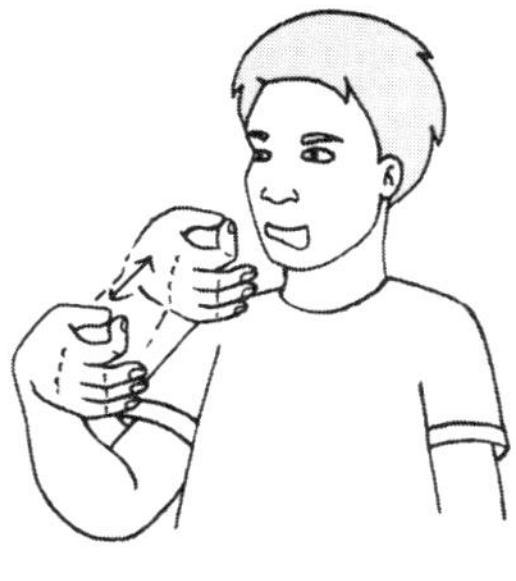

숨차다, 힘들다

험하다

선배

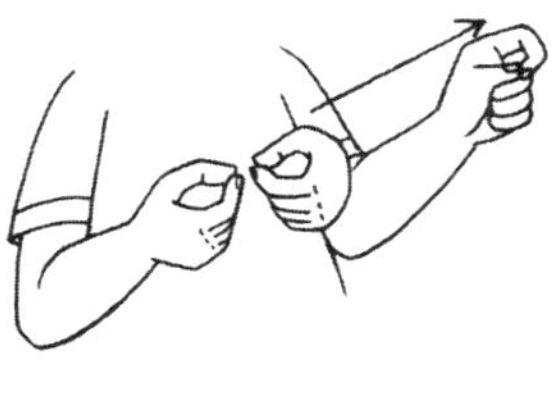

멀다

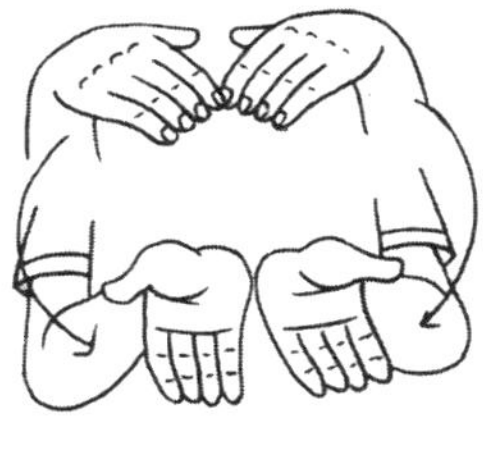

모두

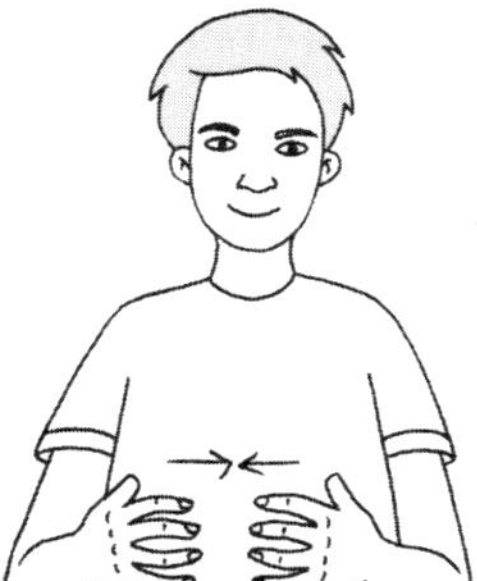

모이다

기회

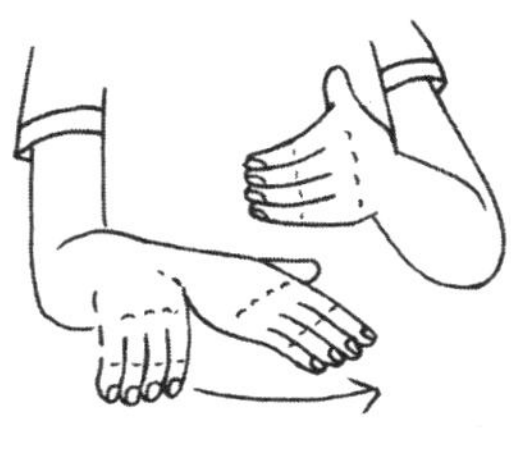

나가다

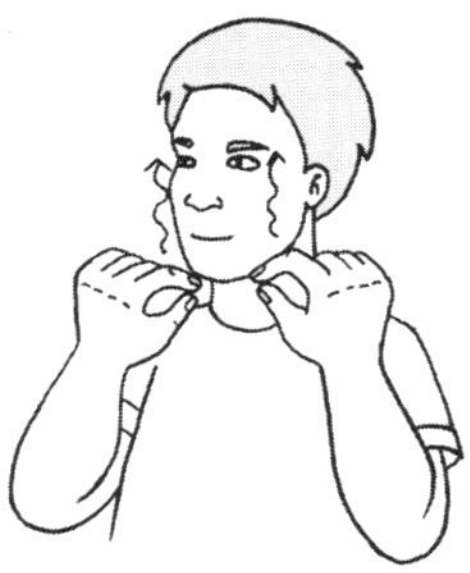

노력

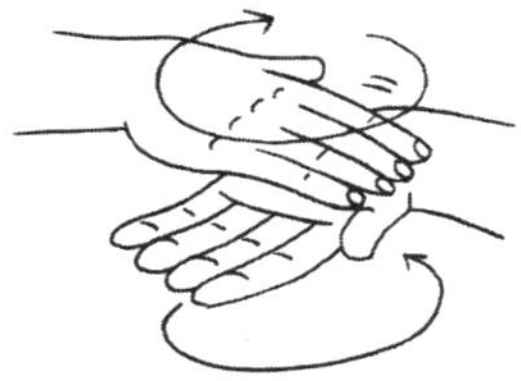

놀다

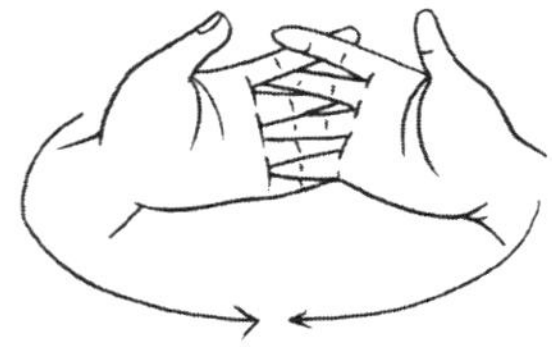

단체

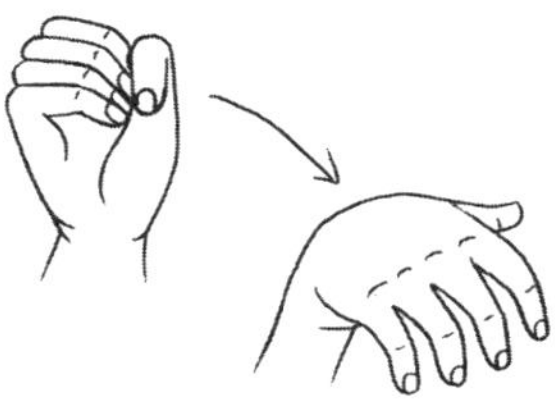

던지다

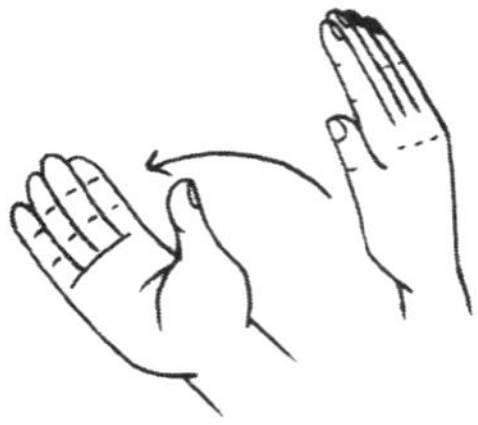

되다

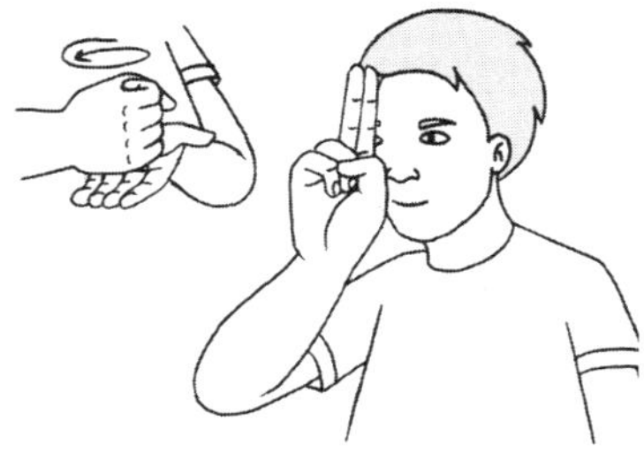

우연히

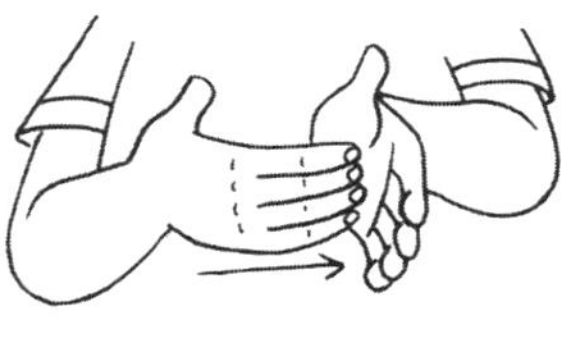

이만

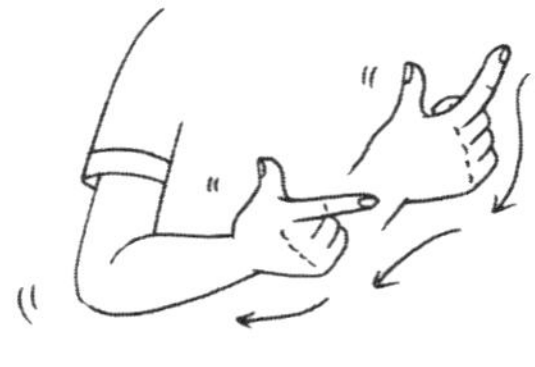

여러가지

무엇

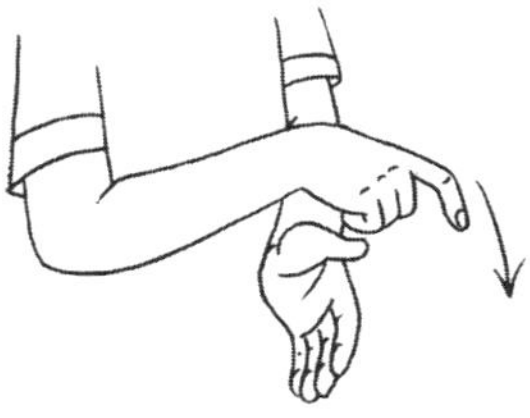

밖

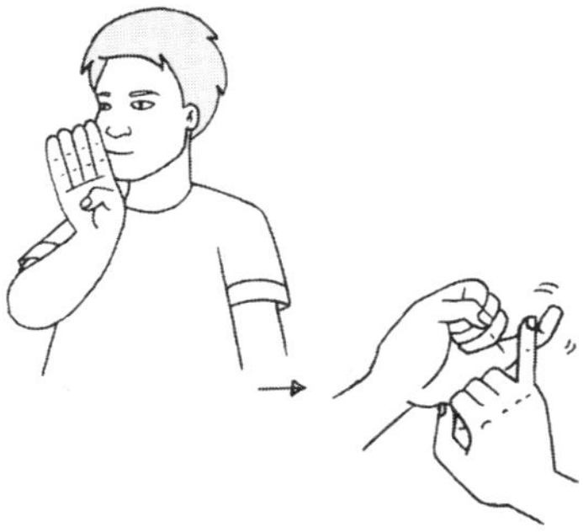

반드시

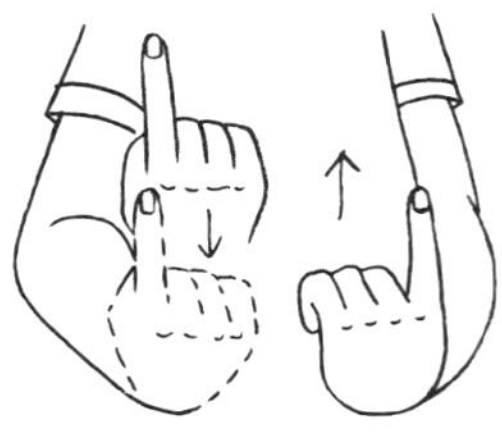

~보다

문장

문장 1 야구는 아주 재미있는 운동이다.

야구는 아주 재미 있는 운동이다

문장 2 선배와 같이 야구를 열심히 하였다.

선배와 같이 야구를 열심히 하였다

문장 3 나는 운동을 못하지만 열심히 노력한다.

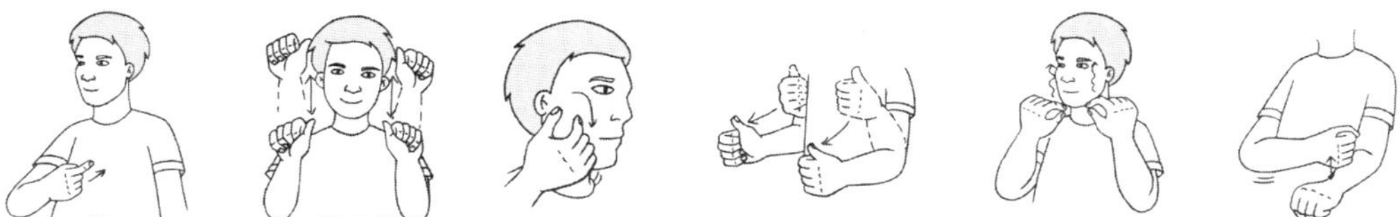

나는 운동을 못하지만 열심히 노력 한다

문장 4 수영을 잘하는 친구가 대단히 부럽다.

수영을 잘하는 친구가 대단히 부럽다

문장 5 스포츠는 생활을 즐겁게 해 준다.

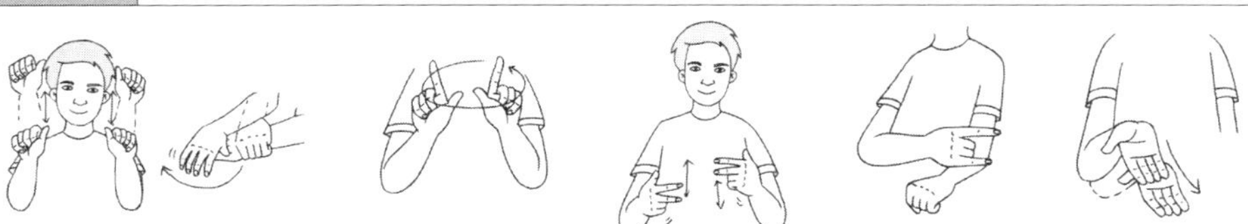

스포츠는 생활을 즐겁게 해 준다

문장 6 운동은 너무 힘들어서 빨리 지친다.

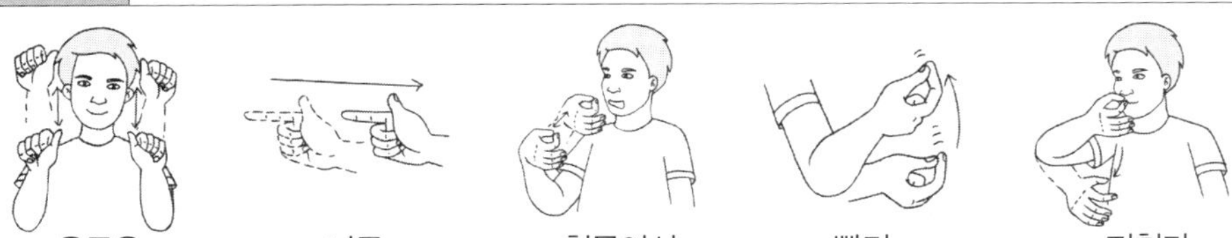

운동은 너무 힘들어서 빨리 지친다

문장 7 우리 대학에서 단체 운동을 많이 한다.

문장 8 우연히 후배를 만나서 재미있게 놀았다.

문장 9 스포츠는 많은 사람들이 모여서 하는 운동이다.

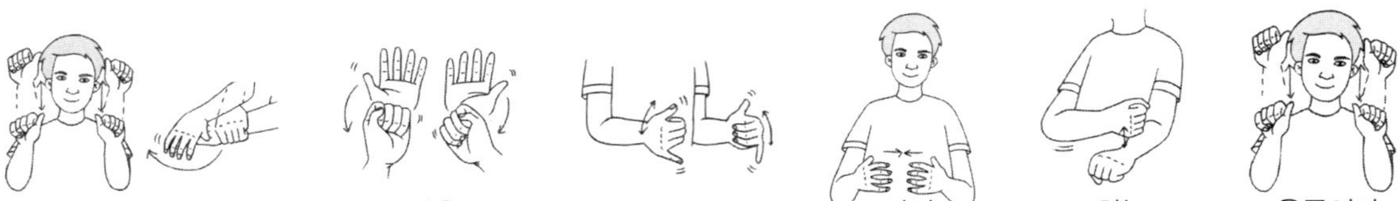

문장 10 최고의 운동 프로가 되려면 노력하여야 된다.

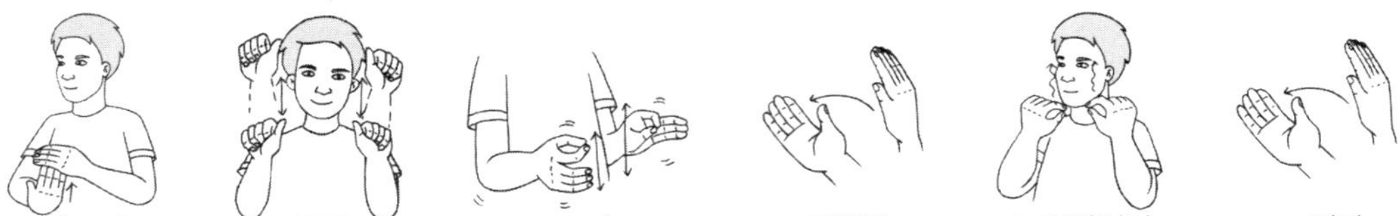

문장 11 내가 제일 좋아하는 팀의 사진을 가지고 있다.

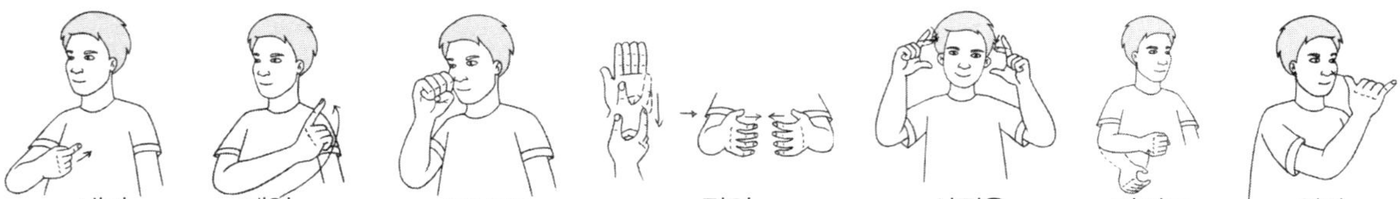

문장 12 당신은 무슨 운동을 가장 좋아합니까?

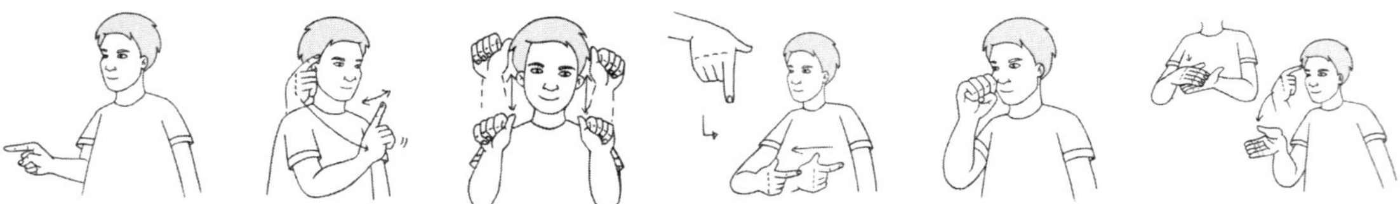

문장 13 열심히 노력하면 좋은 선배가 될 수 있다.

열심히 노력하면 좋은 선배가 될 수 있다

문장 14 좋은 운동은 사람을 행복하게 하여서 좋다.

좋은 운동은 사람을 행복하게 하여서 좋다

문장 15 우리 대학에는 운동하는 선배들이 아주 많다.

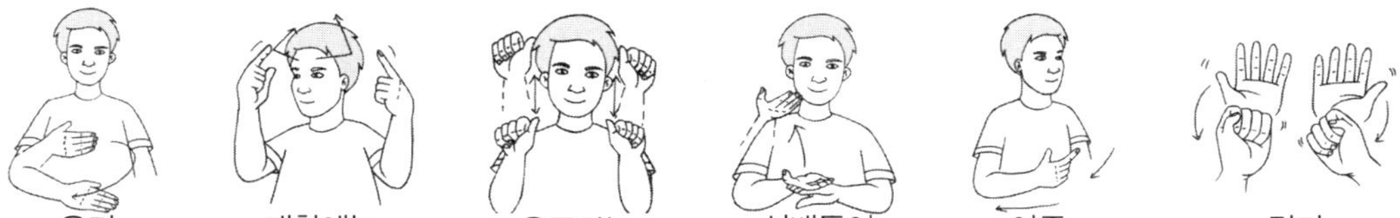

우리 대학에는 운동하는 선배들이 아주 많다

문장 16 선생님과 함께 재미있는 운동을 하며 놀았다.

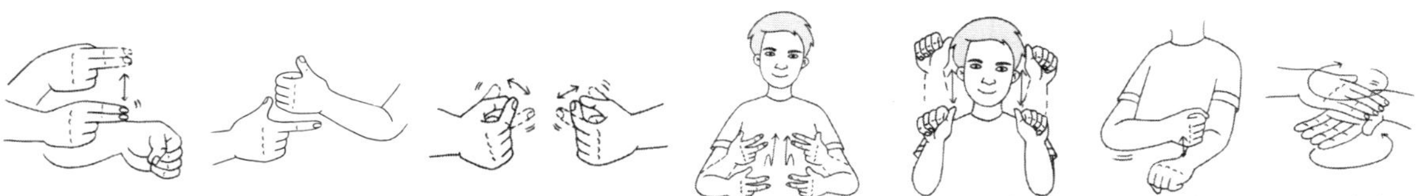

선생 님과 함께 재미있는 운동을 하며 놀았다

문장 17 내가 수영을 잘 하지 못해서 기분이 나쁘다.

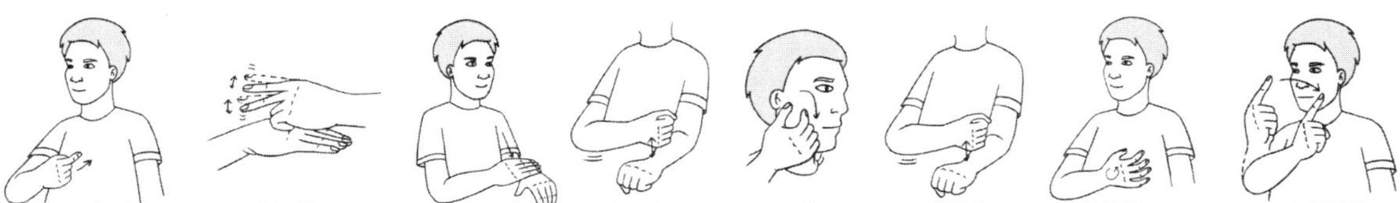

내가 수영을 잘 하지 못 해서 기분이 나쁘다

문장 18 친구들이 운동을 못한다고 많이 놀렸다.

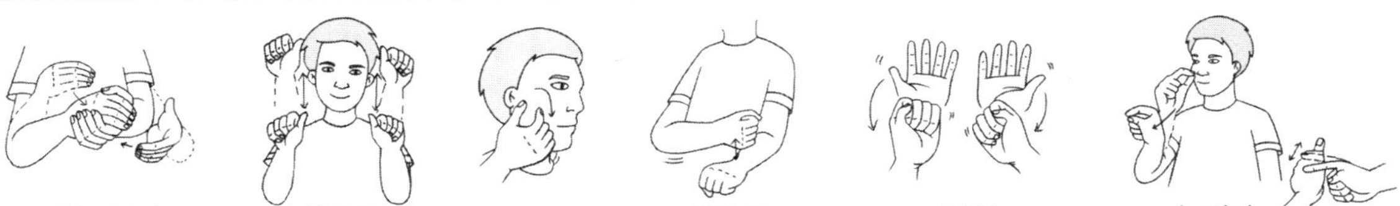

친구들이 운동을 못 한다고 많이 놀렸다

18 컴퓨터

어휘

종이

좋다

지니다

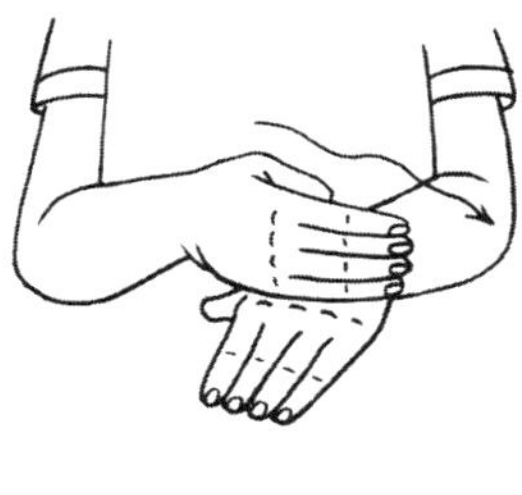

천천히

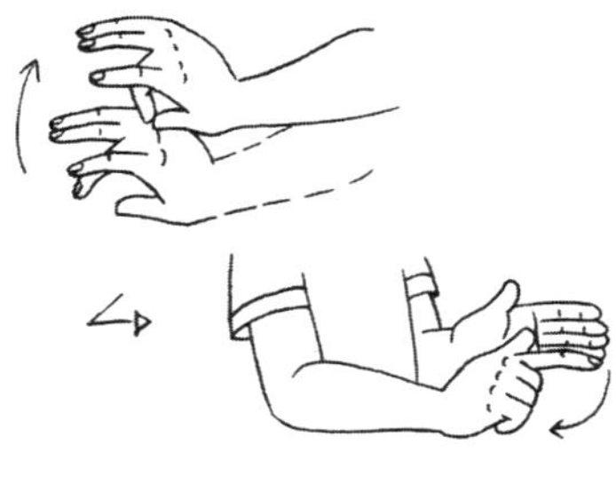

초기

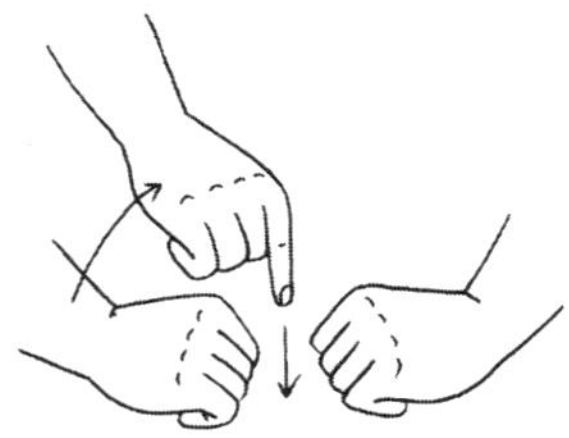

틈

비밀

고장(고장나다)

게임

노트북

디스켓

다운

동영상파일

모니터

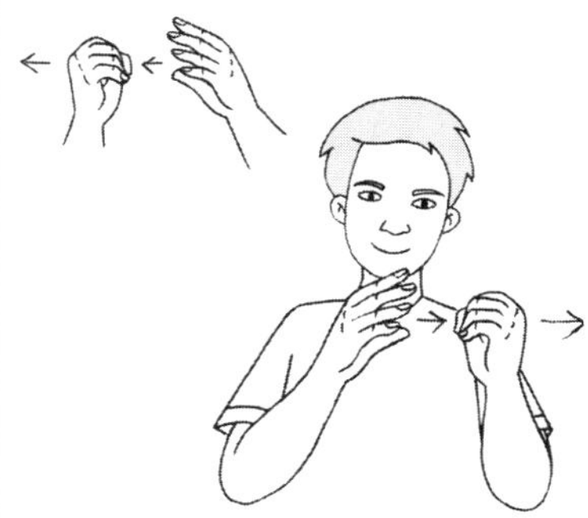

메신저

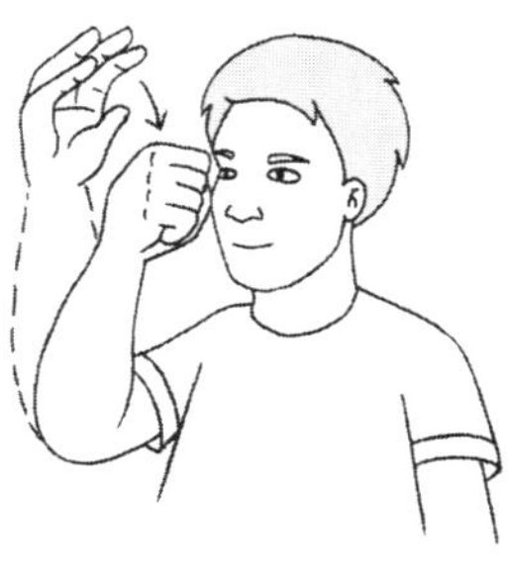

매모리

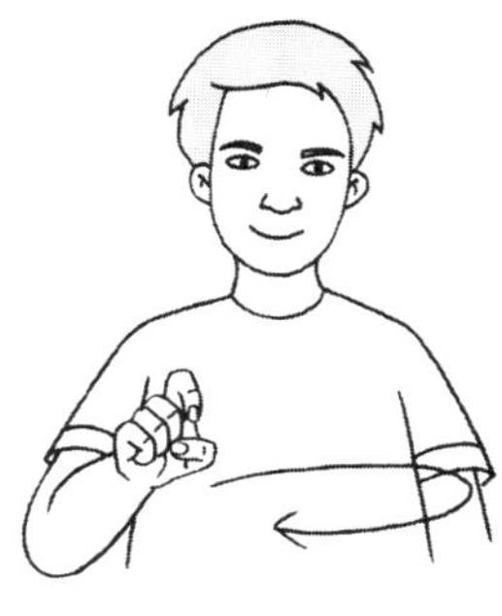

마우스

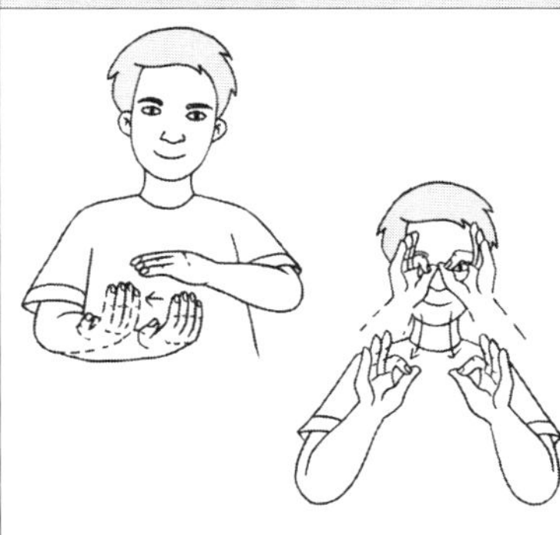

미리보기

복사

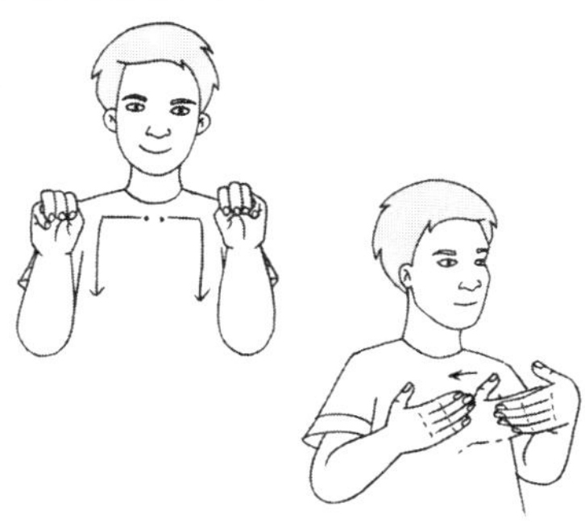

바탕화면

바이러스

CD

온라인

인터넷

이메일

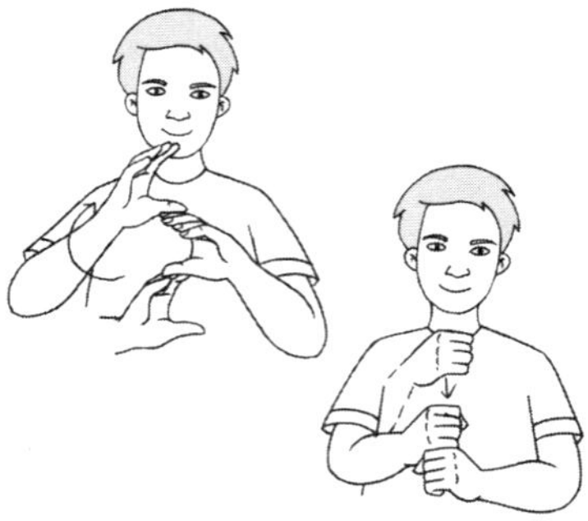

업데이트

컴퓨터

카피

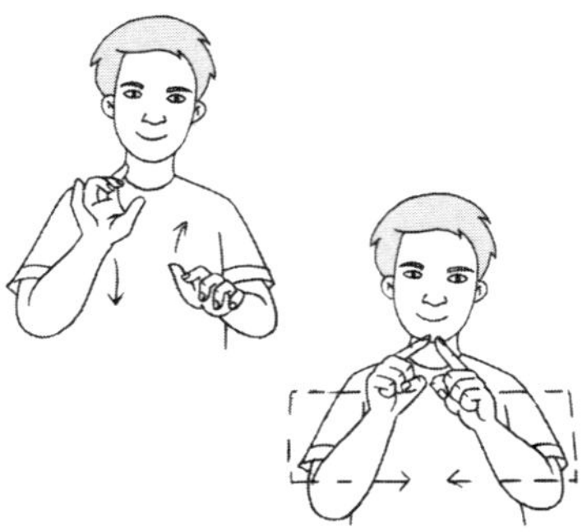

키보드

프린트

파일

홈페이지

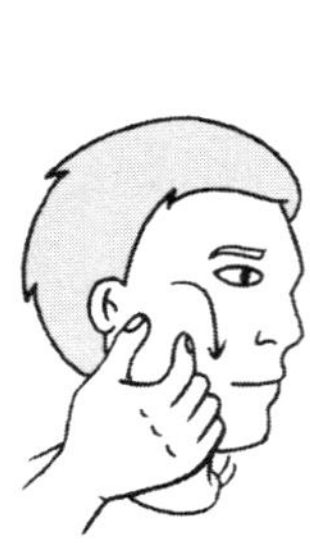

못

무슨

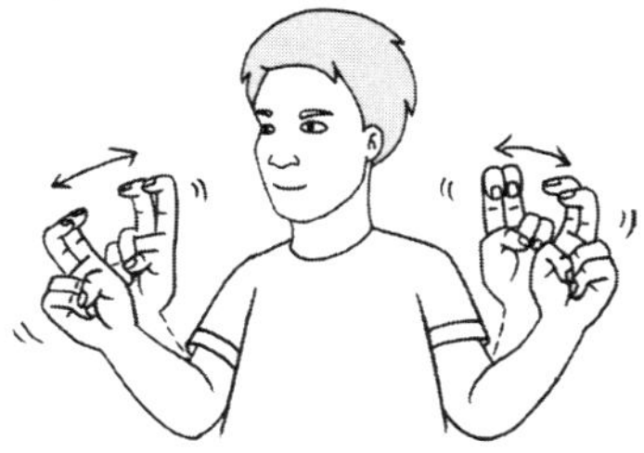

고급

스케너

문장

문장 1 동생과 함께 어제 노트북을 샀다.

동생과 함께 어제 노트북을 샀다

문장 2 공부는 하지 않고 그는 점점 게임만 한다.

공부는 하지 않고 그는 점점 게임만 한다

문장 3 컴퓨터가 고장나서 다운받을 수 없다.

컴퓨터가 고장나서 다운 받을 수 없다

문장 4 내 컴퓨터는 마우스가 잘못 된 것 같다.

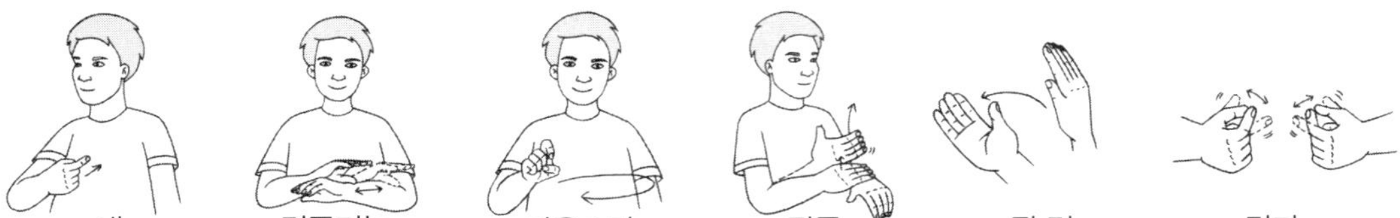

내 컴퓨터는 마우스가 잘못 된 것 같다

문장 5 컴퓨터가 바이러스 때문에 고장이 났다.

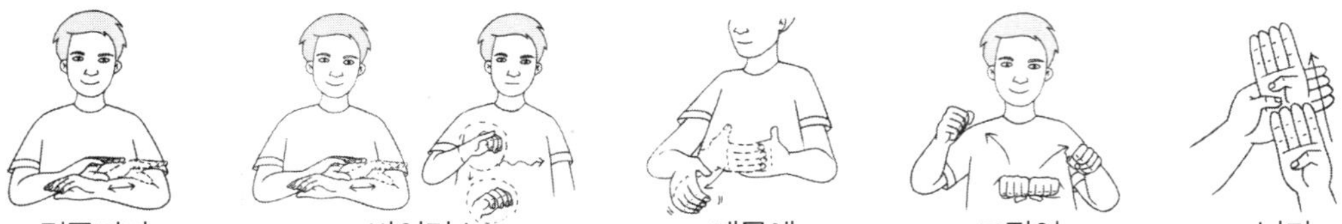

컴퓨터가 바이러스 때문에 고장이 났다

문장 6 컴퓨터에는 동영상 파일이 없어서 매우 섭섭하다.

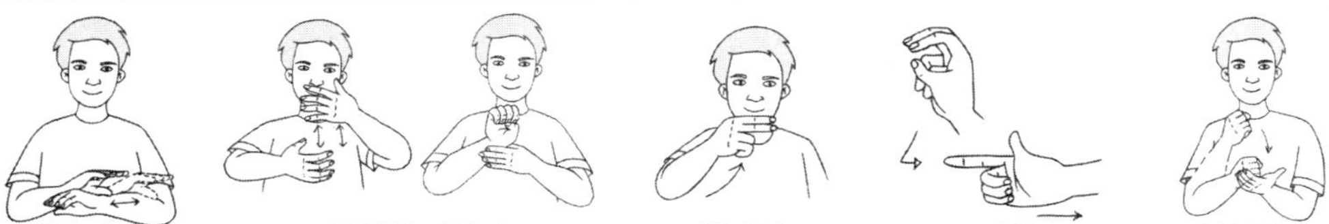

컴퓨터에는 동영상 파일이 없어서 매우 섭섭하다

문장 7 대학 홈페이지 주소를 가르쳐 주세요.

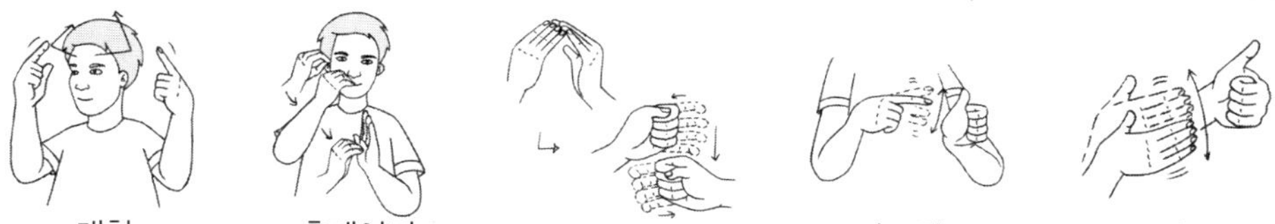

대학 홈페이지 주소를 가르쳐 주세요

문장 8 사용하고 싶은 파일은 바탕화면에 있어요.

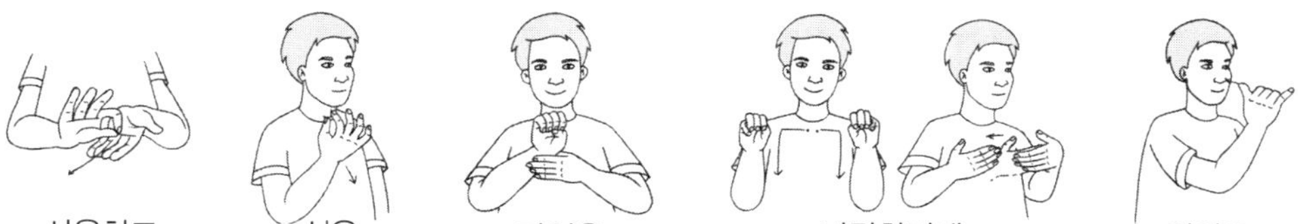

사용하고 싶은 파일은 바탕화면에 있어요

문장 9 컴퓨터를 업데이트해야 될 것 같아요.

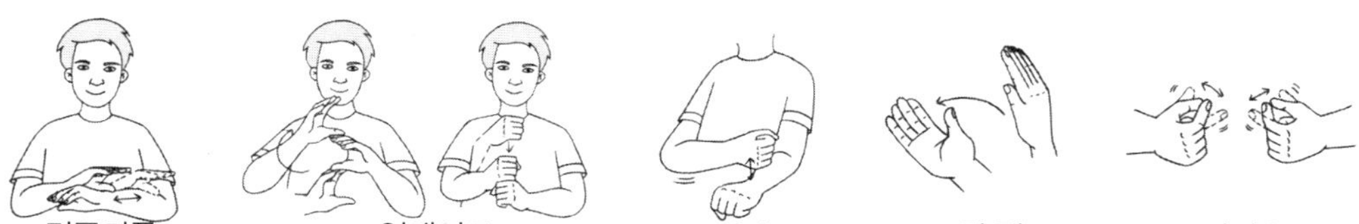

컴퓨터를 업데이트 해야 될 것 같아요

문장 10 수화는 복사해서 공부하세요.

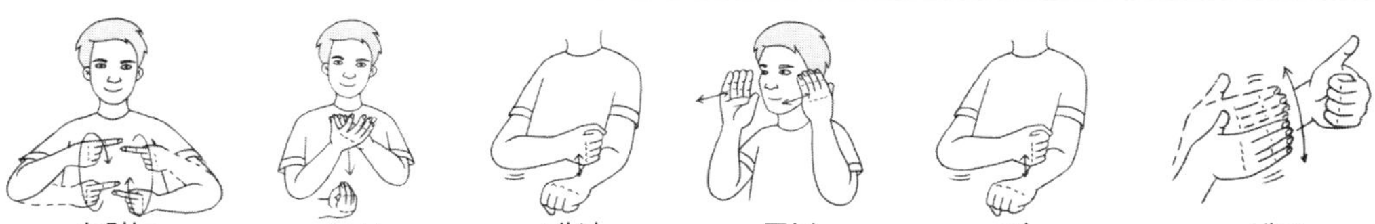

수화는 복사 해서 공부 하 세요

문장 11 그는 시간만 나면 컴퓨터를 하며 놀기만 한다.

그는 시간만 나면 컴퓨터를 하며 놀기만 한다

문장 12 전공에 필요한 수강신청은 미리보기로 보자.

전공에 필요한 수강신청은 미리보기로 보자

19 국가, 지명

어휘

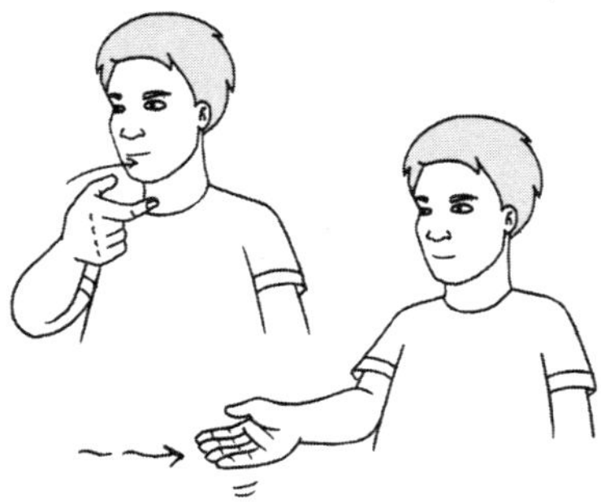

강

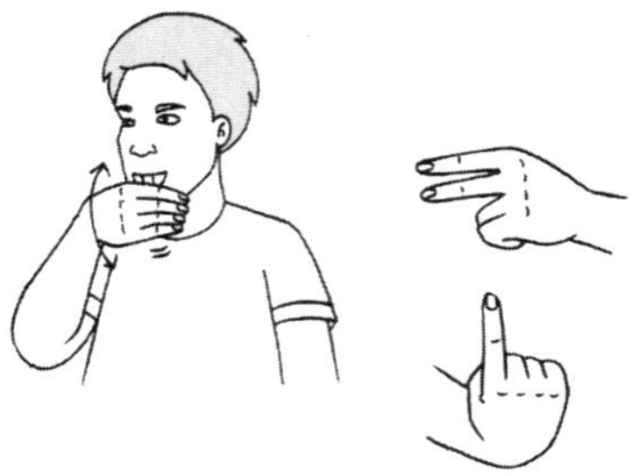

강원도

경주

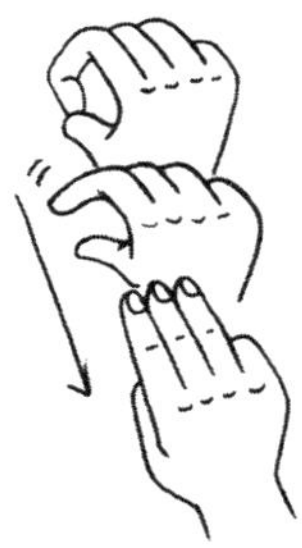

광주

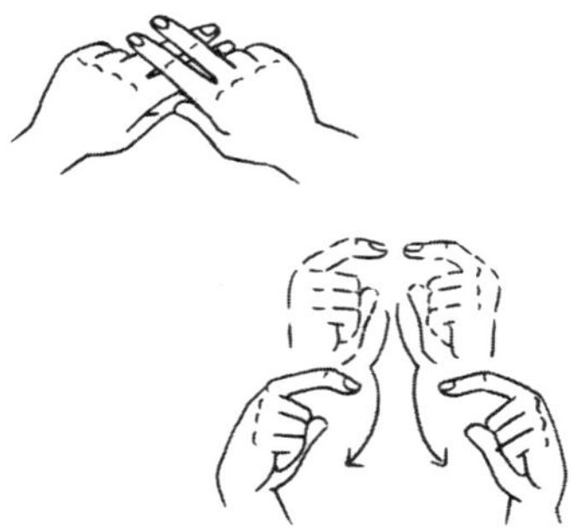

광화문

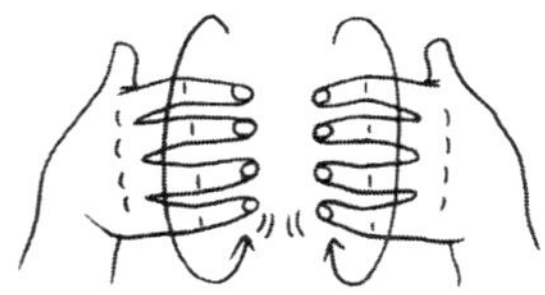

나라

대구

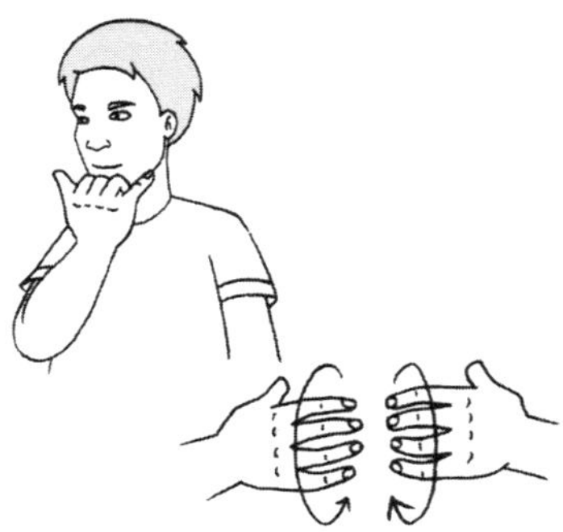

독일

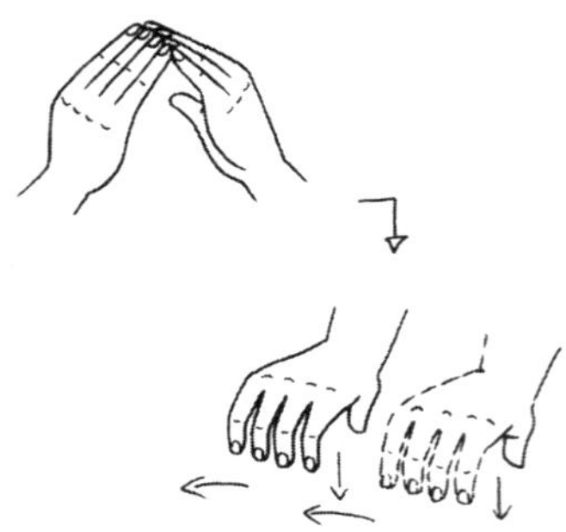

마을

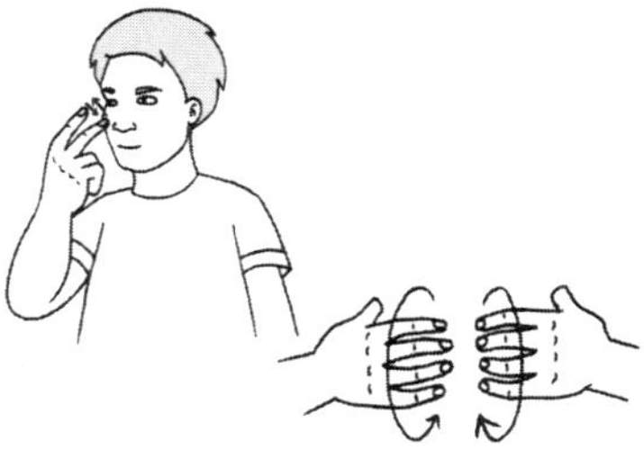

미국

부산

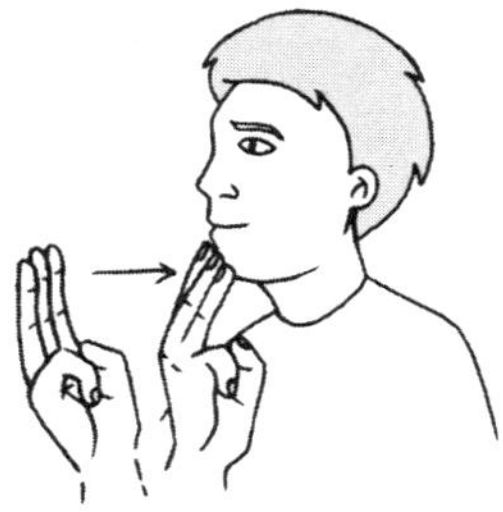

서울

설악산

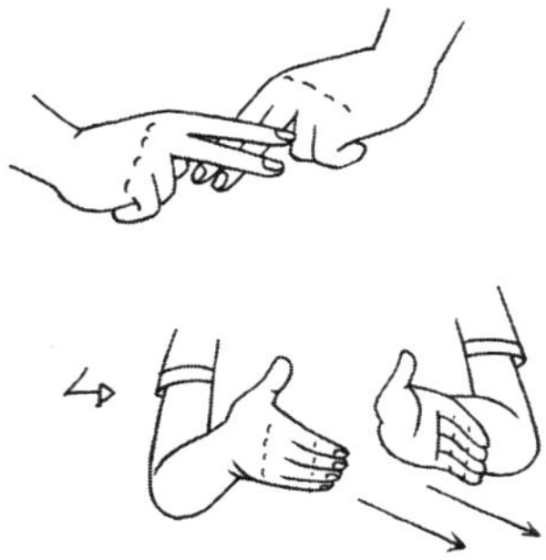

세종로

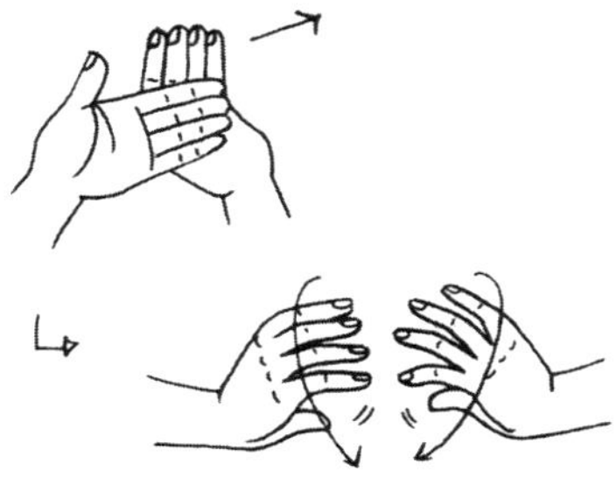

외국

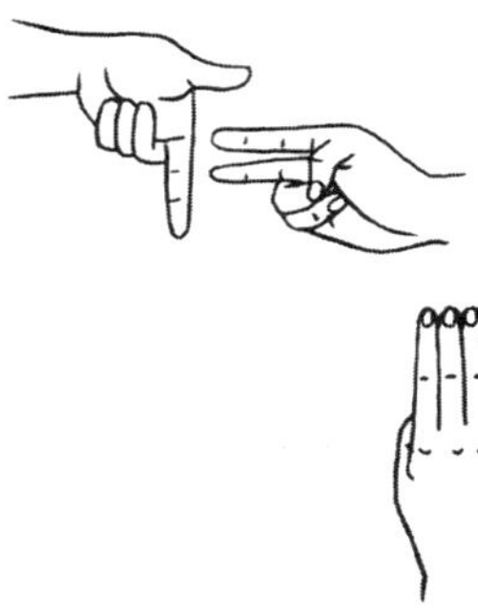

인천

제주도

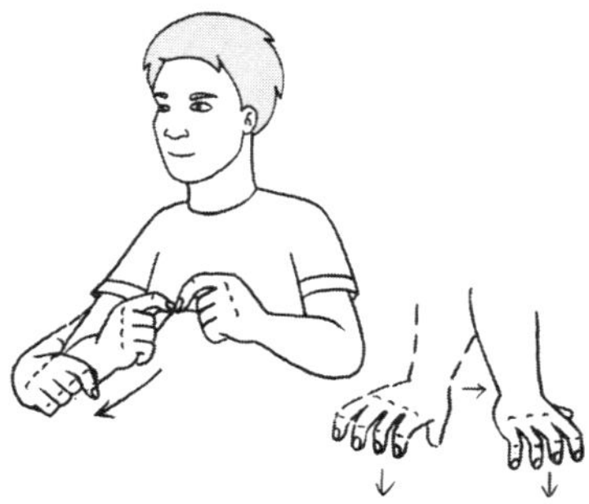

지방

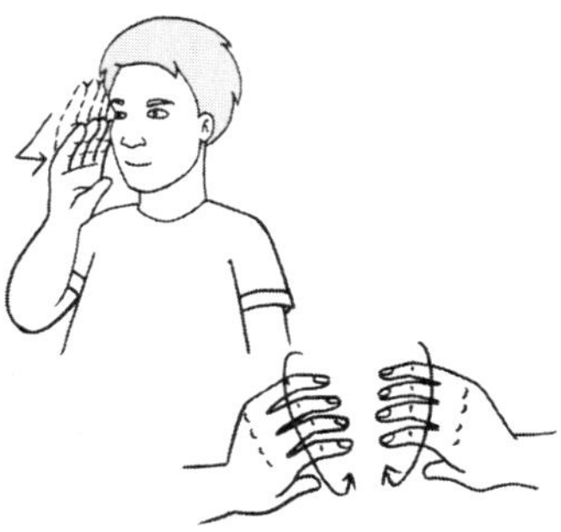

한국

유럽

전국

넓다

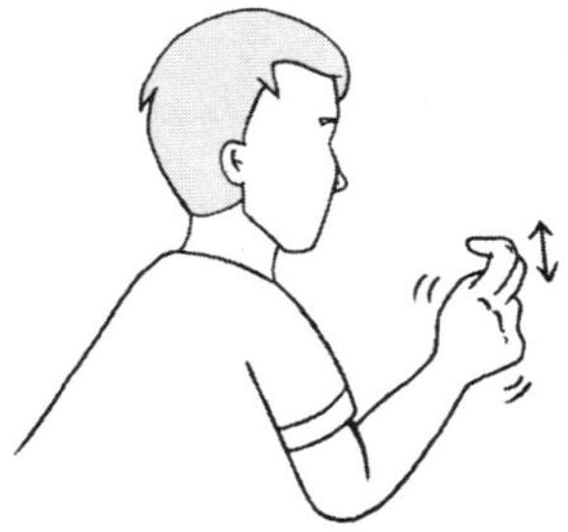

아마

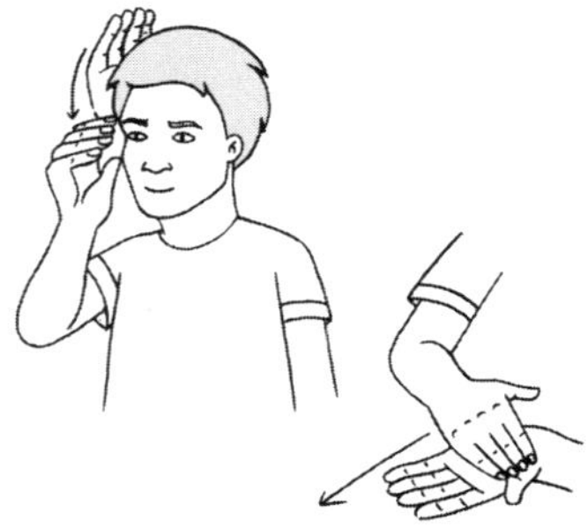

아스팔트

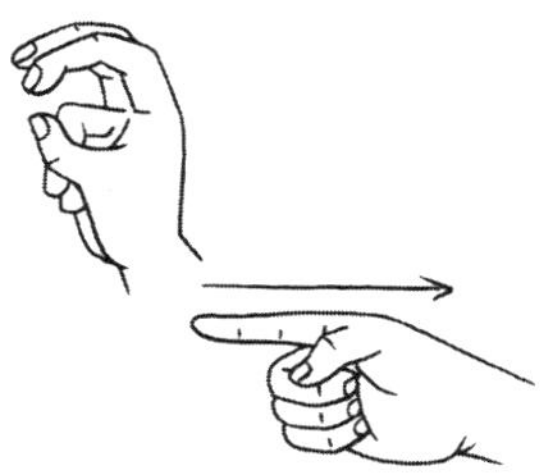

몹시

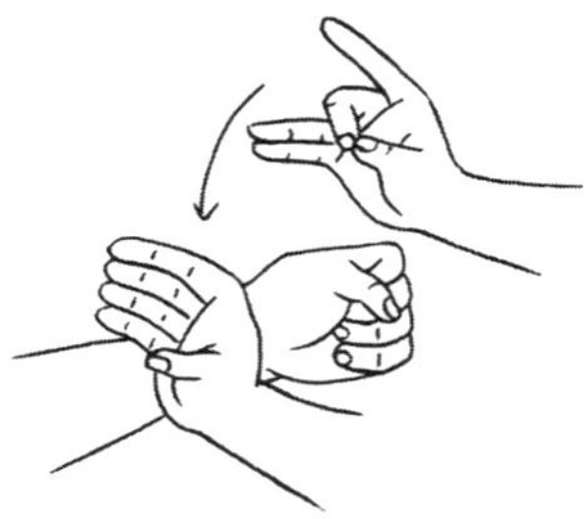

간단

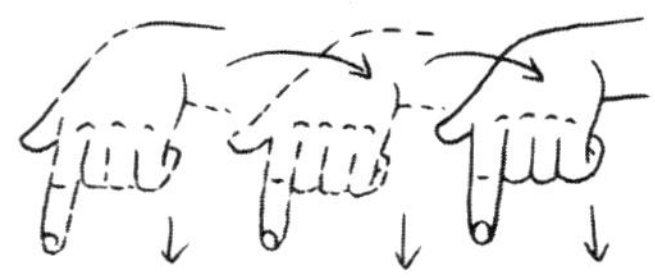

각각

곳

깊다

남

문장

문장 1 강원도에 사람들이 많이 여행갑니다.

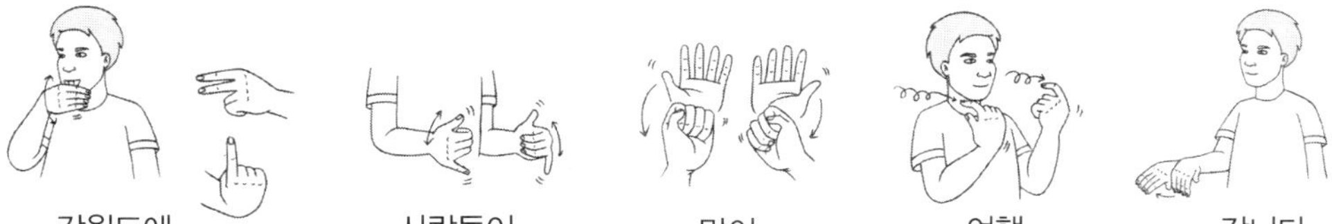

강원도에 사람들이 많이 여행 갑니다

문장 2 아버지는 여름 방학 때 미국에 가십니다.

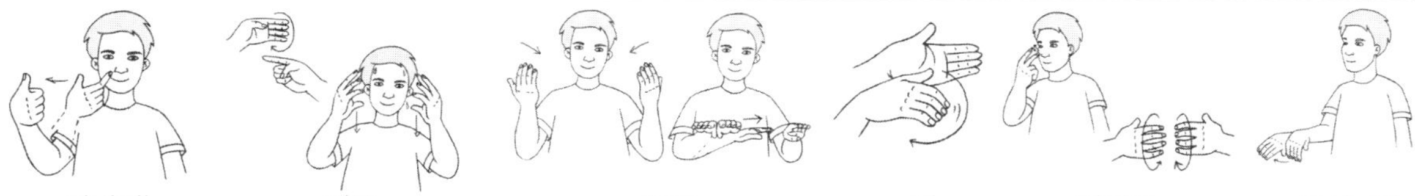

아버지는 여름 방학 때 미국에 가십니다

문장 3 서울에는 우리나라 사람들이 가장 많습니다.

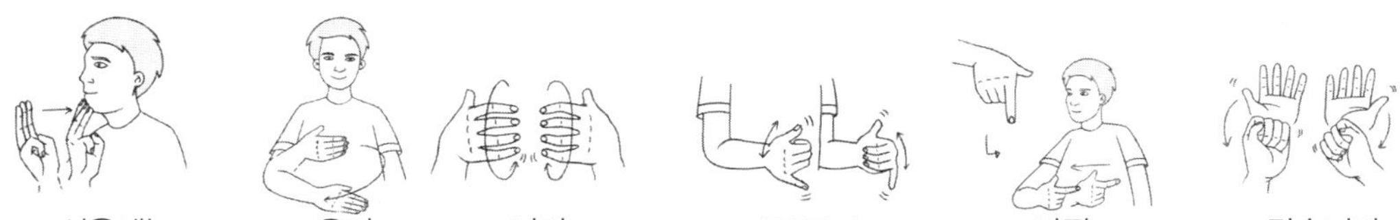

서울에는 우리 나라 사람들이 가장 많습니다

문장 4 유럽은 몹시 추운 지방입니다.

유럽은 몹시 추운 지방 입니다

문장 5 독일을 간 친구가 선물을 사 왔습니다.

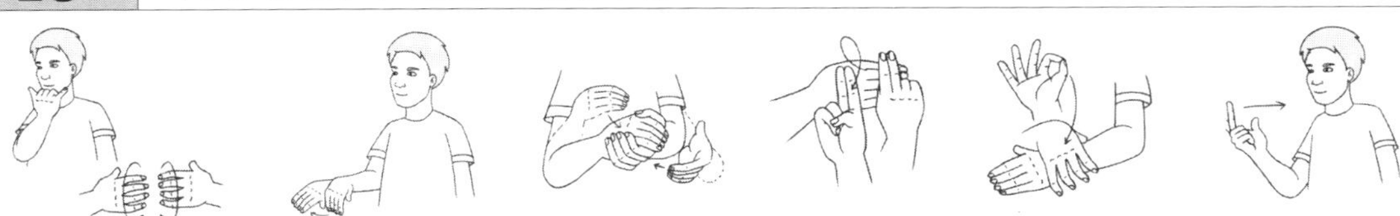

독일을 간 친구가 선물을 사 왔습니다

문장 6 가장 가고 싶은 나라는 어느 나라입니까?

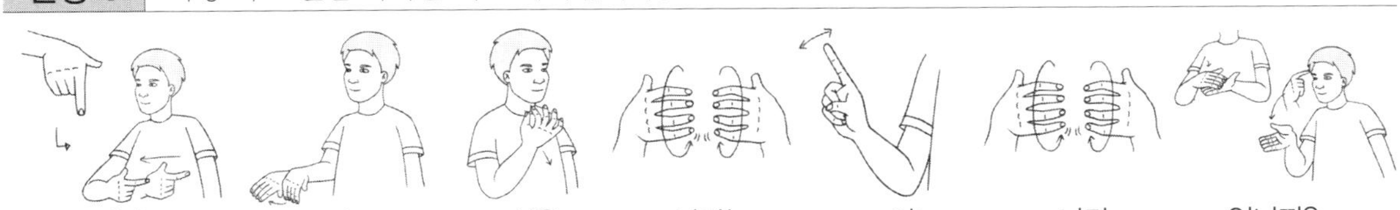

가장 가고 싶은 나라는 어느 나라 입니까?

문장 7 간단히 준비하여 유럽으로 여행 간다.

간단히 준비하여 유럽으로 여행 간다

문장 8 한국은 아주 살기 좋은 나라입니다.

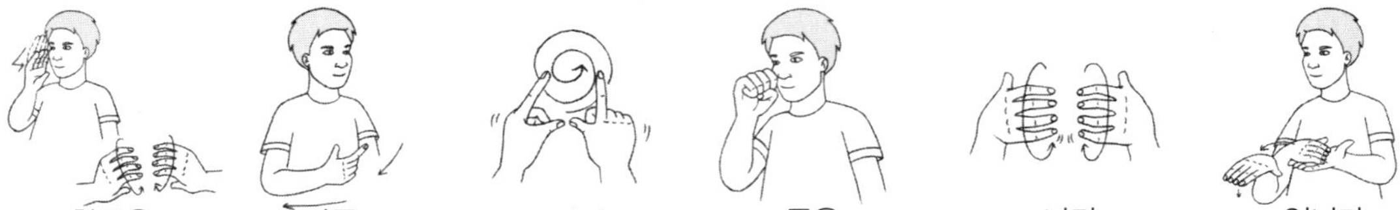

한국은 아주 살기 좋은 나라 입니다

문장 9 방학이 되면 전국 여행을 하고 싶다.

방학이 되면 전국 여행을 하고 싶다

문장 10 서울에서 부산까지 걸어서 여행을 하고 싶다.

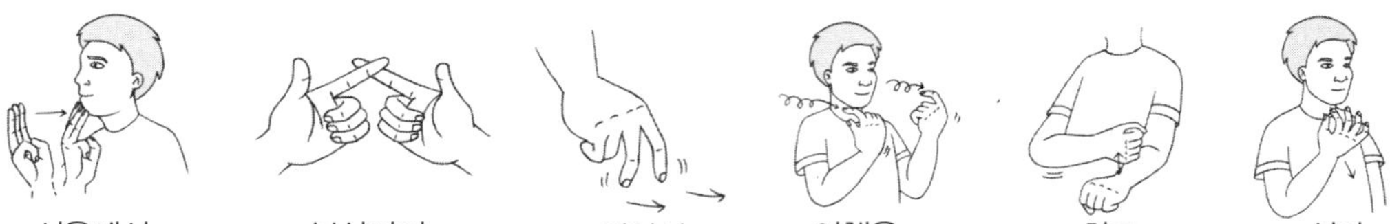

서울에서 부산까지 걸어서 여행을 하고 싶다

문장 11 제주도는 아주 큰 곳입니다.

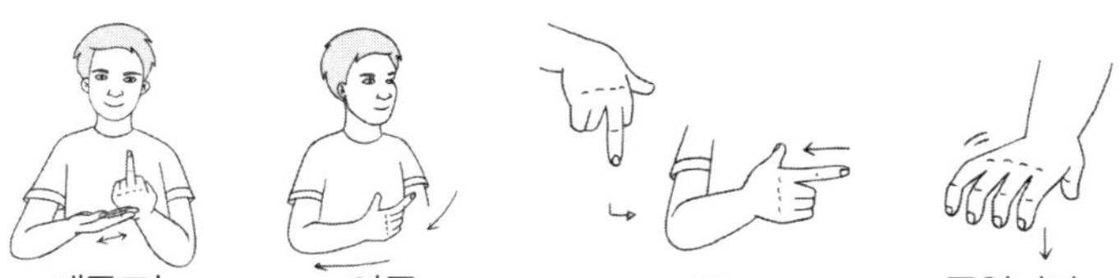

제주도는 아주 큰 곳입니다.

문장 12 학생 때 외국 여행을 많이 하자.

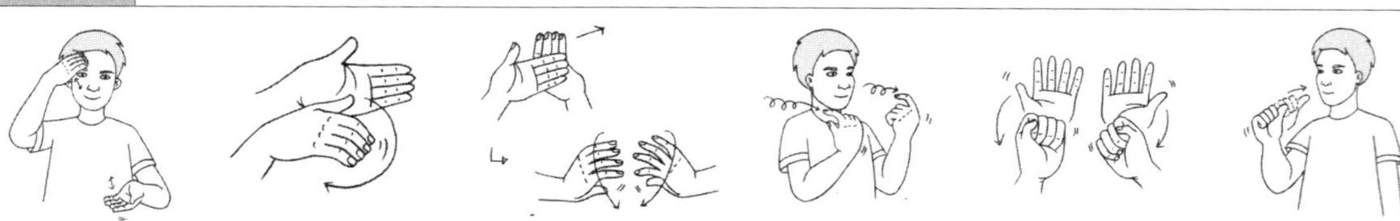

학생 때 외국 여행을 많이 하자

문장 13 경주에 가면 훌륭한 문화재가 아주 많다.

문장 14 전국에서 가장 경치가 좋은 곳은 설악산이다.

문장 15 외국 사람들이 좋아하는 곳은 서울의 세종로이다.

문장 16 우리 마을에는 할아버지 할머니가 많이 산다.

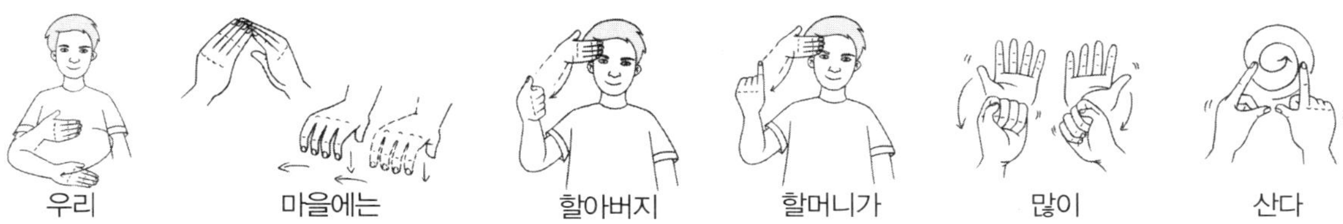

문장 17 일요일에는 항상 아버지와 함께 고향을 방문한다.

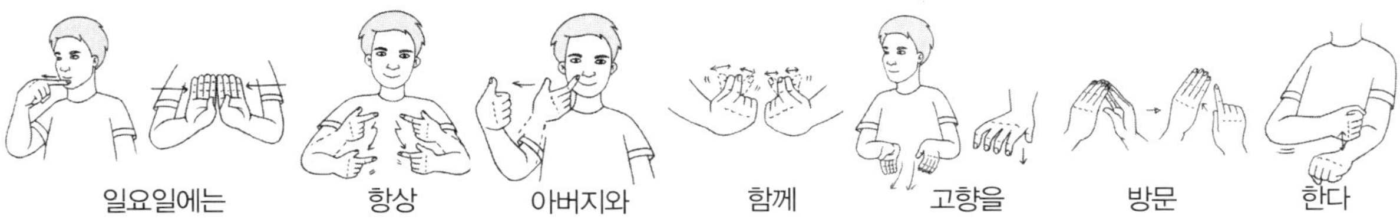

문장 18 미국은 한국에서 아주 먼 곳에 있는 나라이다.

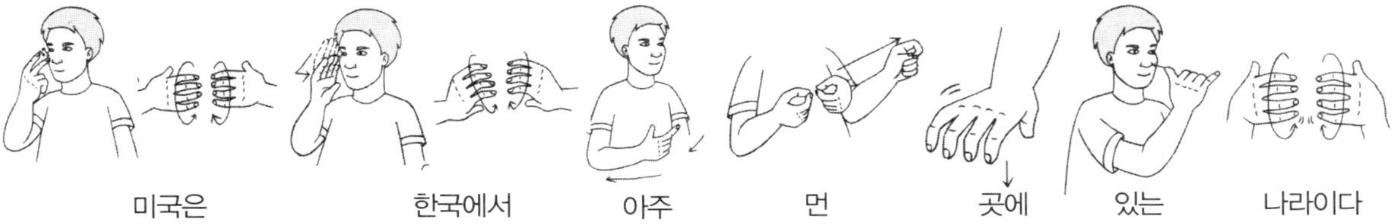

20 동물, 식물

어휘

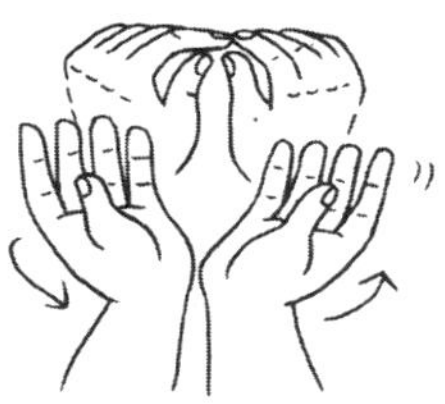

꽃

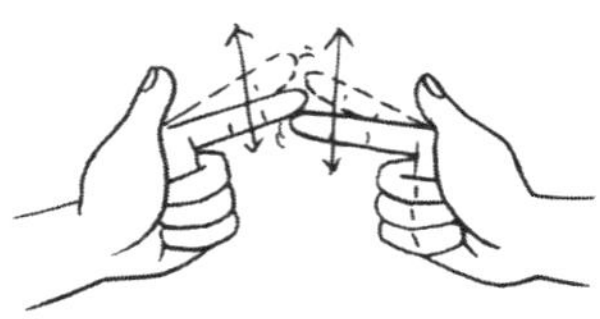

나무

돼지

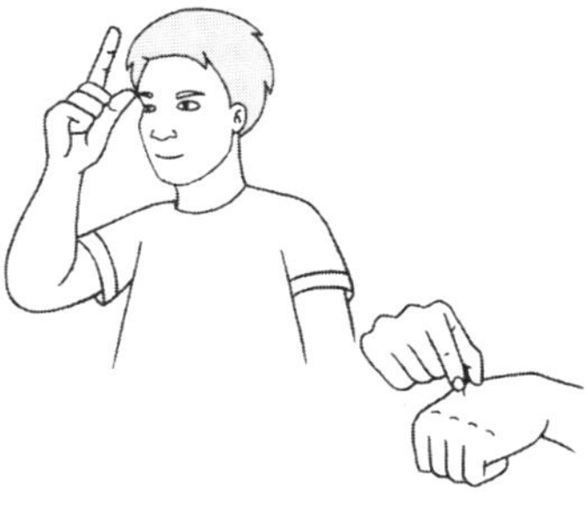

쇠고기

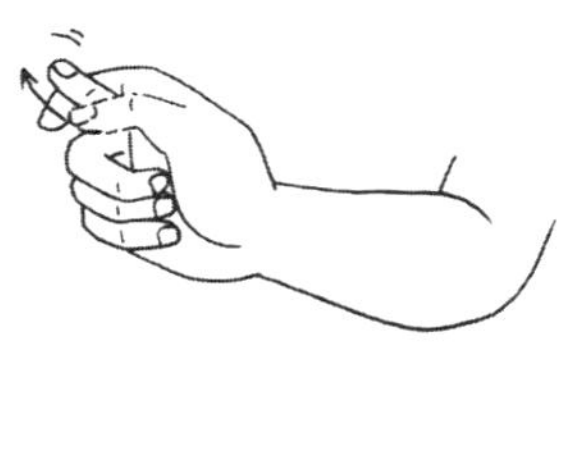

작다

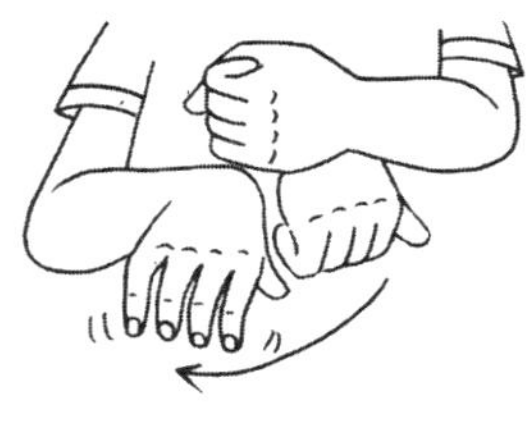

종류

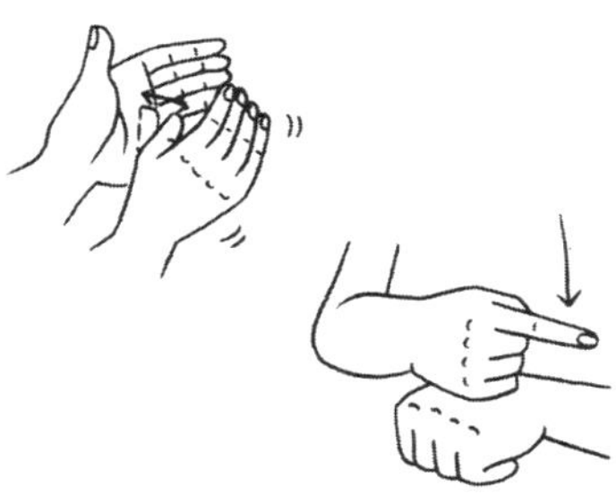

품질

풍부

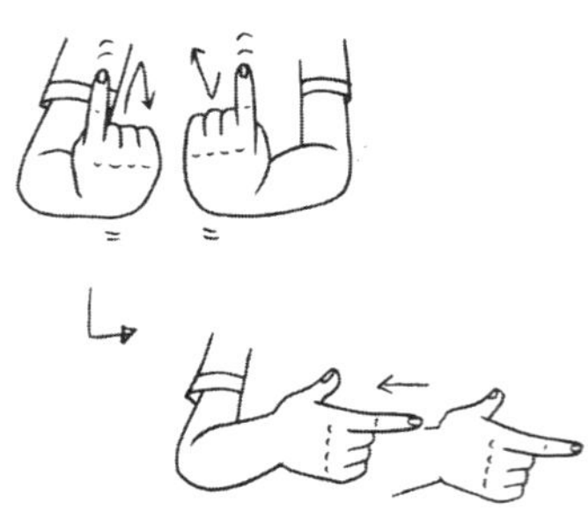

훨씬

자주

염려

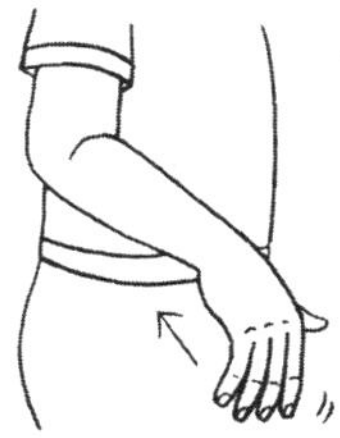

옆

오다

오직

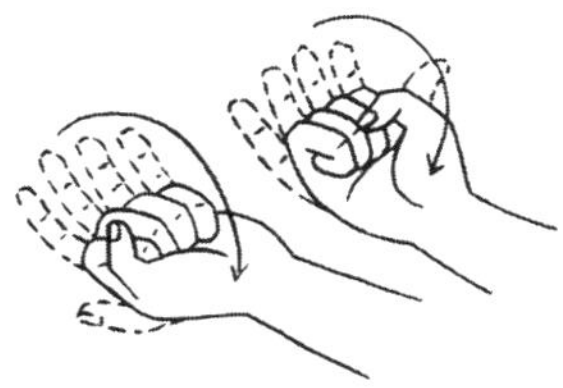

얼마나

없다

어렵다

예쁘다

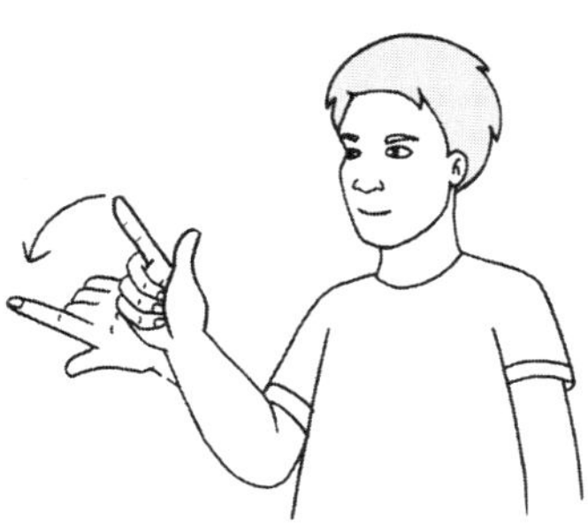

아니다

싶다

안

		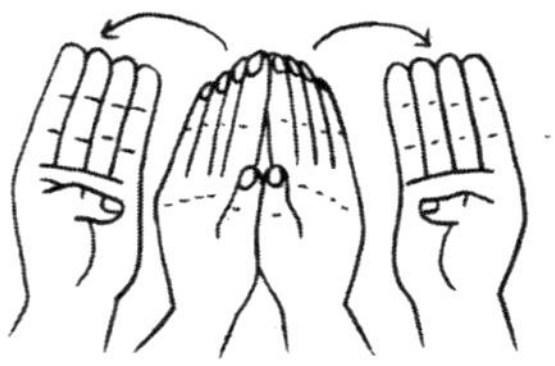
안내	까지	펴다
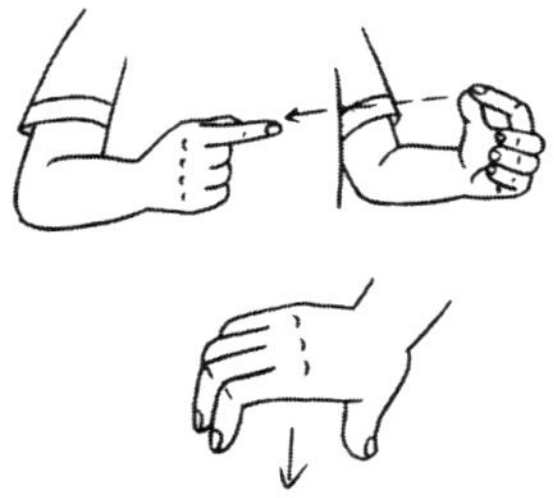	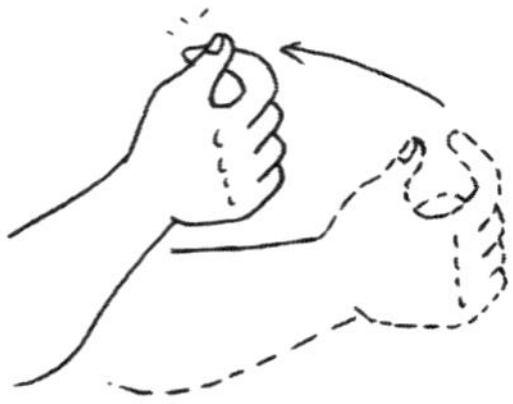	
부근	곧	

문장

문장 1 여름에는 여러 가지 종류의 꽃들이 핀다.

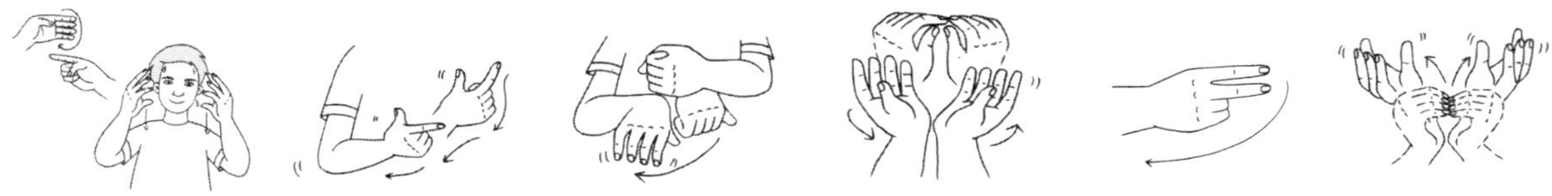

여름에는 여러 가지 종류의 꽃 들이 핀다

문장 2 어떤 나무가 오래 살 수 있을까요?

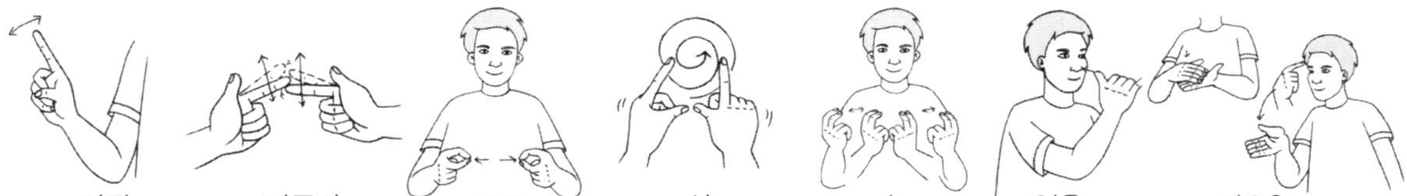

어떤 나무가 오래 살 수 있을 까요?

문장 3 이 마을에서는 돼지를 본 적이 없다.

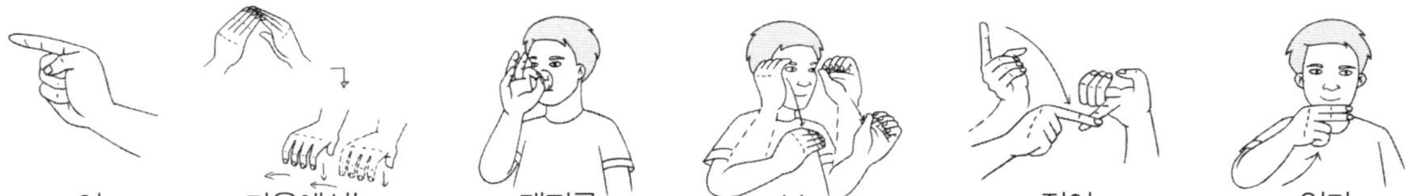

이 마을에서는 돼지를 본 적이 없다

문장 4 아버지와 함께 나는 쇠고기를 자주 먹는다.

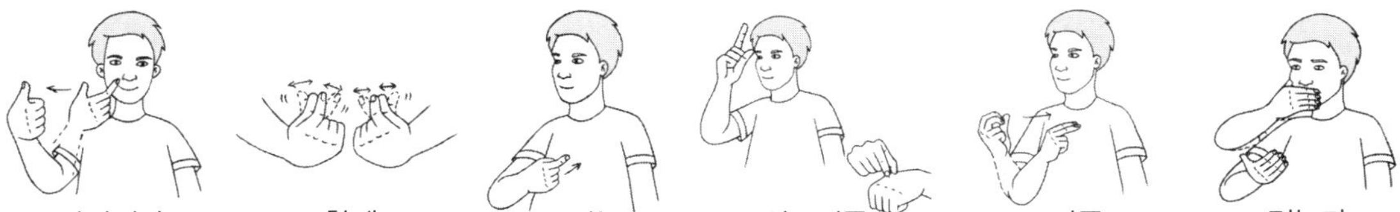

아버지와 함께 나는 쇠고기를 자주 먹는다

문장 5 이것은 세상에서 가장 비싼 물건이다.

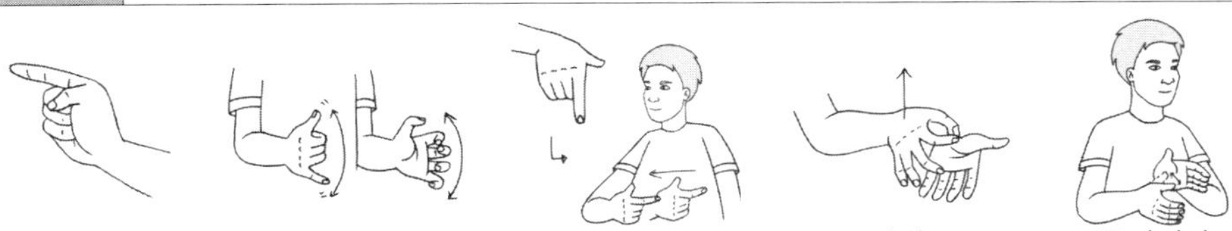

이것은 세상에서 가장 비싼 물건이다

문장 6 물건의 품질은 아주 좋으니 염려마세요.

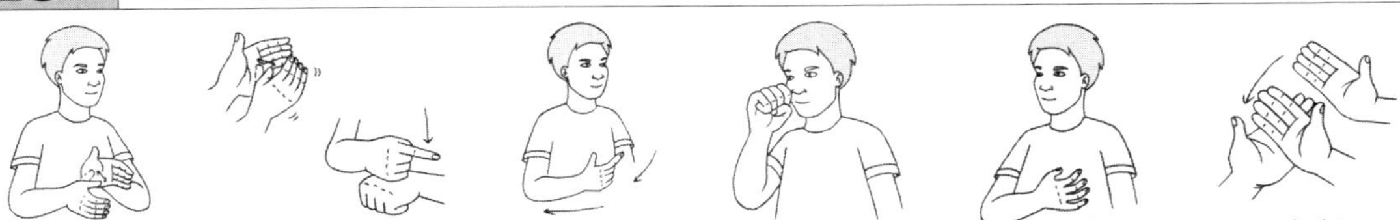

물건의 품질은 아주 좋으니 염려 마세요

문장 7 이 집은 부근에서 찾기 어려운 식당이다.

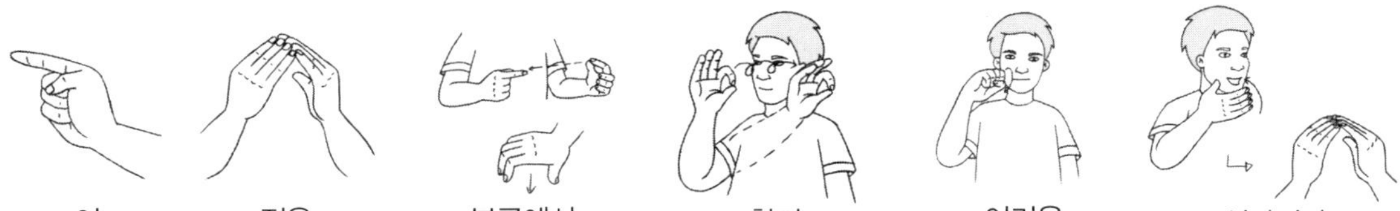

이 집은 부근에서 찾기 어려운 식당이다

문장 8 경치 좋은 곳을 곧 안내해 드리겠습니다.

경치 좋은 곳을 곧 안내해 드리겠습니다

문장 9 책을 펴서 여기까지 읽어 보세요.

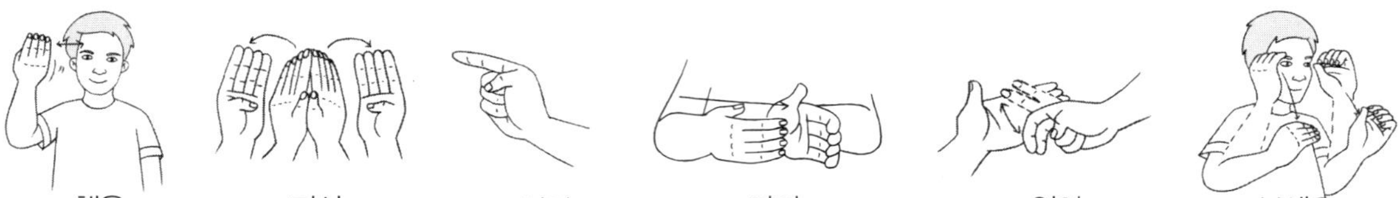

책을 펴서 여기 까지 읽어 보세요

문장 10 아닙니다. 내가 사려는 물건은 지금 없어요.

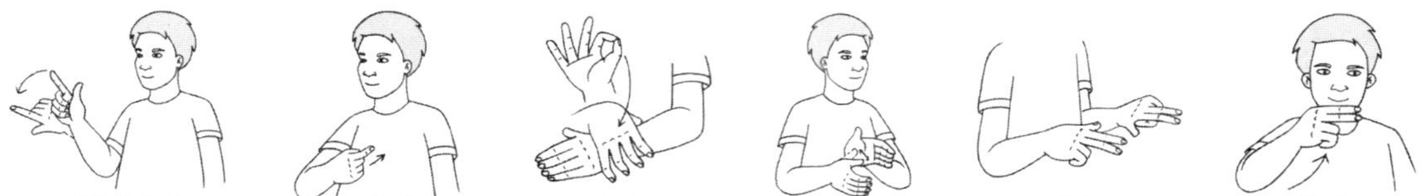

아닙니다. 내가 사려는 물건은 지금 없어요

문장 11 백화점에서는 상품을 많이 살 수 있다.

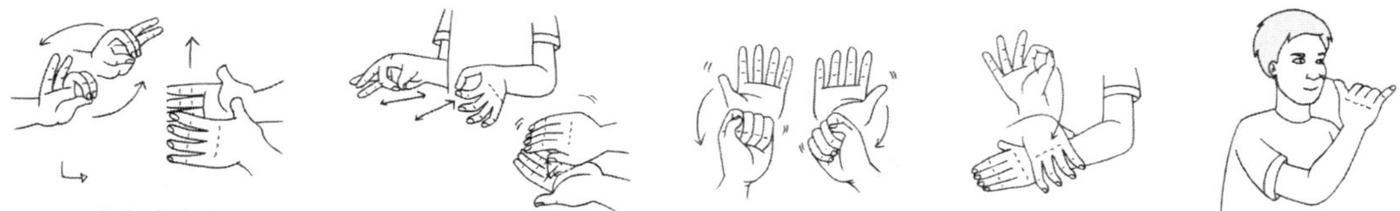

백화점에서는 상품을 많이 살 수 있다

문장 12 꽃의 종류가 많아 고르기 어렵다.

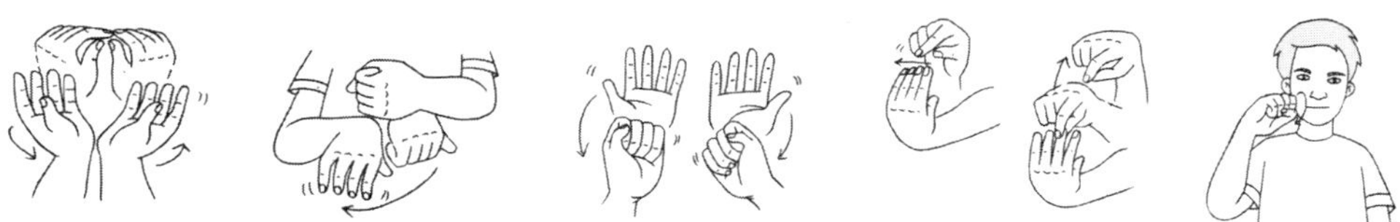

꽃의 종류가 많아 고르기 어렵다

문장 13 한국 사람들은 돼지고기를 아주 좋아한다.

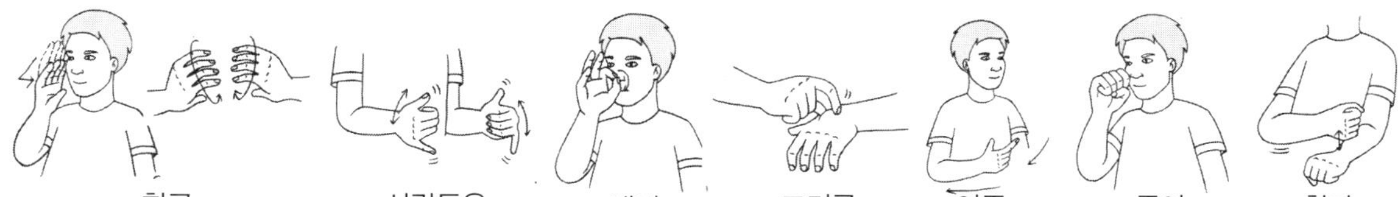

한국 사람들은 돼지 고기를 아주 좋아 한다

문장 14 쇠고기는 비싸서 자주 사 먹지 못한다.

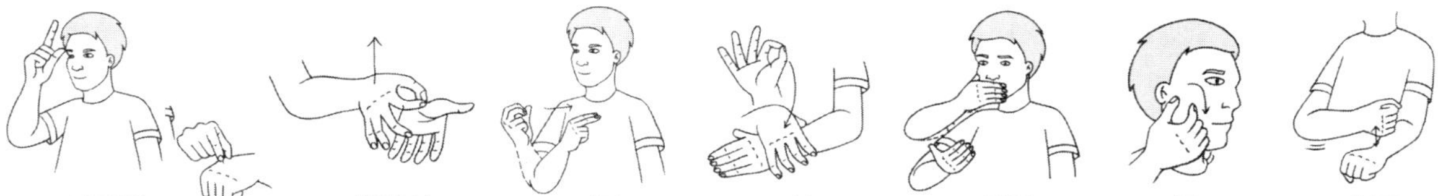

쇠고기는 비싸서 자주 사 먹지 못 한다

문장 15 우리나라는 나무와 꽃의 종류가 아주 많다.

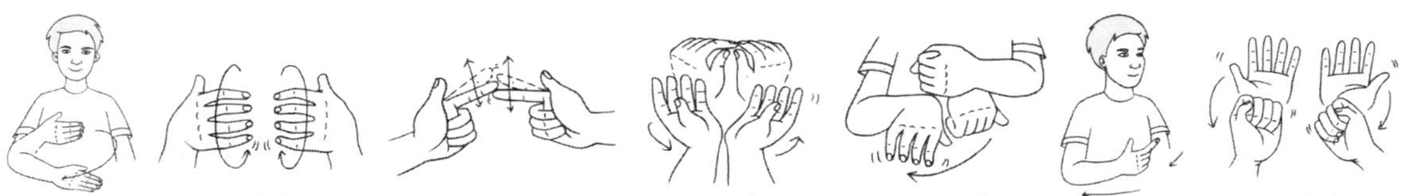

우리 나라는 나무와 꽃의 종류가 아주 많다

문장 16 나는 아름다운 꽃을 굉장히 좋아한다.

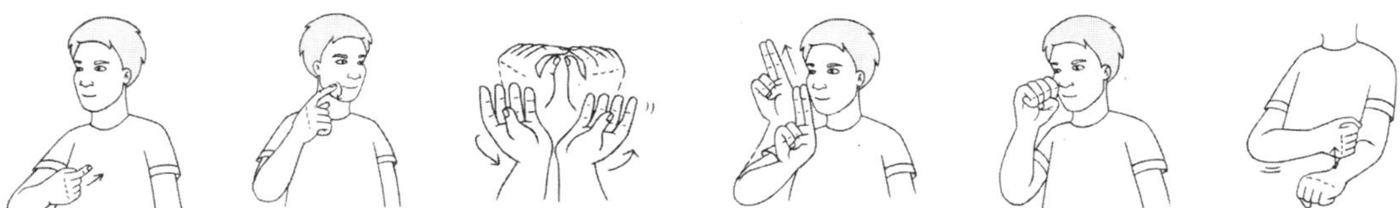

나는 아름다운 꽃을 굉장히 좋아 한다

문장 17 나무와 꽃이 많은 곳은 생활하기 좋다.

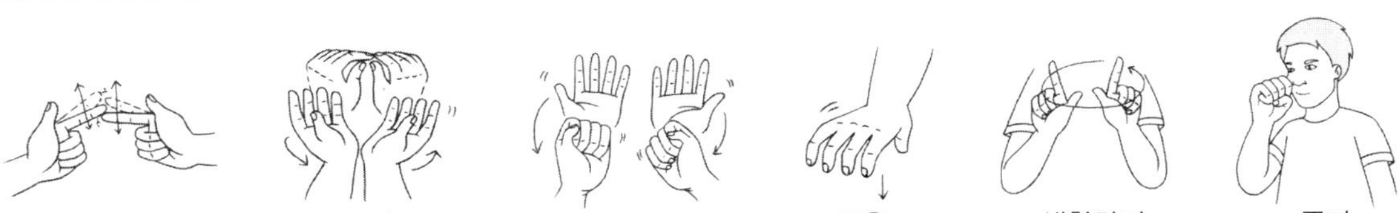

나무와 꽃이 많은 곳은 생활하기 좋다

문장 18 대학에는 나무가 많아서 학생들이 좋아한다.

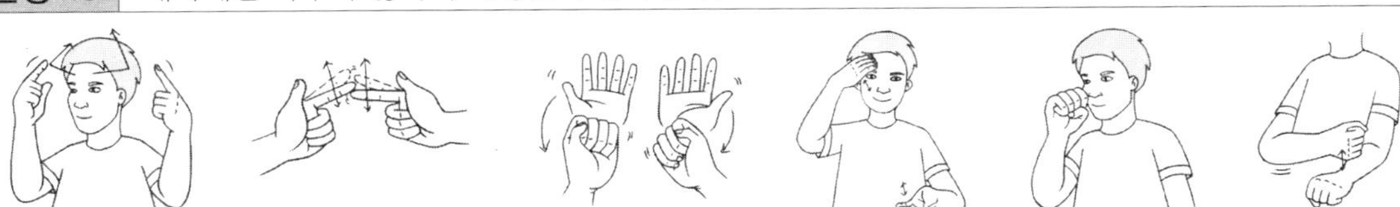

대학에는 나무가 많아서 학생들이 좋아 한다

21 문화, 예술

어휘

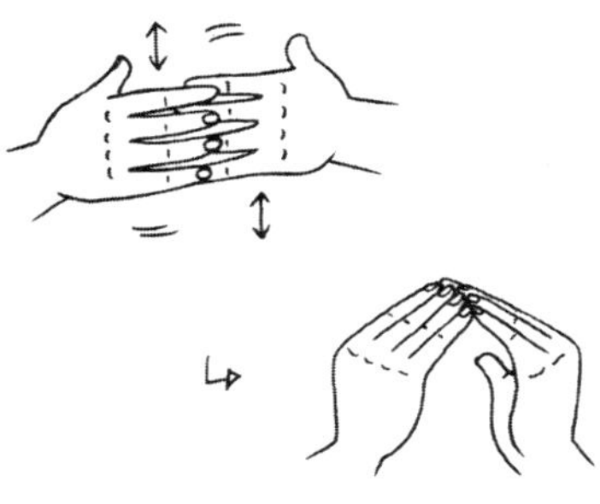

극장

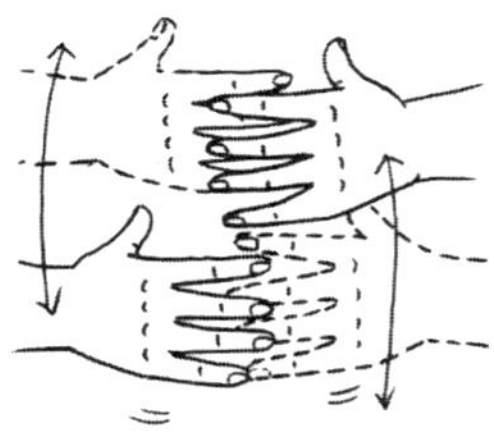

영화

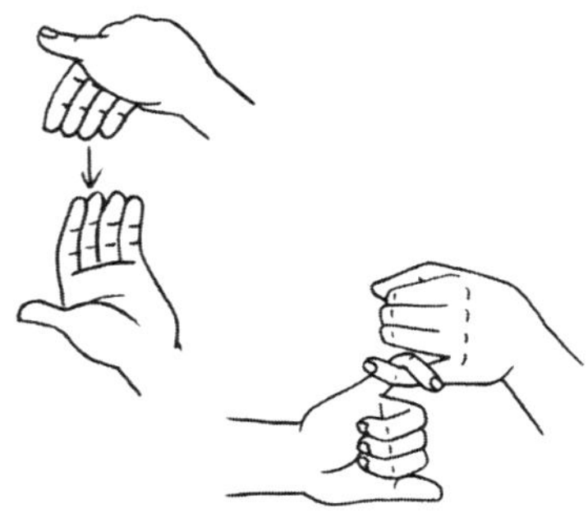

예약

음악

줄이다

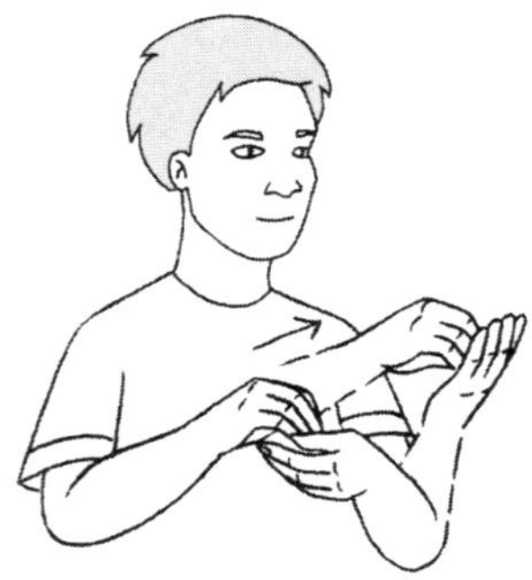

등록

안돼

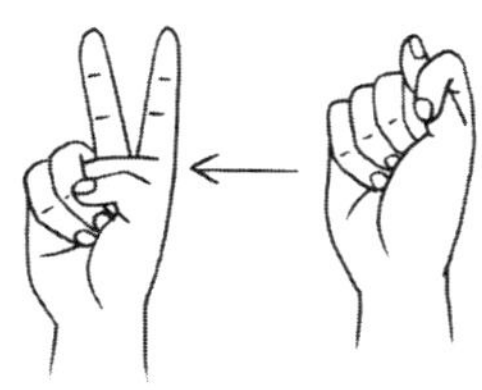

텔레비전

포기하다

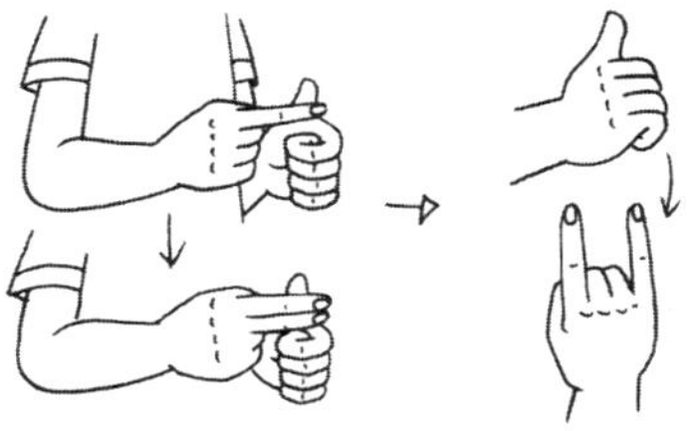
회

문화

번역

세미나

언어

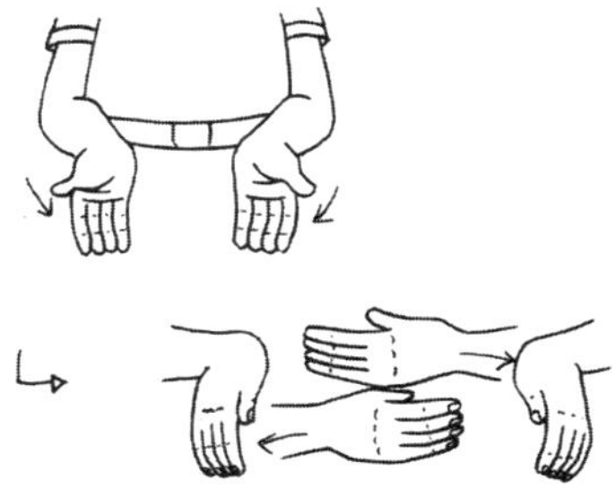
휴게실

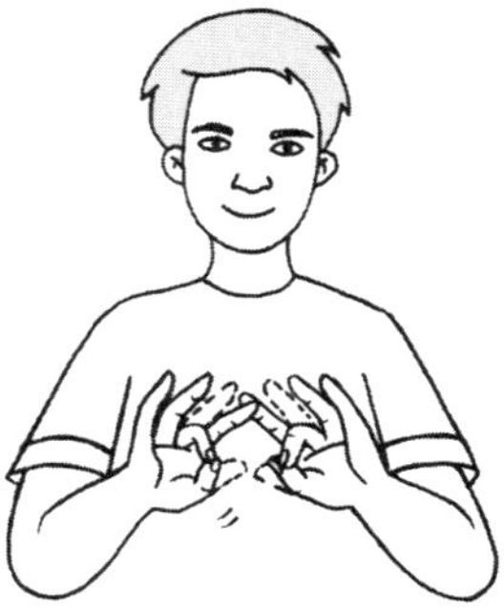
전기

정보

취업

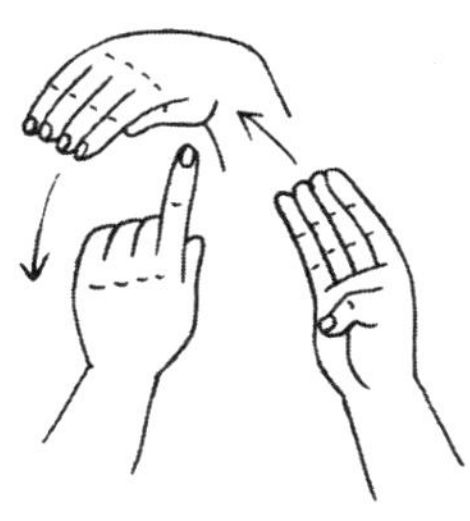
넘다

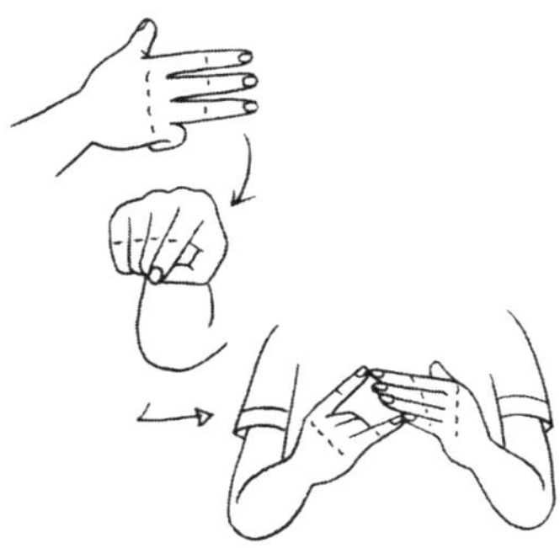
해인사

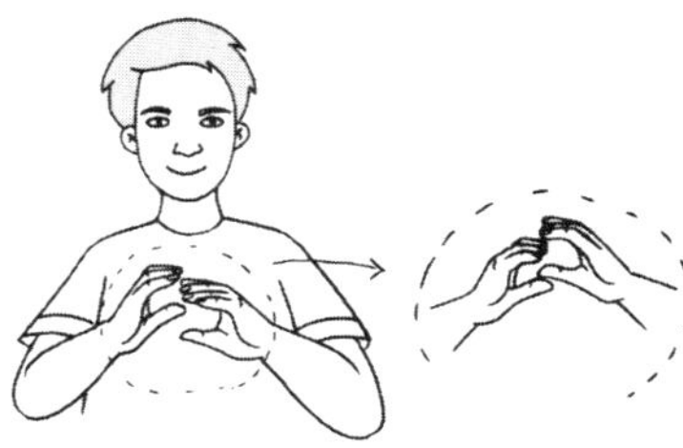
커뮤니케이션

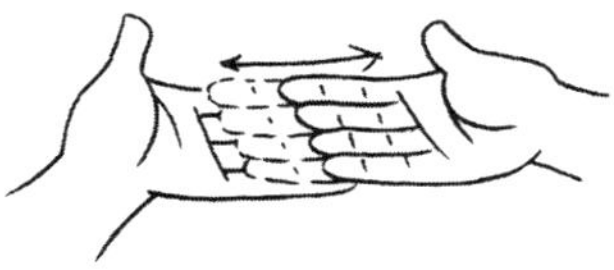

그리다

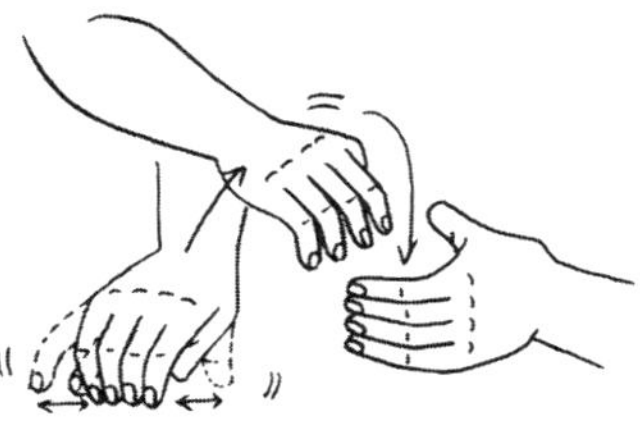

넣다

연극

옳다

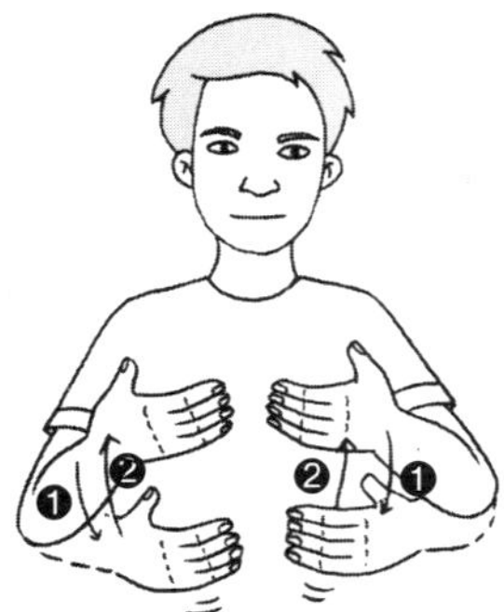

바쁘다

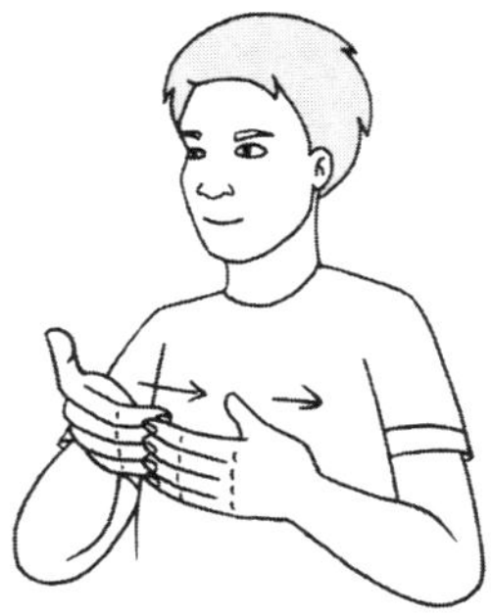

받다

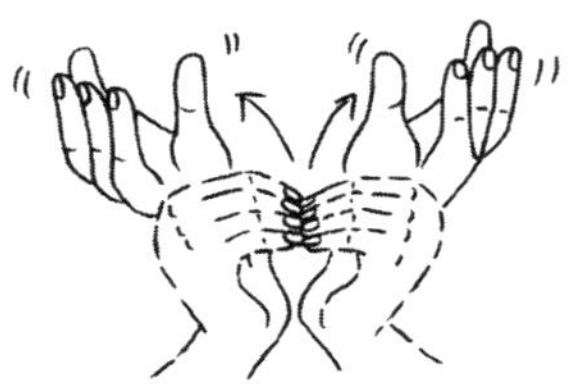

피다

필요

높다

문장

문장 1 나의 취미는 영화와 연극을 보는 것이다.

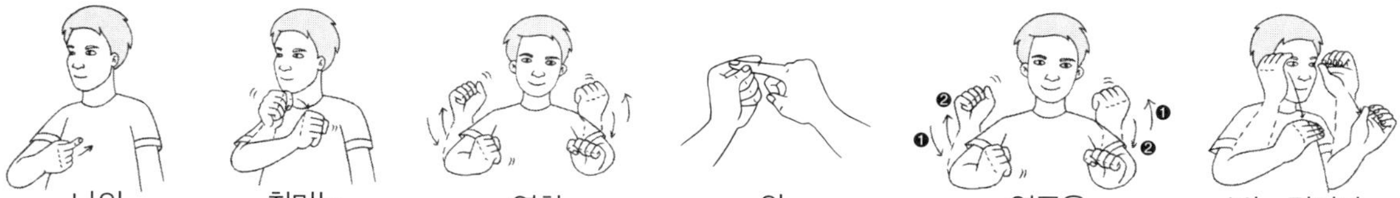

나의 / 취미는 / 영화 / 와 / 연극을 / 보는 것이다

문장 2 커피를 마시며 음악을 듣고 싶다.

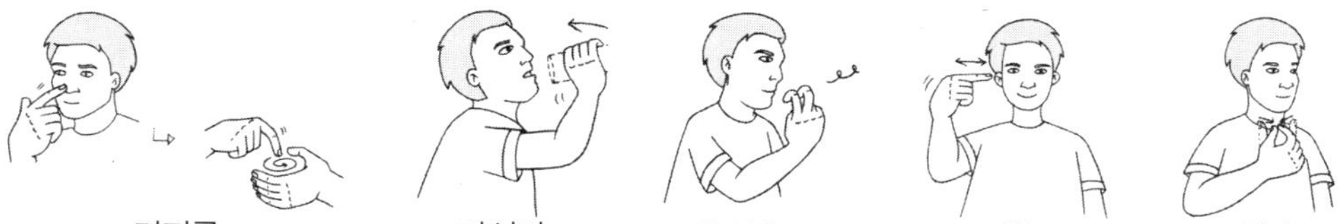

커피를 / 마시며 / 음악을 / 듣고 / 싶다

문장 3 외국 책을 번역하려면 많은 정보가 있어야 한다.

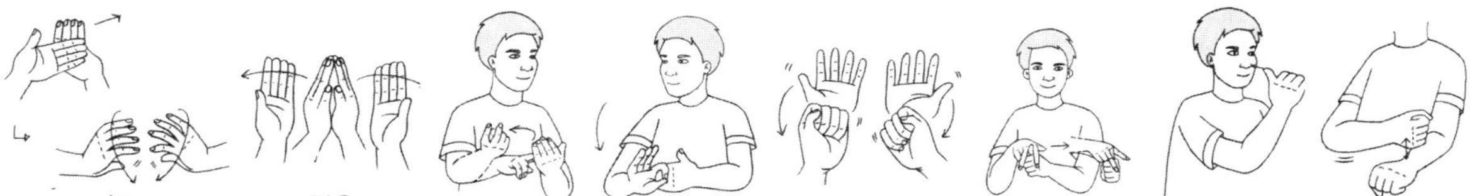

외국 / 책을 / 번역 / 하려면 / 많은 / 정보가 / 있어야 / 한다

문장 4 제가 저녁 식사를 예약하겠습니다.

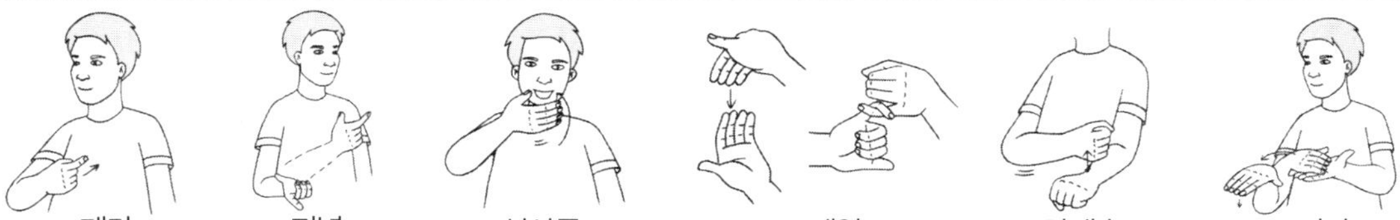

제가 / 저녁 / 식사를 / 예약 / 하겠습 / 니다

문장 5 그녀는 텔레비전을 보는 것이 취미입니다.

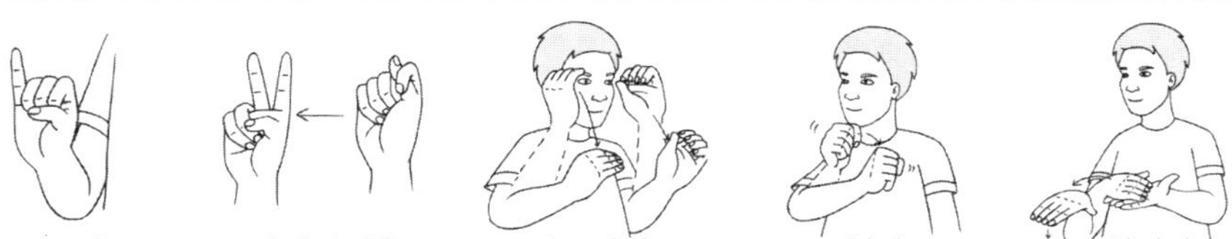

그녀는 / 텔레비전을 / 보는 것이 / 취미 / 입니다

문장 6 커피를 너무 많이 마시는 것을 줄여야 한다.

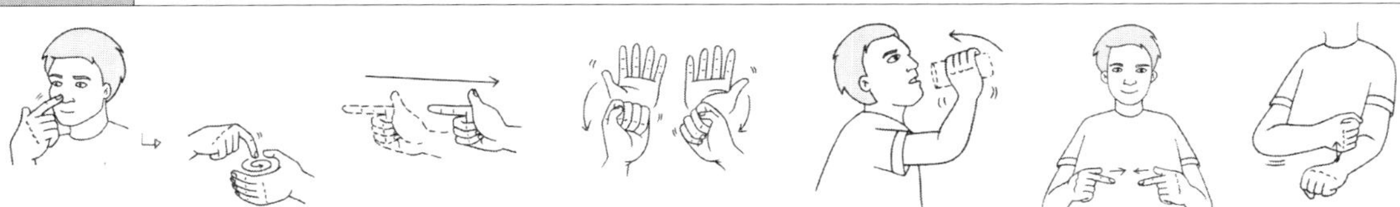

커피를 / 너무 / 많이 / 마시는 것을 / 줄여야 / 한다

문장 7 요즈음은 빨리 취업하는 것이 좋다.

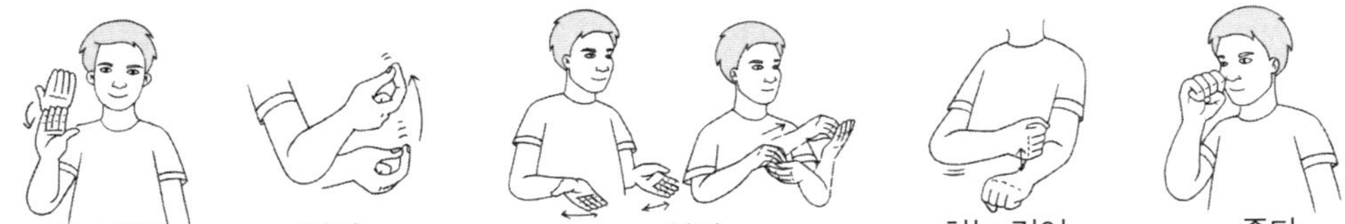

문장 8 가족모임에 저를 초대해 주셔서 감사합니다.

문장 9 나는 바빠서 연극을 볼 시간이 없다.

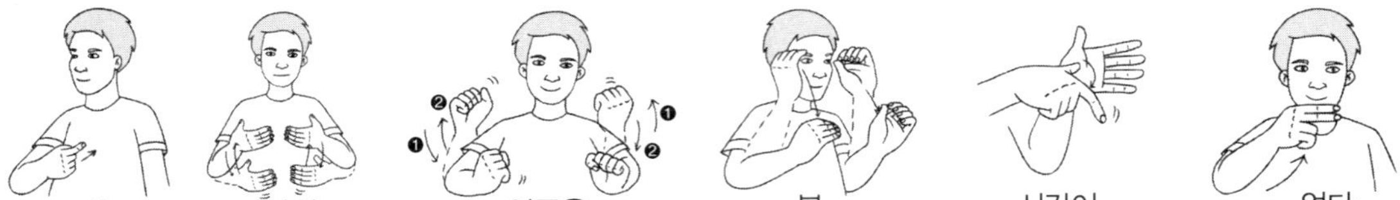

문장 10 돈이 없어 문화생활을 하는 것을 포기했다.

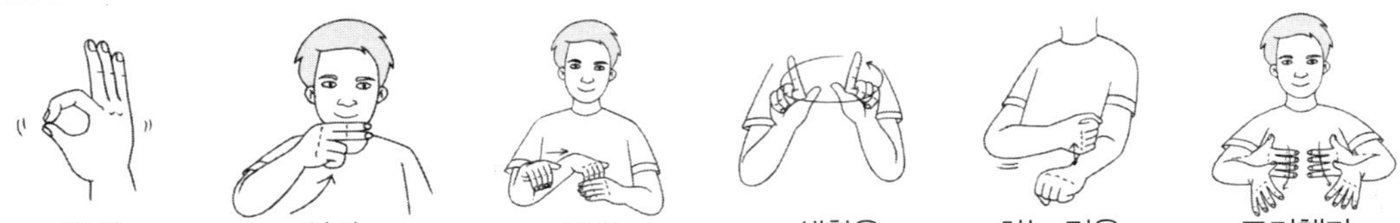

문장 11 건강하려면 술 좀 줄여야 한다

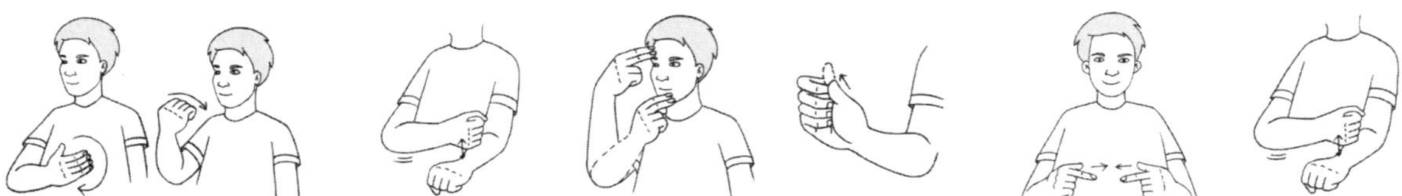

문장 12 눈이 너무 많아 극장에 가는 것이 불가능하다

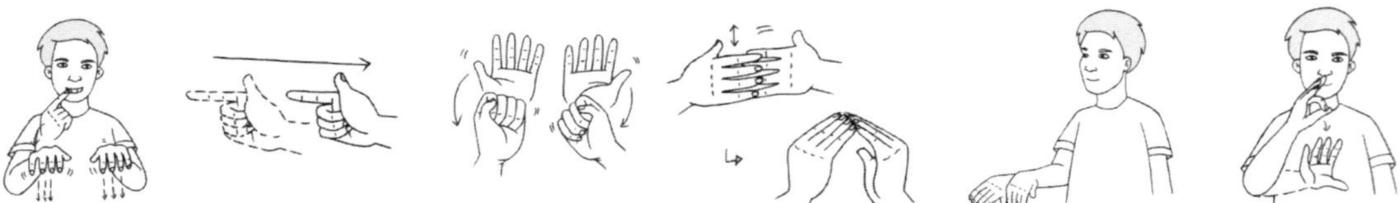

문장 13 친구와 영화를 보려고 예약을 한다.

친구와 영화를 보려고 예약을 한다

문장 14 텔레비전을 많이 보면 공부하기가 어렵다.

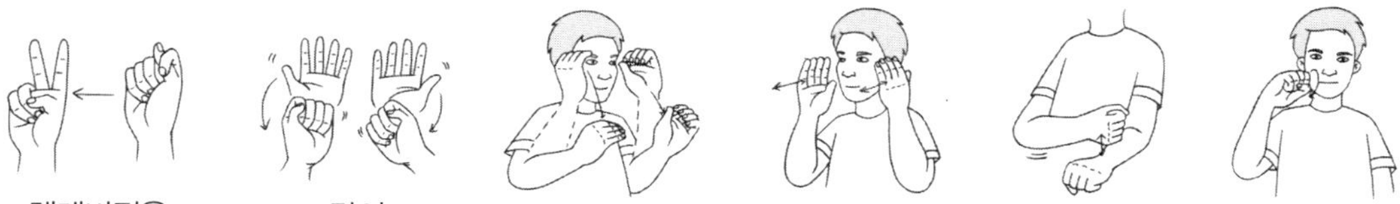

텔레비전을 많이 보면 공부 하기가 어렵다

문장 15 어렵다고 모든 일을 포기하면 안된다.

어렵다고 모든 일을 포기하면 안된다

문장 16 나는 한 달 동안 많은 영화를 보며 살았다.

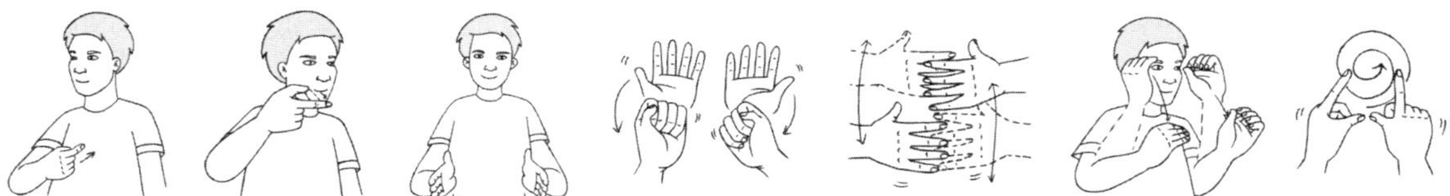

나는 한 달 동안 많은 영화를 보며 살았다

문장 17 너무 바빠서 영화 볼 시간도 없어 답답하다.

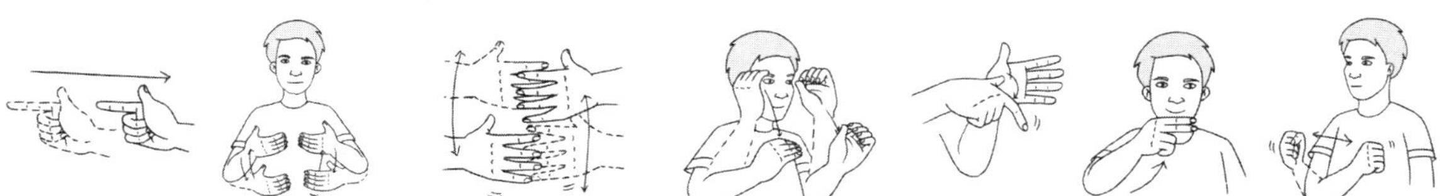

너무 바빠서 영화 볼 시간도 없어 답답하다

문장 18 사람은 가끔씩 문화생활을 할 필요가 있다.

사람은 가끔씩 문화 생활을 할 필요가 있다

22 여행

어휘

경치

관광

구경

길

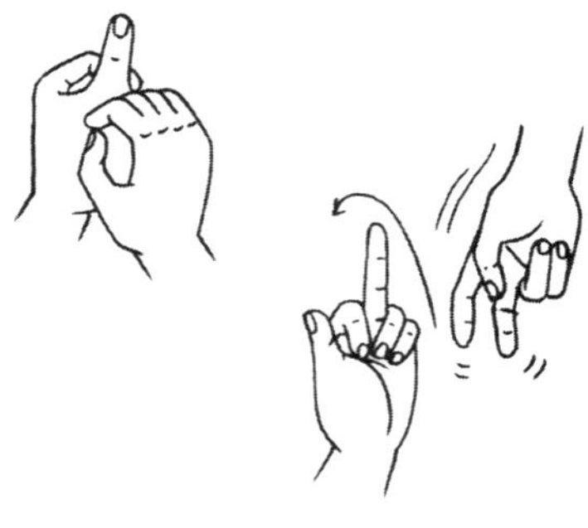

등산

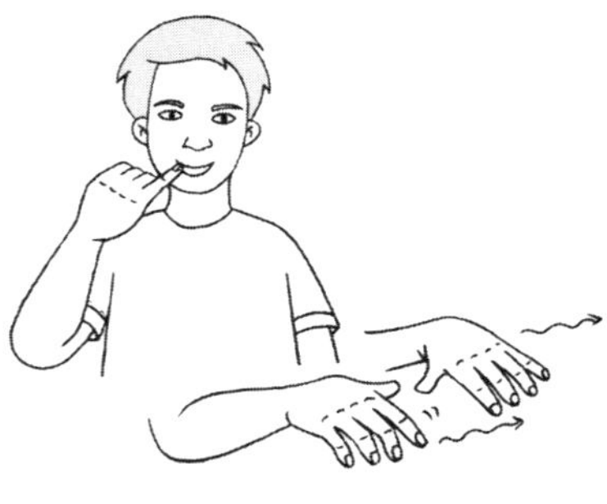

바다

산

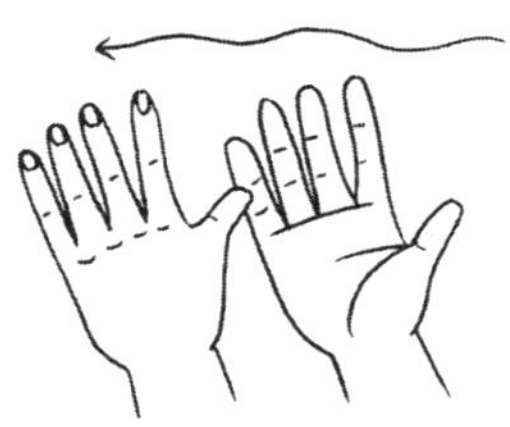

소풍

여행

올라가다

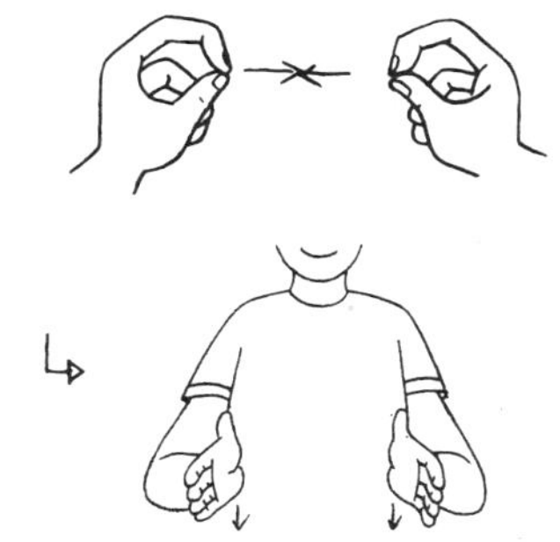

잠간

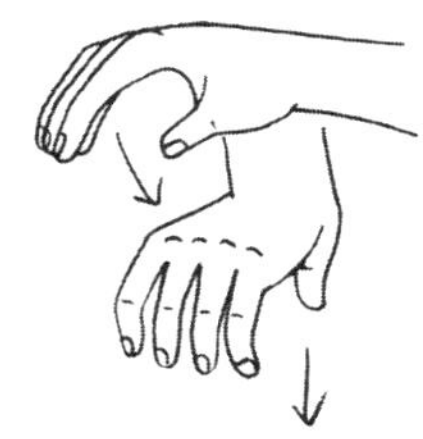

장소

정말

조용하다

충분

취미

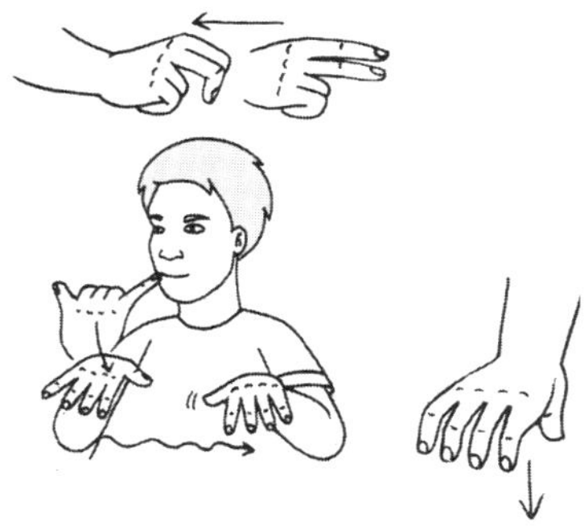

해수욕장

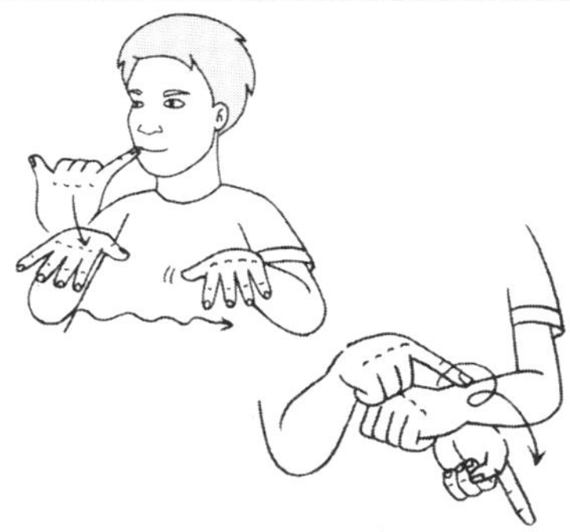

해외

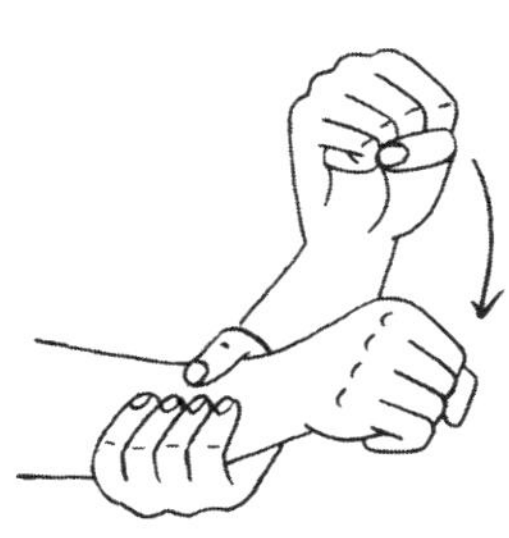

허락

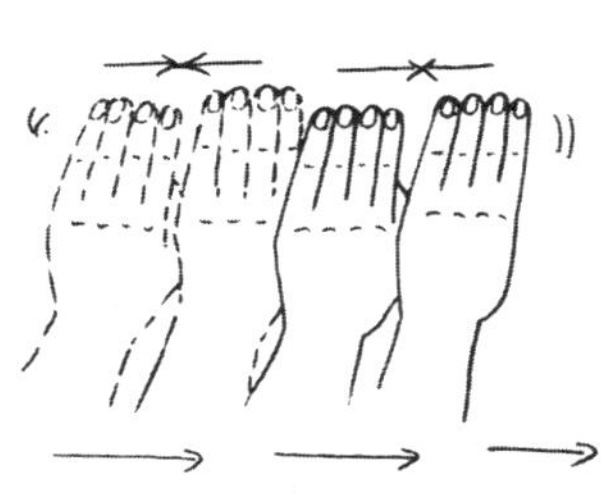

휴가

휴식

금(Gold)

은(Silver)

비록

어디

통역

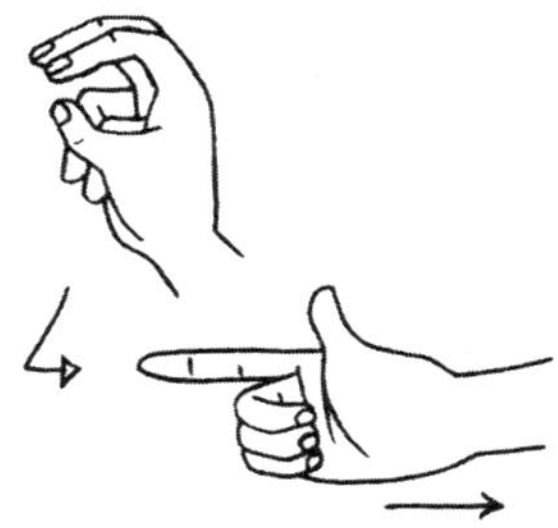

매우

맑다

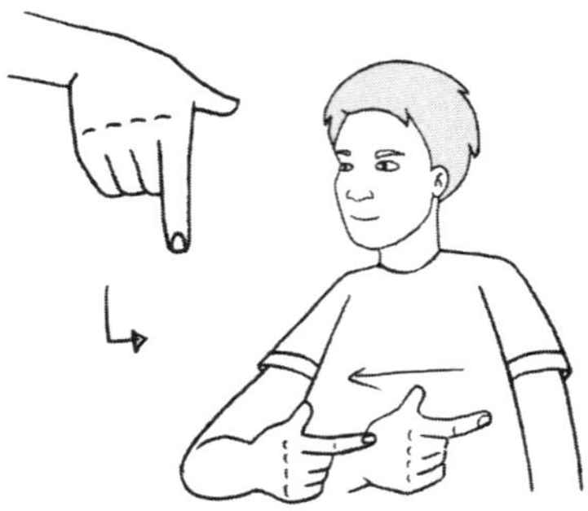

가장

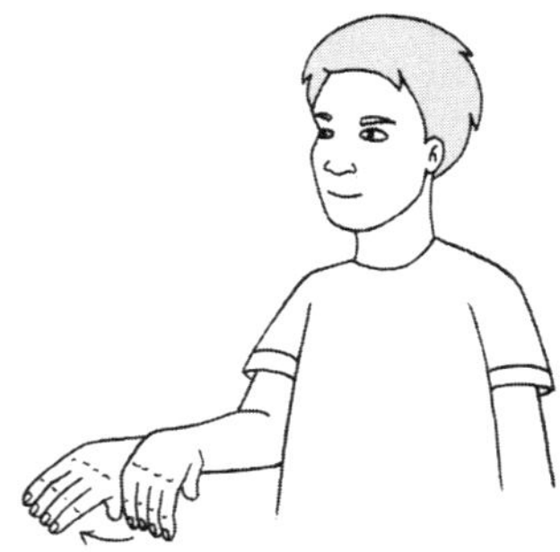

가다

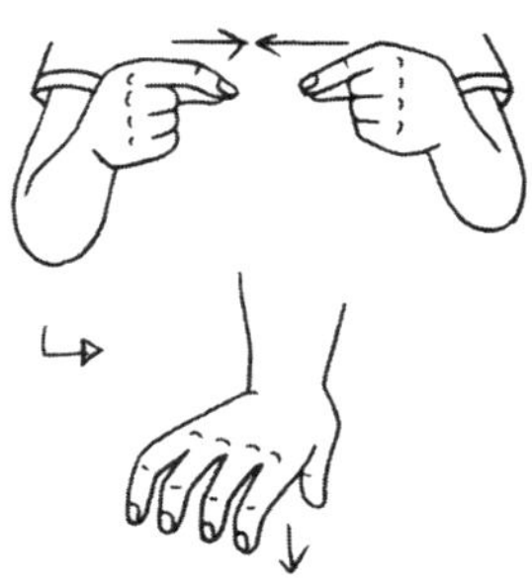

근처

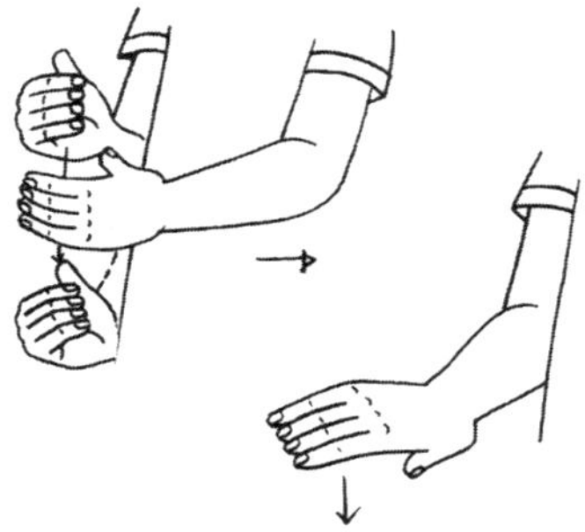

남다

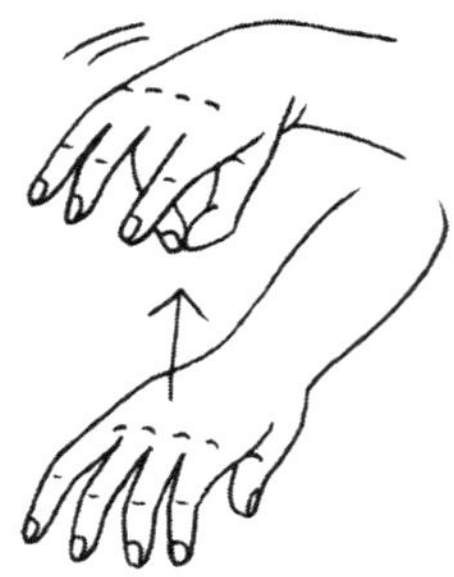

시작

싸다(짐)

찾다

겪다

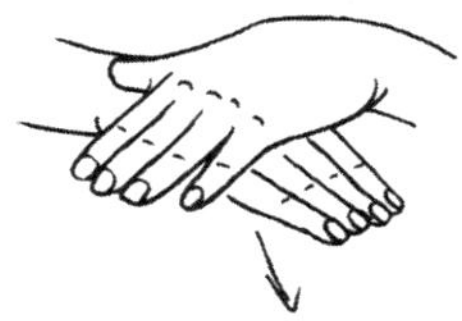

두다

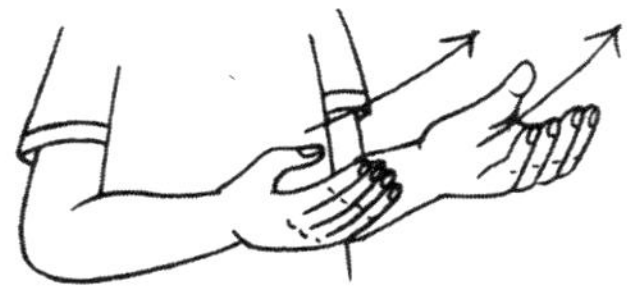

드리다

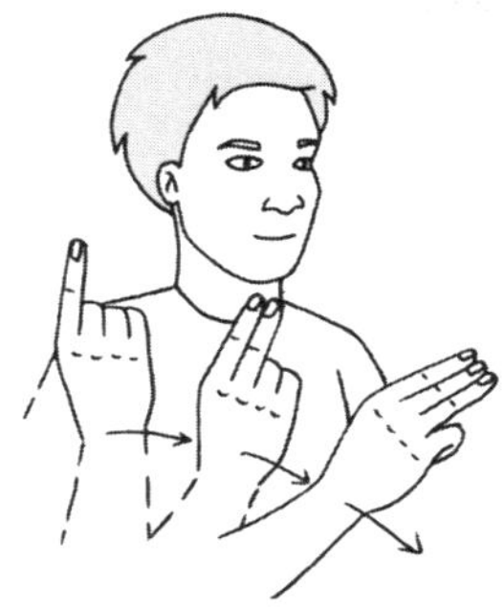

번

문장

문장 1 너의 취미는 무엇인지 알고 싶다.

너의 취미는 무엇인지 알고 싶다

문장 2 나는 산에 자주 올라가서 구경한다

나는 산에 자주 올라 가서 구경 한다

문장 3 여름 휴가 때 바다로 여행가고 싶다.

여름 휴가 때 바다로 여행 가고 싶다

문장 4 제주도에 있는 해수욕장이 물이 많아서 참 좋다.

제주도에 있는 해수욕장이 물이 맑아서 참 좋다

문장 5 근처에서 가장 조용한 관광지가 어느 곳 입니까?

근처에서 가장 조용한 관광지가 어느 곳 입니까?

문장 6 친구들과 해외여행을 많이 하고 싶다.

친구들과 해외 여행을 많이 하고 싶다

문장 7 바다는 매우 맑고 구경할 것이 많다.

문장 8 조용하고 경치 좋은 시골을 자주 찾아 주세요.

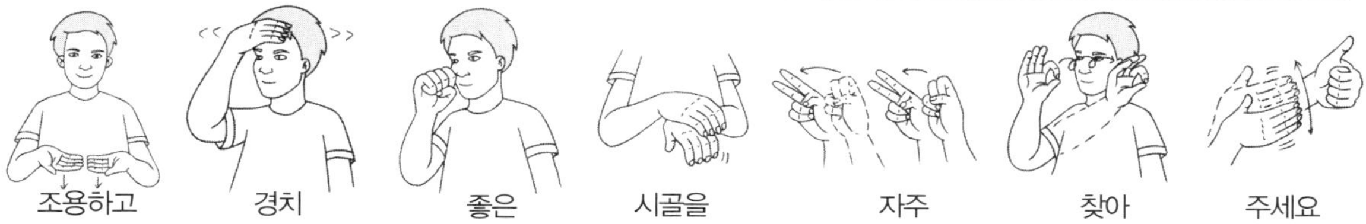

문장 9 휴가가 시작되면 아버지는 어디로 가십니까?

문장 10 고등학교에서 자주 가는 소풍 장소는 어디입니까?

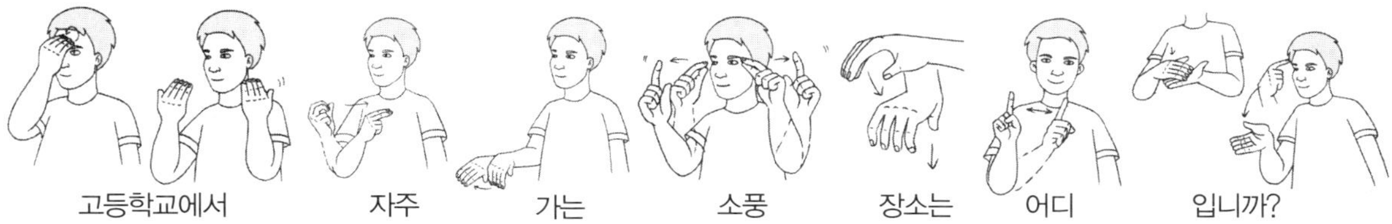

문장 11 가을에는 부모님께서 해외 관광을 하신다.

문장 12 학교 근처에 남아서 기다리시겠습니까?

23 조사, 접속사

어휘

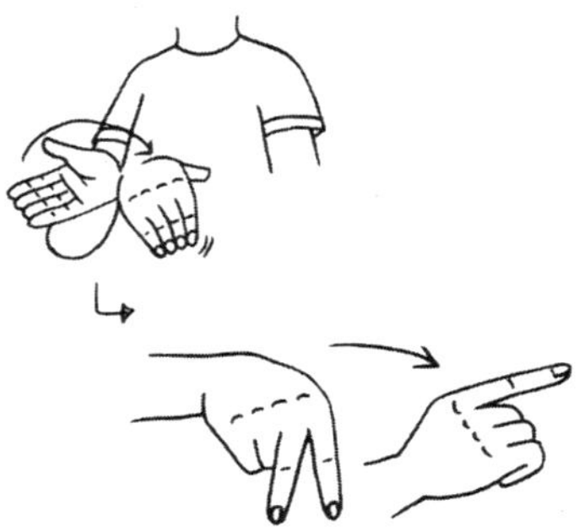

그래서

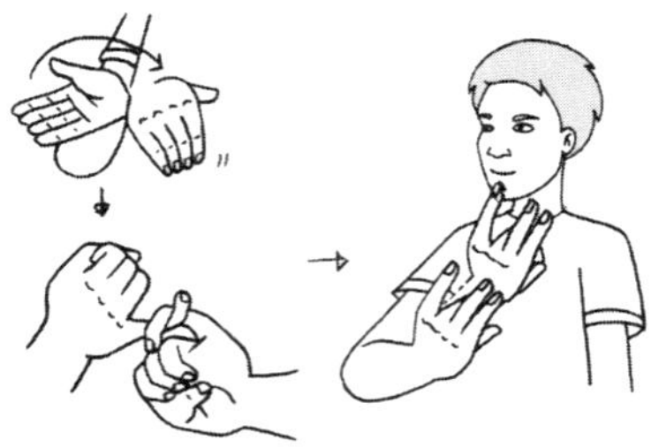

그래야만

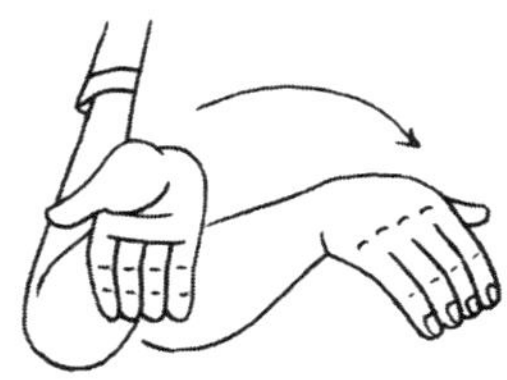

그러나

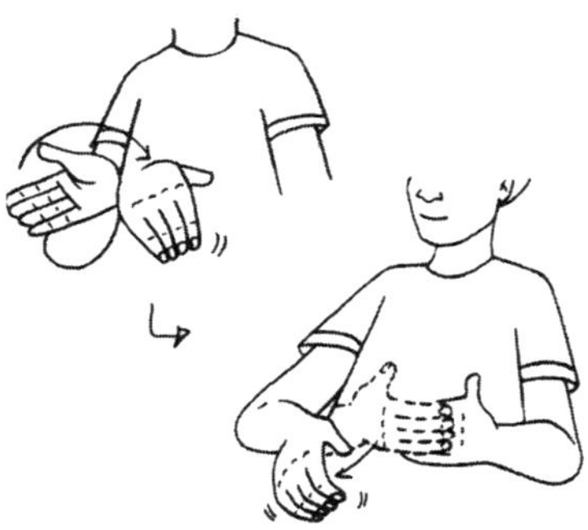

그러니까

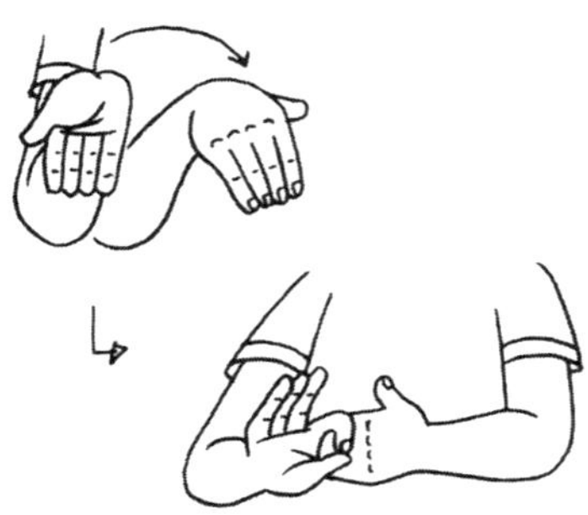

그러면

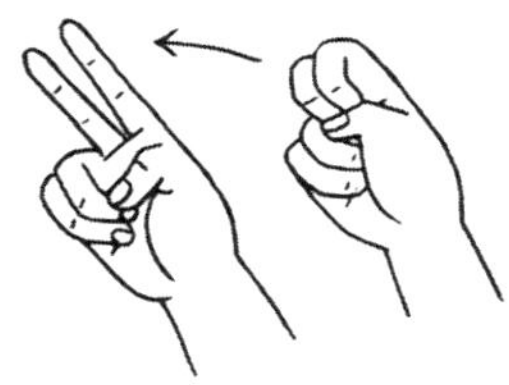

그리고

~(으)니

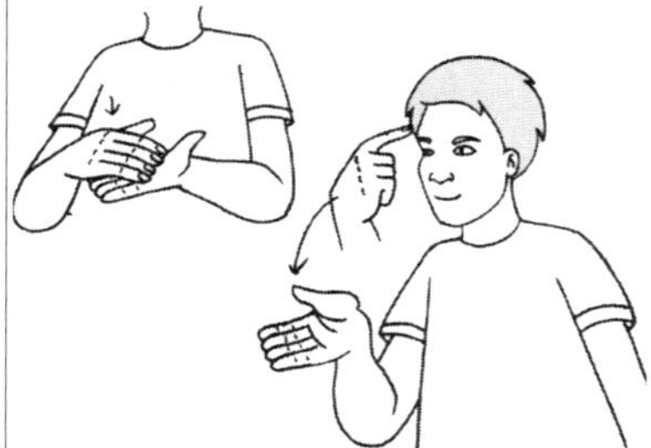

~(ㅂ)니까?

~(ㅂ)니다

～다

～겠

～고자

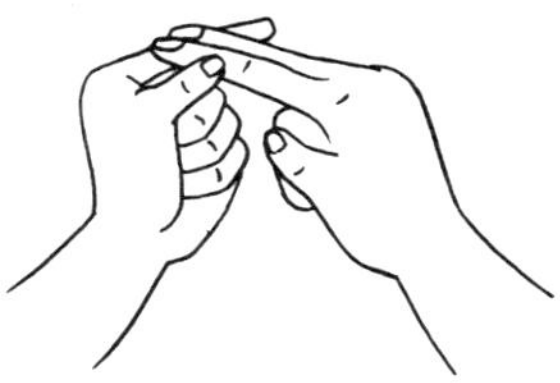

과

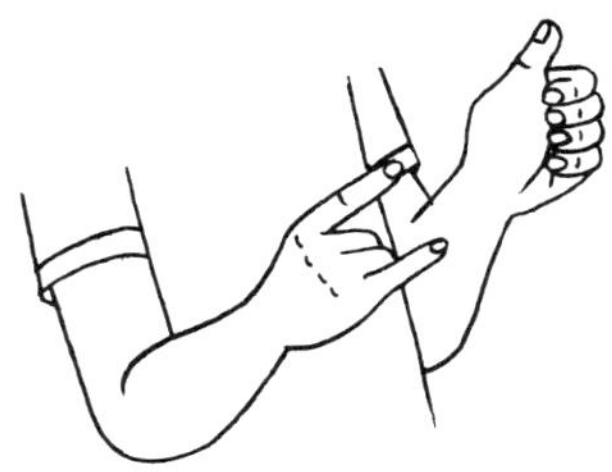

～께

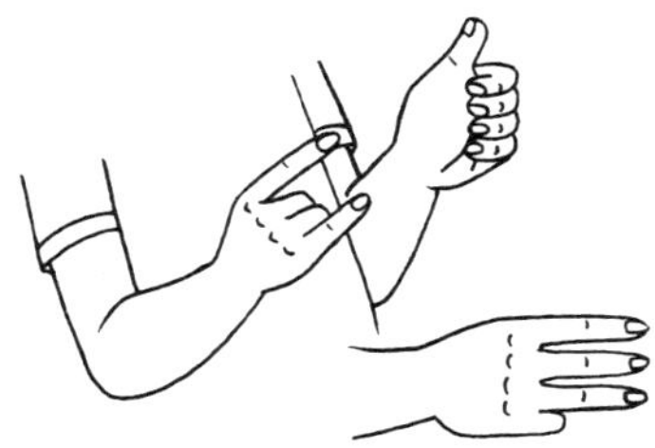

～께로

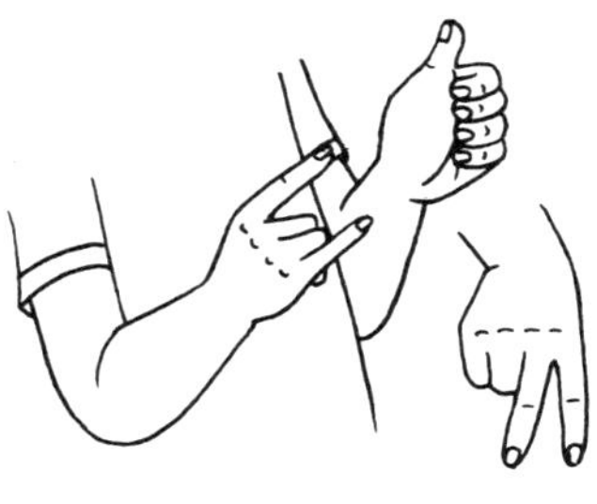

께서

든지

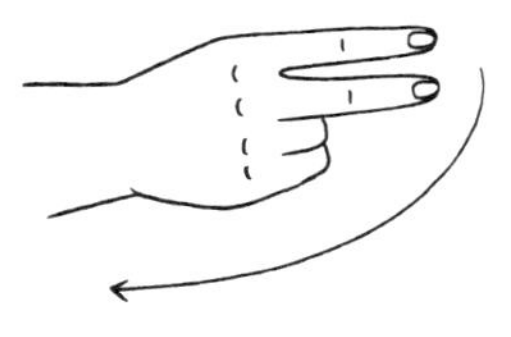

～들

따라

라고

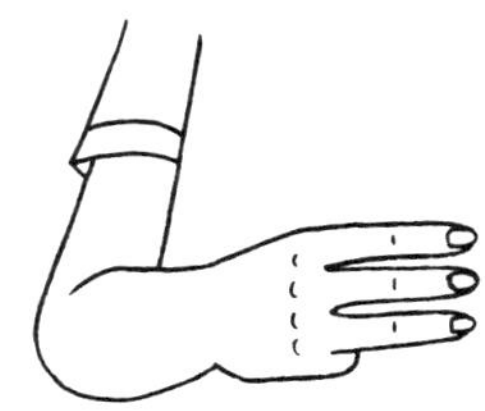

로

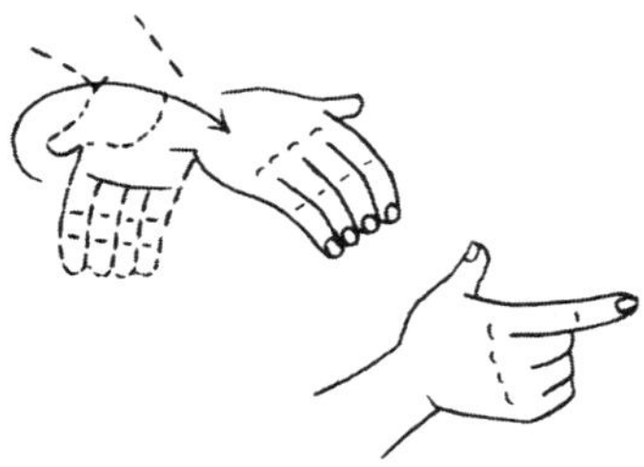

마는

~(으)며

~면

~(으)면서

~(서)때문

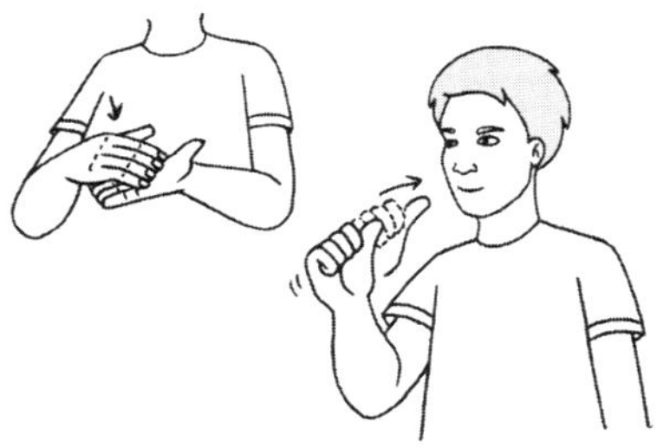

~시다

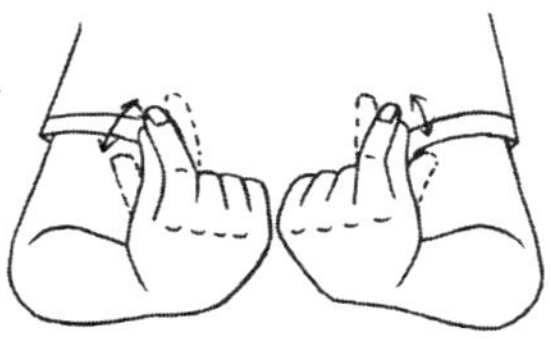

시피

었(았)

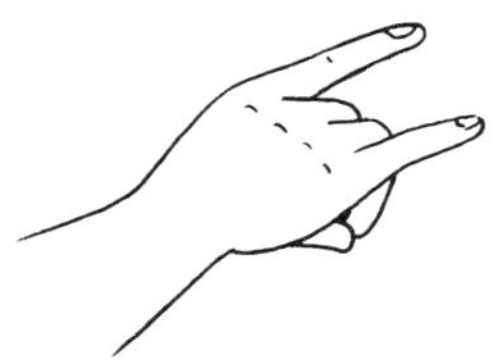

에

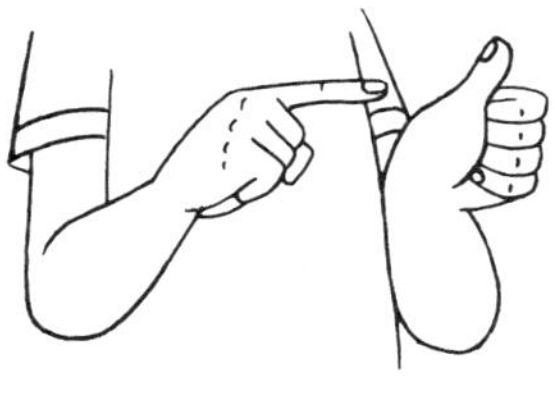

에게

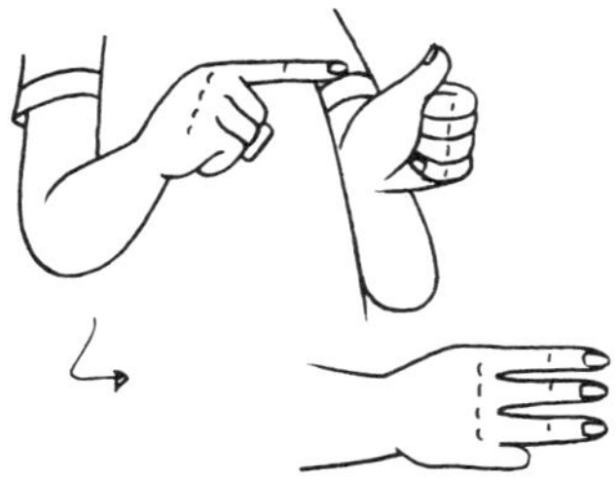

에게로

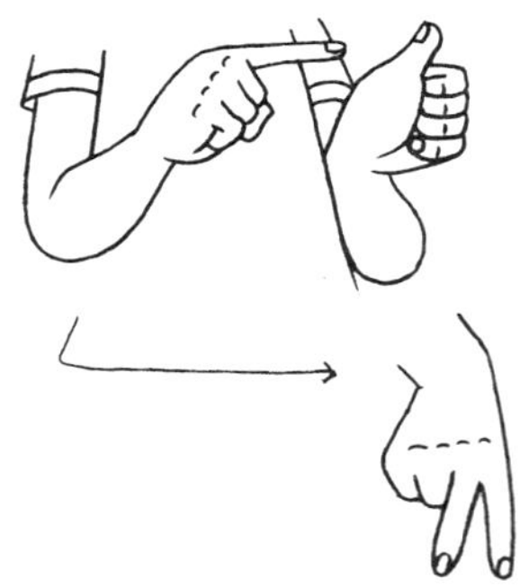

에게서

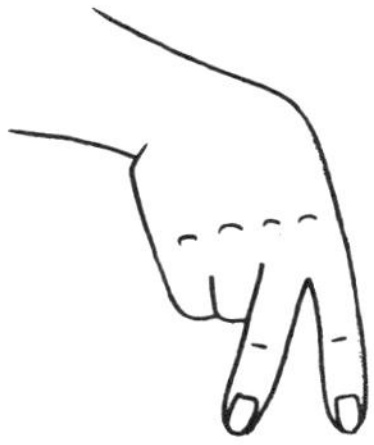

에서

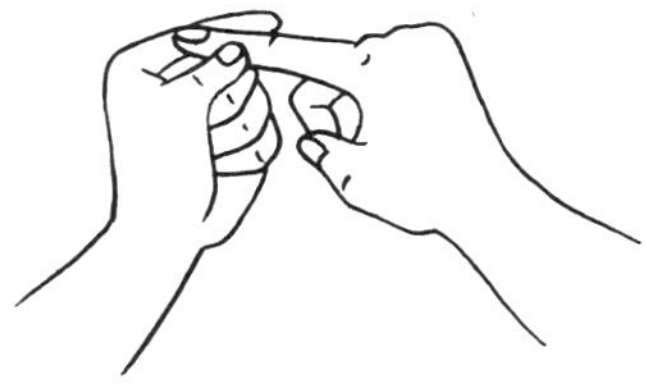

와

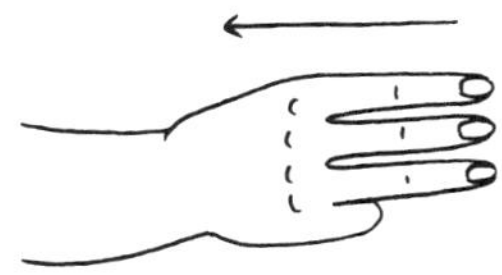

으로

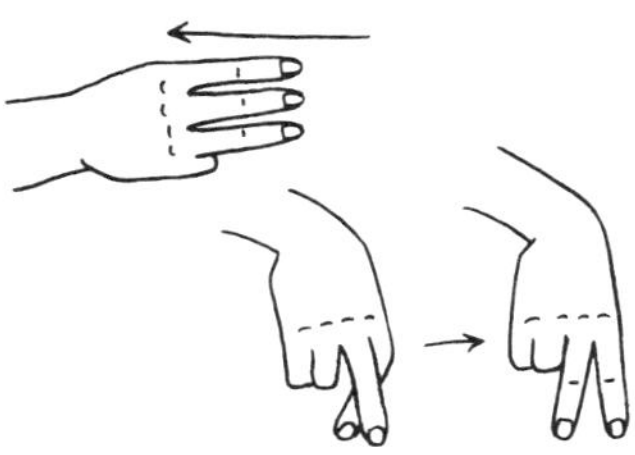

으로써

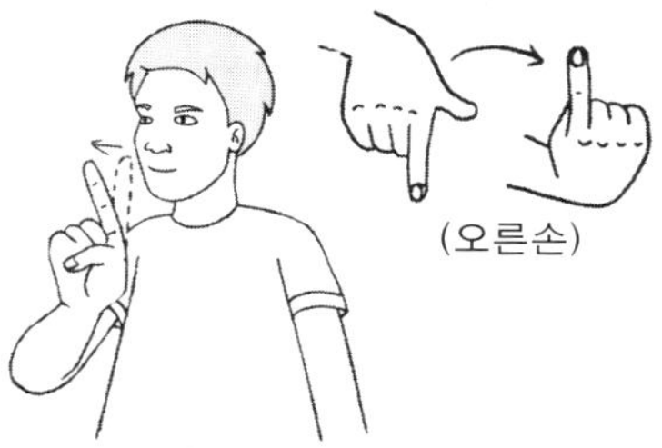

이라고

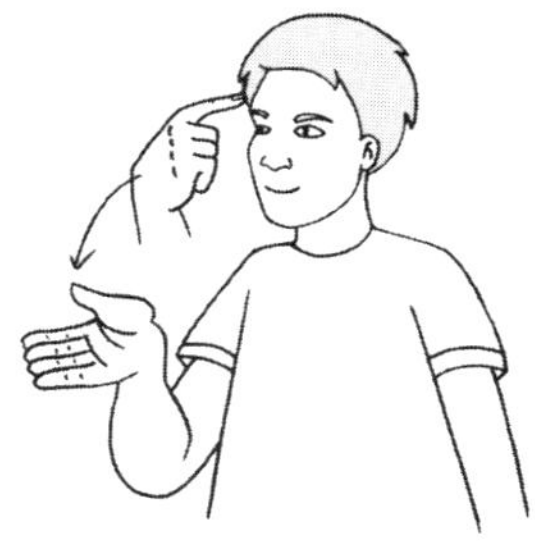

~이냐?

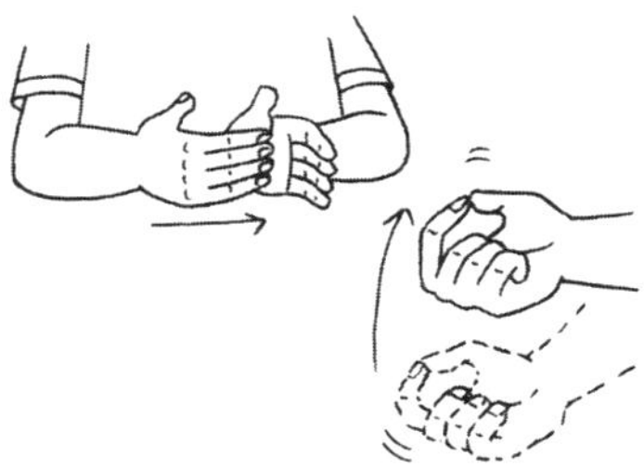

~자

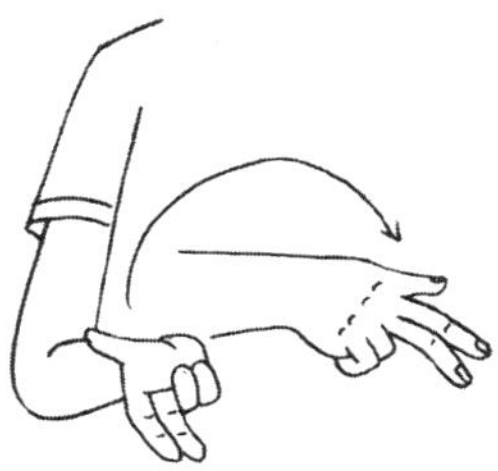

~지만

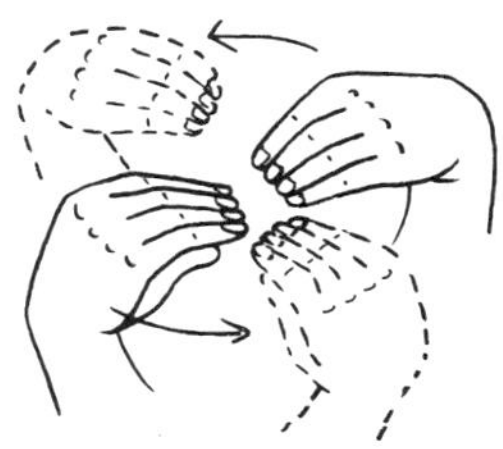

커녕, 오히려

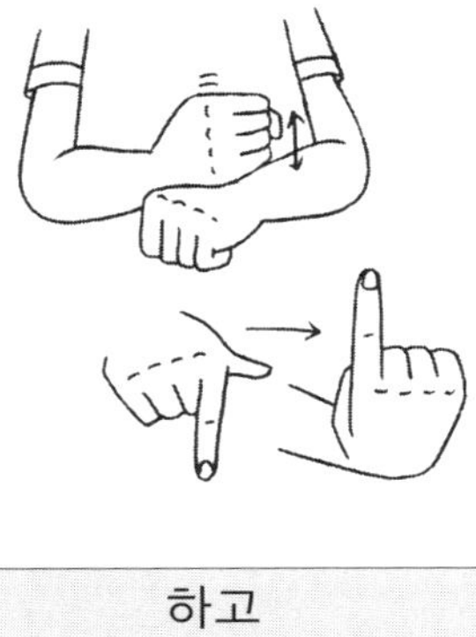

하고

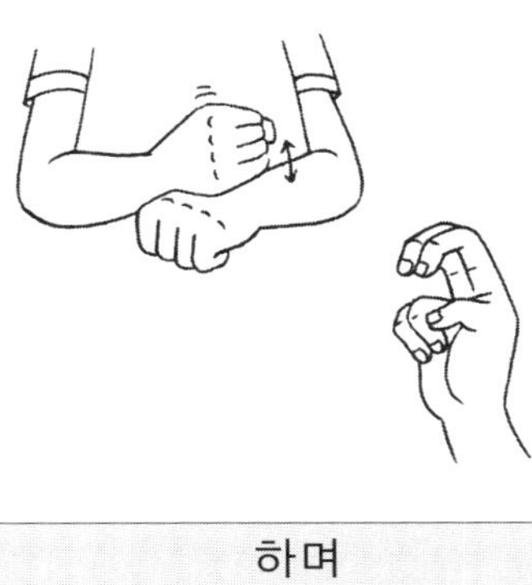

하며

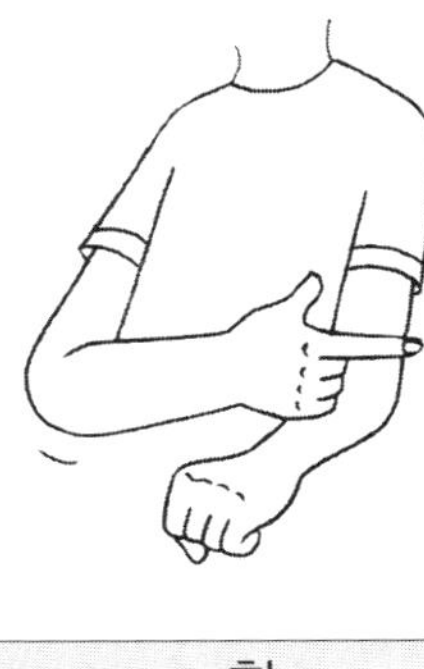

~한

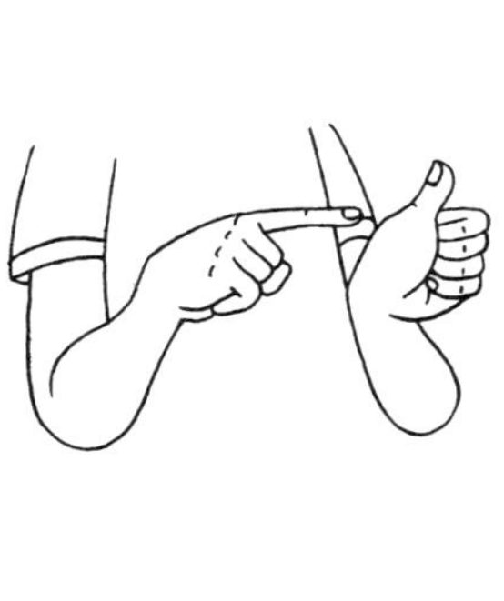
한테

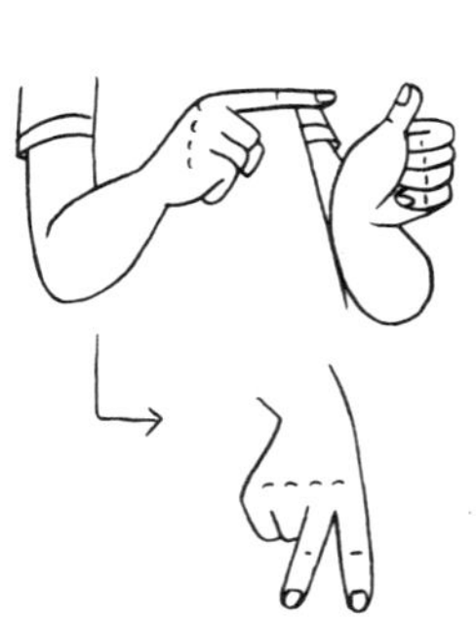
한테서

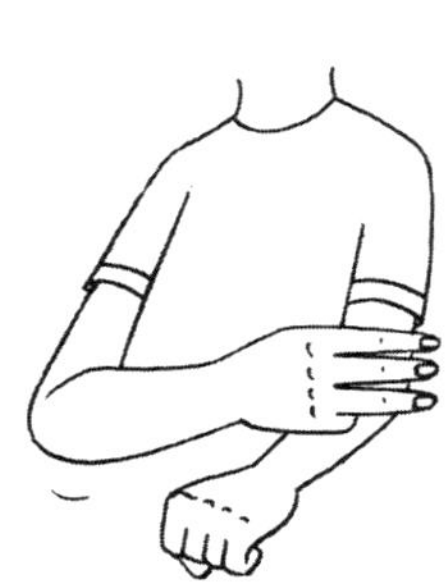
~할

~해

~자

~자(청유)

~아(어)

~(으)ㄹ수록

~(으)려고

~다가

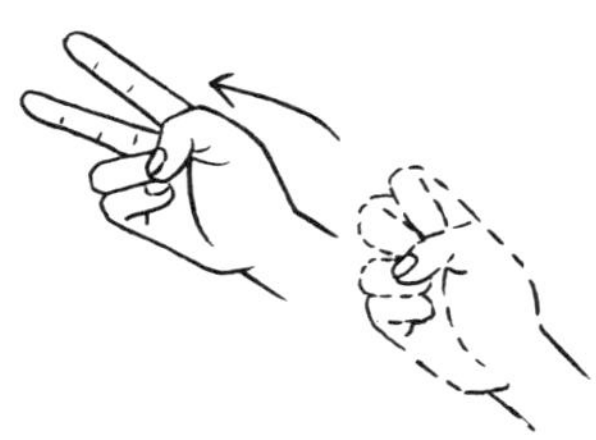
및

~구나!

문장

문장 1 반드시 사전을 찾아보자.

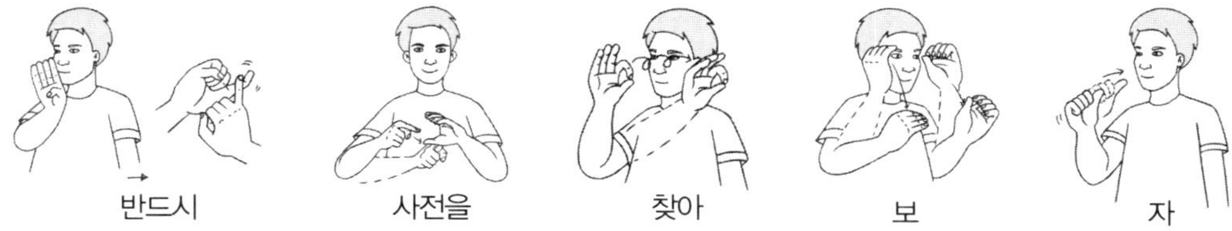

문장 2 역에 잘 도착했으니 걱정 마세요.

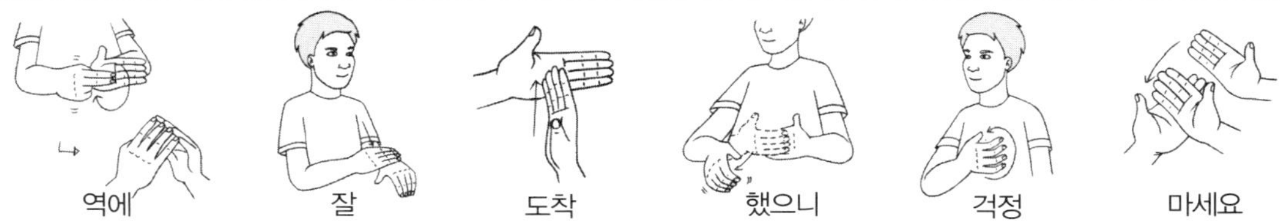

문장 3 그러면 내일 병원에 가시나요?

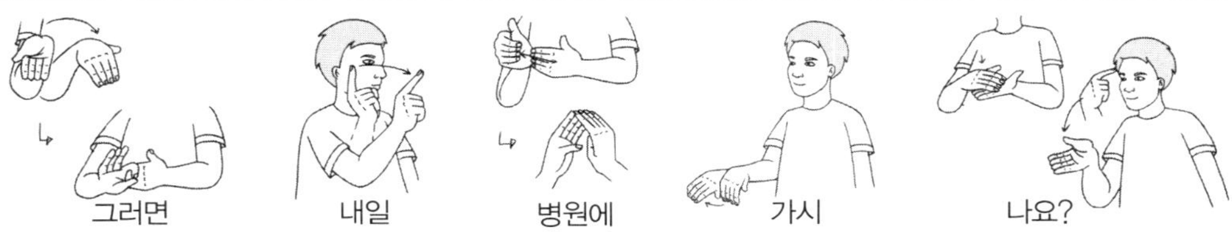

문장 4 딸기, 바나나 그리고 배도 배달해 주세요.

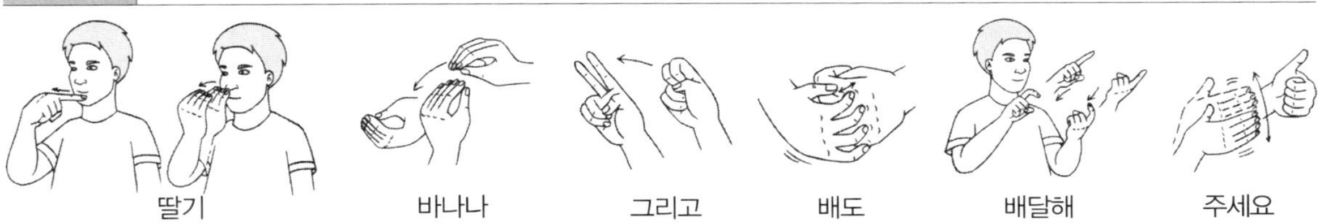

문장 5 당신이 제일 좋아하는 요리는 무엇입니까?

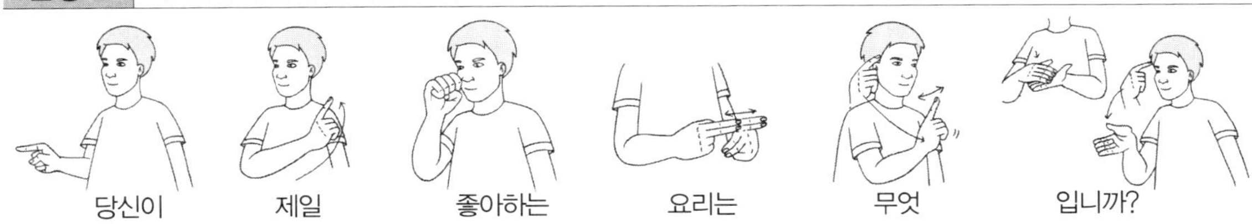

문장 6 꾸준히 공부하면 반드시 합격한다.

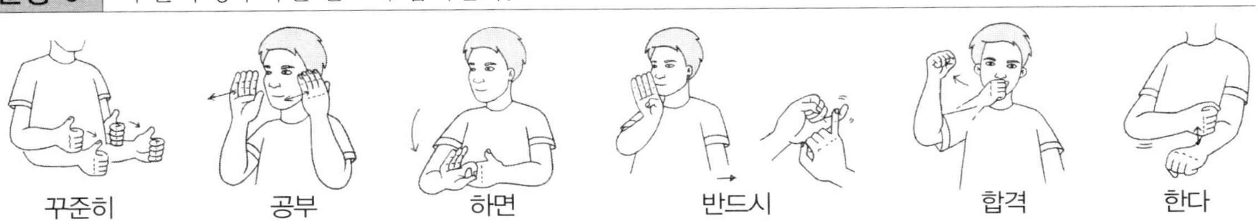

문장 7 그녀와 휴가 때 결혼 하고자 합니다.

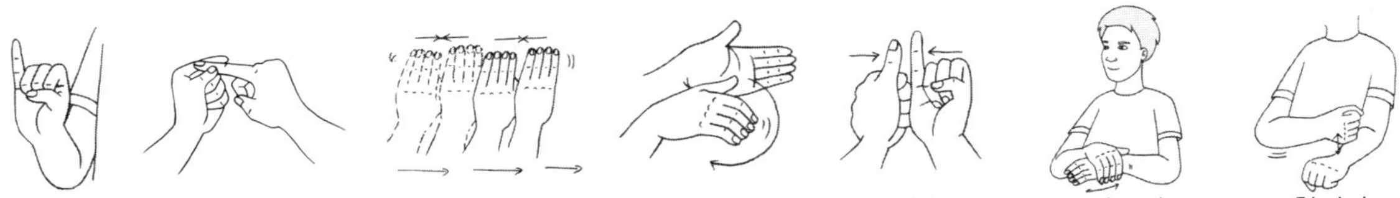

그녀 와 휴가 때 결혼 하고자 합니다

문장 8 귤과 사과 어느 것을 더 좋아합니까?

귤 과 사과 어느 것을 더 좋아 합니까?

문장 9 열심히 일하고 아내 따라 관광을 왔습니다.

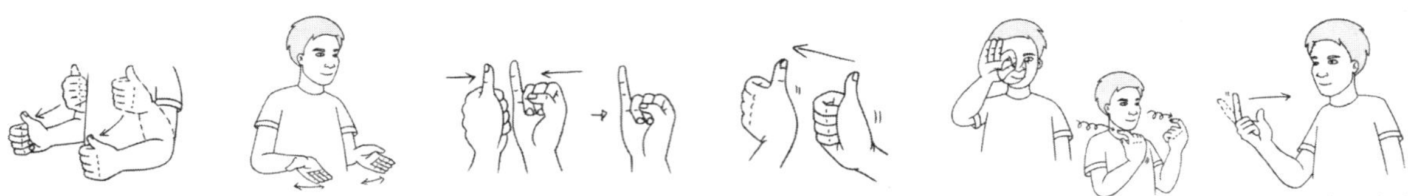

열심히 일하고 아내 따라 관광을 왔습니다

문장 10 나는 부모님 때문에 열심히 공부합니다.

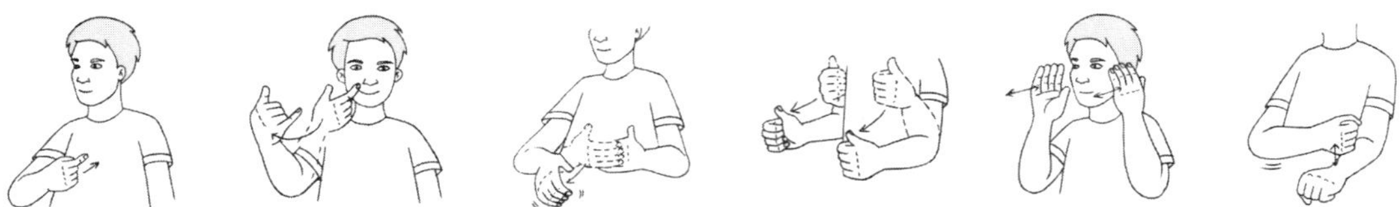

나는 부모님 때문에 열심히 공부 합니다

문장 11 아르바이트하면서 공부하기는 어렵다.

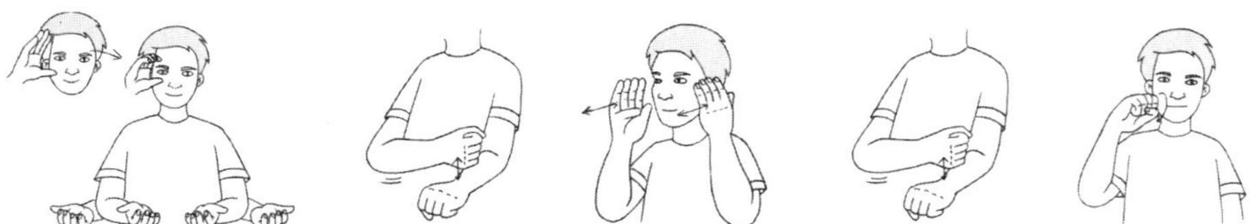

아르바이트 하면서 공부 하기는 어렵다

문장 12 그는 국어시간에 책도 없다.

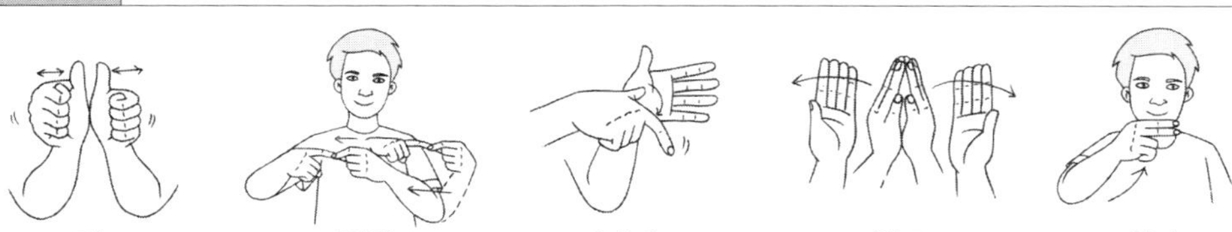

그는 국어 시간에 책도 없다

문장 13 그래서 함께 있는 친구가 가장 좋다.

문장 14 그러나 학생이 놀기만 해서는 안된다.

문장 15 아버지를 따라 학교에 야구하러 왔다.

문장 16 많은 사람들이 나에게 부탁을 한다.

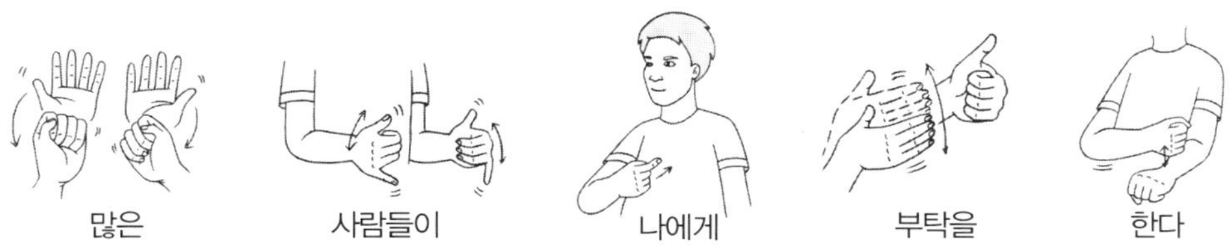

문장 17 대학에 다니는 모든 학생이 열심히 공부한다.

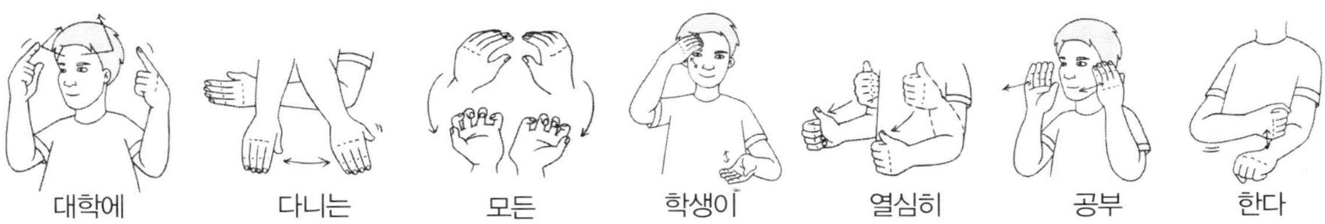

문장 18 이 세상에서 가장 소중한 것은 사람이다.

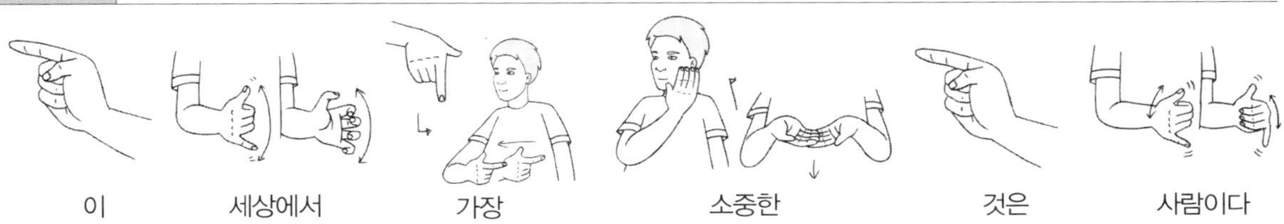

어휘 색인

ㄹ

ㅁ

ㅂ

ㅅ

ㅇ

ㅈ

ㅊ

C